Karl Goedeke (Hg.)

Dichtungen von Martin Luther

DOGMA

Karl Goedeke (Hg.)

Dichtungen von Martin Luther

ISBN/EAN: 9783955075606

Auflage: 1

Erscheinungsjahr: 2012

Erscheinungsort: Bremen, Deutschland

Dichtungen

von

D. Martin Luther.

Herausgegeben

von

Karl Goedeke.

Mit einem Lebensbilde Luther's

von

Julius Wagenmann.

Leipzig:

F. A. Brockhaus.

1883.

Inhalt.

Lebensbild Luther's.

Martin Luther, der thüringische Bergmannssohn, der erfurter Student und Augustinermönch, der wittenberger Professor und Doctor der Theologie, der deutsche Bibelübersetzer und Kirchenreformator, bezeichnet wie in der abendländischen Kirchen- und Culturgeschichte so auch in der Geschichte der deutschen Sprache, Poesie und Literatur den Anfang einer neuen Epoche.

Luther's Leben und Luther's Theologie* ist seit nahezu vier Jahrhunderten und ist insbesondere in den letzten Jahrzehnten der Gegenstand so eingehender Untersuchungen und so zahlreicher Darstellungen gewesen, daß es für unsere Zwecke genügt, die Hauptdaten seines Lebens kurz zusammenzustellen, um daran eine Betrachtung seiner literaturgeschichtlichen Bedeutung zu knüpfen.

---

* Siehe: Julius Köstlin, Martin Luther. Sein Leben und seine Schriften. Zweite, neu durchgearbeitete Auflage (Elberfeld 1883), 2 Bde.; Luther's Theologie in ihrer geschichtlichen Entwickelung und ihrem innern Zusammenhang dargestellt. Zweite Ausgabe (Stuttgart 1883); die ältere Literatur verzeichnet bei E. G. Vogel, Bibliotheca biographica Lutherana, 1851.

I. Luther's Leben.

I. Luther's Leben zerfällt in drei Hauptabschnitte:

1. die Zeit der Vorbereitung 1483—1517;
2. die Zeit der großen reformatorischen Zeugnisse 1517—21;
3. die Zeit des Kämpfens und Bauens 1521—46.

1. Geboren den 10. November 1483 zu Eisleben in der Grafschaft Mansfeld, aus schlichtem, aber ehrbarem bürgerlichem Geschlecht, als Sohn des Bergmanns Hans Luder (Ludher, Lüder = Chlotachar) aus Möhra bei Salzungen und seiner Ehefrau Margarethe geborenen Ziegler, aufgewachsen in Mansfeld unter strenger älterlicher Zucht und unter mancherlei Entbehrungen, erhielt er seine Vorbildung zuerst auf der Schule zu Mansfeld, dann bei den Nollbrüdern zu Magdeburg 1497, zuletzt seit 1498 zu Eisenach, wo er als Currend- oder Singschüler anfangs kümmerlich sich fortbringt, aber durch Fleiß und Talent schöne Kenntnisse sich erwirbt und freundliche Gönner (besonders im Hause der Frau Ursula Cotta) findet. Zum Studium der Humaniora und der Rechte bestimmt, bezog er 1501 die Universität Erfurt. Hier schloß er Freundschaft mit den Humanisten und beschäftigte sich neben dem Studium der Classiker mit scholastischer Philosophie, worin die beiden Nominalisten Jodokus Trutvetter aus Eisenach und Barth. Arnoldi aus Usingen seine Lehrer waren. Bald nachdem er die Magisterwürde erlangt (1505), trat er infolge eines plötzlichen Entschlusses und eines in der Todesangst ausgesprochenen Gelübdes ohne Wissen und gegen den Willen seines Vaters ins Augustiner-Eremitenkloster zu Erfurt ein (17. Juli 1505): „er wollte fromm werden und einen gnädigen Gott kriegen."

Den Herzensfrieden, den er im Kloster suchte, fand er nicht, trotz seines übertriebenen Eifers in allen Werken mönchischer Askese und trotz der Priesterweihe, die er 1507 empfängt. Vielmehr steigert sich seine Seelenangst mitunter

bis zu Anwandlungen verzweifelnder Schwermuth. Trost
und Aufrichtung gab ihm in solchen Stimmungen zuerst der
einfache Zuspruch eines alten Klosterbruders, der ihn hin=
wies auf den Glaubensartikel von der Sündenvergebung,
dann sein Ordensprovinzial und väterlicher Freund Johann
Staupitz, der ihn zur Bibel, zu den Schriften Augustin's,
zu den mittelalterlichen Mystikern hinwies. Auf seine
Empfehlung wird dann Luther 1508 vom Kurfürsten Friedrich
dem Weisen an die 1502 neugegründete kurfürstliche Uni=
versität Wittenberg berufen und aus dem erfurter in das
wittenberger Augustinerkloster versetzt. Hier liest er zuerst
über philosophische Fächer (Dialektik und Physik nach Aristo=
teles), später auch über biblische Bücher (Psalmen und Pauli=
nische Briefe) und erwirbt sich eine genaue Kenntniß der
scholastischen Theologie (besonders der Nominalisten Occam,
Ailly, Biel). Nachdem er für kurze Zeit in sein erfurter
Kloster zurückgekehrt, macht er 1511—12 theils in Ordens=
geschäften, theils zu Erfüllung eines früher übernommenen
Gelübdes eine Reise nach Rom, die zwar in seiner da=
maligen Stellung zur Kirche und Kirchenlehre noch keine
Wandlung hervorbringt, aber doch später für ihn wichtig
wurde, weil sie ihm einen unmittelbaren Einblick verschaffte
in die zu Rom herrschende Frivolität und Sittenverderbniß.

Bald nach seiner Rückkehr wird Luther Doctor und Pro=
fessor der Theologie in Wittenberg (18. October 1512), trat
auch als Prediger auf nicht blos im Kloster, sondern auch
vor der Gemeinde in der städtischen Pfarrkirche, und schritt
jetzt unaufhaltsam vorwärts im Verständniß der Heiligen
Schrift und in der Ausbildung einer von dem Scholasti=
cismus und Pelagianismus des herrschenden Systems ge=
reinigten Theologie. Seine Schriften, Predigten, Vorlesungen
und Briefe aus den Jahren 1512—17 zeigen bereits eine
geförderte christliche Erkenntniß, besonders der Augustinischen
Lehre von der Gnade und der Paulinischen Lehre von der
Glaubensgerechtigkeit, die von jetzt an das Centrum seines

Lebens und Lehrens wird. Aber noch war er weit entfernt, in einen Gegensatz zur römischen Kirche und ihrem Lehr= system sich zu stellen, als ein Ereigniß eintrat, das ihn zwang, im Interesse der christlichen Wahrheit und Sittlich= keit seine Stimme laut zu erheben. Er selbst sagt von sich: „Ich war der Welt abgestorben, bis daß es Gott Zeit däuchte, und mich Junker Tetzel durch den Ablaß trieb."

2. Die großen reformatorischen Zeugnisse Lu= ther's aus den Jahren 1517—20 richten sich zuerst wider den Misbrauch des Ablasses 1517—18, dann wider die Autoritäten der römischen Kirche 1519, zuletzt wider die Misbräuche des gesammten kirchlichen Systems 1520.

Im unablässigen Ringen um sein persönliches Seelen= heil und zugleich in eifriger Schriftforschung war Luther langsam fortschreitend zu derjenigen christlichen Heilserkenntniß gelangt, die er nun auch der Gemeinde und dem christlichen Volk zu verkündigen sich berufen fühlte. Den Beruf dazu hat er nicht selbst erwählt: er wurde ihm fast wider Willen aufgedrängt von den Autoritäten der Kirche. Den ersten Anlaß und Anstoß zum offenen Hervortreten gab ihm ein einzelner Punkt der damaligen kirchlichen Praxis, in welchem aber zugleich das ganze Verderbniß des römischen Lehr= und Lebenssystems in eclantantester Weise sich darstellt, — der Ablaßhandel oder der Misbrauch der sogenannten indulgentiae plenariae, wie er damals auf Veranstaltung des Papstes Leo X. und des Erzbischofs=Primas der deutschen Kirche, Albrecht von Mainz=Magdeburg, in Luther's nächster Nähe von dem leipziger Dominikanerprior Johann Dietz oder Tetzel getrieben wurde. Luther, der im Beichtstuhl die verderb= lichen Folgen dieses Unfugs kennen gelernt, fand sich in sei= nem Gewissen gedrungen, mit einem offenen Zeugniß da= wider hervorzutreten. Er that dies zuerst in einer Predigt sanft und maßvoll, dann entschiedener und in mehr wissen= schaftlicher Form durch 95 Sätze „zur Erklärung der Kraft der Ablässe", die er am 31. October 1517, am Vorabend

des Allerheiligenfestes, an der Thür der Schloßkirche zu
Wittenberg nach akademischer Sitte als Einladung zu einer
öffentlichen Disputation anschlug und den benachbarten Bi=
schöfen übersandte. Er verwirft hier den Ablaß noch keines=
wegs schlechthin, sondern verlangt nur, daß er mit Vorsicht
gepredigt werde; aber er beschränkt denselben, im Gegensatz
gegen die damals aufgekommenen Doctrinen, auf den bloßen
Nachlaß der Kirchenstrafen, rügt die groben dabei vorgekom=
menen Misbräuche und weist hin auf den evangelischen Be=
griff der Buße und auf den wahren Schatz der Kirche, das
Evangelium von der Herrlichkeit und Gnade Gottes. In=
dem so Luther dem falschen scholastischen Bußbegriff und der
entarteten kirchlichen Bußpraxis die evangelische Lehre von
Buße, Glauben und Sündenvergebung gegenüberstellt: so
lagen hierin bereits die wesentlichen und wirksamen Grund=
principien der Kirchenreformation ausgesprochen und treten
in dem nun beginnenden Ablaßstreit 1517 fg. immer deut=
licher hervor.

Luther's Thesen und Predigten wider den Ablaß fanden
wunderbar rasche Verbreitung und vielfache Zustimmung;
aber auch an Widerspruch fehlte es nicht von seiten der Ver=
theidiger des päpstlichen Systems und besonders des mäch=
tigen Dominikanerordens, der sich in seinem Ordensglied
Tetzel unmittelbar angegriffen fühlte. Zuerst traten Tetzel
selbst, dann Konrad Wimpina in Frankfurt a. O., J. Hochstraten
in Köln, Silvester Mazzolini aus Prierio in Rom, Dr. Mayer
von Eck in Ingolstadt mit Schriften gegen ihn auf und
suchten ihn theils wissenschaftlich zu bestreiten, theils der
kirchlichen Auctorität als Ketzer zu denunciren. Diese An=
griffe veranlaßten Luther zu weiterer Entwickelung und Ver=
theidigung seiner Ansichten in einer Reihe von Streitschriften,
besonders den „Resolutionen über die Kraft der Ablässe“,
die er 30. Mai 1518 mit einer eigenen Zuschrift dem Papst
Leo X. übersandte.

Dieser hatte die Sache anfangs als gleichgültiges Mönchs=

gezänk zwischen den beiden rivalisirenden Bettelorden be=
trachtet, setzte dann zwar auf Andringen der Dominikaner
ein Gericht nieder, das Luther zur Verantwortung nach Rom
citirte, ließ sich aber zuletzt auf des Kurfürsten Verwendung
bereit finden, die Beilegung des Handels seinem Legaten,
dem Cardinal Thomas Vio di Gaeta zu übertragen, der
1518 dem Reichstag in Augsburg anwohnte. Cajetan's
Verhandlungen mit Luther (October 1518) führten zu kei=
nem Ziel, da Luther zu keinem Widerruf sich verstehen, der
Cardinal aber, starr am thomistischen System und dem päpst=
lichen Decretalenrecht festhaltend, auf keinerlei Erörterungen
mit der deutschen „Bestie" sich einlassen wollte. Um der
drohenden Verhaftung zu entgehen, flieht Luther aus Augs=
burg mit Zurücklassung einer förmlichen vor Notar und Zeu=
gen ausgestellten Appellation ad papam melius informan-
dum (20. October), und als eine päpstliche Bulle die Ab=
laßlehre bestätigt, so appellirt Luther an ein allgemeines
Concil.

Noch einmal versuchte die Curie, aus Rücksicht auf den
Kurfürsten von Sachsen und die politische Lage Deutschlands,
den Weg der Milde durch den päpstlichen Kammerherrn Karl
von Miltitz, der dem Kurfürsten vom Papst die Goldene
Rose überbringt, dem Prior Tetzel in Leipzig einen scharfen
Verweis ertheilt, Luther aber auf einer Zusammenkunft in
Altenburg, 1. Januar 1519, durch freundliche Schmeicheleien
und bewegliche Vorstellungen zu dem Versprechen des Still=
schweigens bestimmt, unter der Bedingung, daß auch seine
Gegner schweigen.

Der Ablaßstreit schien beendigt. Allein die Gegner Lu=
ther's schwiegen nicht und riefen auch ihn wieder auf den
Kampfplatz. Dr. Eck in Ingolstadt forderte zunächst den
Collegen Luther's, den wittenberger Professor und Kanonikus
Andreas Bodenstein von Karlstadt, zu einer theologischen Dis=
putation in Leipzig heraus und wußte auch Luther darein zu
verwickeln. Karlstadt vertheidigte (1519, 27. Juni fg.) die

Augustinische Gnadenlehre, Luther disputirte (am 4. Juli fg.) über den Primat des Papstes, von dem er behauptete, daß er erst in den letzten vier Jahrhunderten aufgekommen sei, der Heiligen Schrift und elfhundertjährigen Tradition der Kirche widerspreche. Er wird von Eck hussitischer Ketzerei beschuldigt und zu der Erklärung gedrängt, mehrere Lehren Huffens seien vom Conftanzer Concil mit Unrecht verdammt, auch ein allgemeines Concil könne irren. Eck erklärt, wer die Irrthumsfähigkeit eines rechtmäßig ver= sammelten Concils behaupte, der sei ein Häretiker und Heide. Beide Theile schrieben sich den Sieg zu; Eck eilte nach Rom, um die Verdammung Luther's zu betreiben.

Die leipziger Disputation (27. Juni bis 16. Juli 1519) bildet einen wichtigen Wendepunkt in der reformato= rischen Gedankenentwickelung Luther's wie in seiner Stellung zu den Auctoritäten der Kirche. Ihr wichtigstes Resultat war, daß Luther, indem er Concilien wie Päpfte für irr= thumsfähig erklärt, eine infallible Kirchenauctorität in Glau= bensfachen überhaupt nicht mehr anerkannte, also die Grund= voraussetzung des katholischen Systems negirte. Aber auch die ganze reformatorische Bewegung nimmt jetzt größere Dimensionen an, sofern nun erst eine Reihe von weitern Fragen in die Discuffion hereingezogen, und sofern die Be= theiligung auf beiden Seiten eine weit allgemeinere und lebhaftere wurde. Aus dem scholaftisch=theologischen Streit über Pönitenz und Indulgenz erwächst jetzt ein Kirchenftreit, ein Gegensatz der religiös=kirchlichen Principien. Luther gewinnt seit den leipziger Tagen neue Bundesgenossen theils aus den Reihen der Humanisten, die bisher an dem blos theologischen Streit wenig Interesse gefunden, theils an Mitgliedern des deutschen Adels (Hutten, Sickingen, Schaum= burg, Hartmuth von Kronberg u. a.), theils an den An= hängern der hussitischen Reformation, den Utraquiften und böhmischen Brüdern. Alle die längst vorhandenen Elemente der Opposition gegen das päpstliche System nähern sich ihm

und treten miteinander in Verbindung, das theologische, das
literarische, das politisch=nationale und sociale: die Zeit des
Schweigens war vergangen, die Zeit des Redens und Han=
delns schien gekommen. Als treuester Freund und tüchtigster
Gehülfe tritt ihm jetzt gerade aus Anlaß der leipziger Dis=
putation zur Seite sein junger College, der Humanist und
praeceptor Germaniae Philipp Melanchthon, seit 1518
Professor in Wittenberg, der durch philologische, philosophische
und biblisch=theologische Vorlesungen, Reden nnd Schriften
das Werk der Studien= und Kirchenreform fördert und nun
zum ersten mal als Luther's Bundesgenosse mit zwei Ver=
theidigungsschriften für ihn hervortritt. Aber auch Luther
selbst wird gerade durch den Kampf mit Eck zu neuen theo=
logischen, historischen, kirchenrechtlichen Untersuchungen an=
geregt, und gewinnt einen tiefern Einblick in das Wesen
und die Geschichte des Papstthums, iu die Irrthümer und
die Verderbnisse des kirchlichen Systems. Frei von den fal=
schen Auctoritäten der alten Kirche: von der scholastischen
Doctrin, vom Papstthum, Concil, kanonischen Recht, aber
auch festgegründet auf die Auctorität des göttlichen Wortes
in der Heiligen Schrift, deckt Luther nun erst mit steigender
Klarheit und wachsendem Muth die Schäden des kirchlichen
Lebens wie die Irrthümer der kirchlichen Lehre auf und
weist hin auf die Wege der Reform. Eine Reihe von
Schriften, in denen er seine gereifte Erkenntniß niederlegt,
erscheint von ihm in den Jahren 1519 und 1520 (s. die
Verzeichnisse bei Köstlin II, 723 fg., und in den Ausgaben
der Werke Luther's). Insbesondere ist das Jahr 1520
denkwürdig durch seine drei größten reformatorischen Zeug=
nisse, die sein eigentliches Reformationsprogramm enthalten:
1) die Schrift an den christlichen Adel deutscher Nation von
des christlichen Standes Besserung, im Juli bis August 1520;
2) das praeludium de captivitate Babylonica, über die
babylonische Gefangenschaft der Kirche, erschienen im October,
und endlich 3) den Tractat de libertate christiana, von

der Freiheit eines Christenmenschen, in deutscher und latei=
nischer Sprache im November ausgegeben und einem Brief
an den Papst beigelegt.

Die erste dieser Schriften enthielt einen Nothschrei wider
das Verderben der Christenheit und einen Aufruf zur Hülfe,
gerichtet an den Standesadel und Geistesadel der deutschen
Nation wie an den gesammten Laienstand, nebst umfassenden
kirchlichen, politischen und socialen Reformvorschlägen: Grund=
züge zu einer neuen christlichen Gesellschaftsordnung. Die
zweite handelt von den Hauptstücken des christlichen Gottes=
dienstes, insbesondere den Sakramenten, worin die babylonische
Verwirrung und Knechtung der Kirche durch das Papstthum
am meisten sich zeigte. Die dritte endlich, anknüpfend an
ein Paulinisches Wort, 1 Korinth. 9, 13, will eine „Summa
des ganzen christlichen Lebens", die Grundlagen einer neuen
evangelischen Ethik und Dogmatik geben, indem sie zeigt,
wie der Christ durch den Glauben ein freier Herr aller
Dinge ist und niemand unterthan, aber auch ein dienst=
barer Knecht aller Dinge und jedermann unterthan in der
Liebe.

Nun erfolgt aber auch der förmliche und definitive Bruch
mit Rom: schon im September 1520 war Dr. Eck in Deutsch=
land erschienen als Ueberbringer einer päpstlichen Bulle Ex-
surge Domine, die zwar noch eine sechzigtägige Frist zum
Widerruf gewährt, nach deren Ablauf aber Bann und die
kirchlichen Ketzerstrafen über Luther und seine Anhänger ver=
hängt. Luther beantwortet die Bulle mit drei Schriften,
worin er zuerst ihre Echtheit bezweifelt, dann sie für ein
Werk des Antichrists erklärt, endlich die darin verdammten
Sätze einzeln vertheidigt und seine Appellation an ein all=
gemeines Concil erneut. Zugleich aber sagt er dem Papst
und dem ganzen hierarchischen System völlig und förmlich
ab durch das Feuerzeichen vom 10. December 1520, die
öffentliche Verbrennung der päpstlichen Bulle und des kano=
nischen Rechtsbuchs vor dem Elsterthor zu Wittenberg.

Wenige Wochen darauf (3. Januar 1521) erging, nach=
dem die letzte Frist verstrichen, die päpstliche Schlußbulle
Decet Romanum Pontificem, worin nun förmlich über
Luther und seine Anhänger der Bann ausgesprochen wird.
Auf dem im Januar 1521 zusammentretenden Reichstag zu
Worms fordert der päpstliche Legat H. Aleander den neu=
gewählten Kaiser Karl V. und die deutschen Stände auf
Grund eines päpstlichen Breves auf, kraft des ihnen zu=
stehenden jus advocatiae dem päpstlichen Urtheil Gesetzes=
kraft zu verleihen und es durch die Reichsacht zu unter=
stützen. Der Kaiser, dem alles daran lag, für den drohenden
Krieg mit Frankreich die Unterstützung des Papstes zu ge=
winnen, war bereit, dem Wunsche zu willfahren; der Reichs=
tag aber, der selbst eine Reihe von Beschwerden wider den
päpstlichen Stuhl vorbrachte, beschloß, Luther erst zu hören,
wie das in deutschen Landen Recht und Sitte sei.

Luther erschien unter kaiserlichem Geleit, von wenigen
Freunden begleitet, von vielen vor Hussens Schicksal gewarnt,
am 16. April in Worms und bekannte hier am 17. und
18. April 1521 sein schönes Bekenntniß vor Kaiser und
Reich: daß er gewissenshalber nicht widerrufen könne, es sei
denn, daß er mit Zeugnissen der Heiligen Schrift oder mit
klaren hellen Gründen widerlegt würde. Den Schluß seiner
Erklärungen bildet das (allerdings nicht ganz sicher und in
verschiedener Fassung überlieferte) Wort: „Ich kann nicht
anders; hier stehe ich; Gott helfe mir. Amen." Auch bei
spätern Separatverhandlungen (24. und 25. April) blieb
Luther standhaft, verweigerte die ihm angesonnene vorbehalt=
lose Unterwerfung unter die Entscheidung des Reichstags
oder eines allgemeinen Concils und berief sich schließlich
auf den Ausspruch Gamaliel's, Apostelg. 5, 38—39: sei seine
Sache nicht aus Gott, so werde sie in zwei oder drei Jah=
ren von selbst untergehen; sei sie aus Gott, so werde man
sie nicht dämpfen können. Sein Glaubensmuth machte gro=
ßen Eindruck innerhalb und außerhalb der Reichsversamm=

lung. Der Kaiser aber betrachtete die Sache als abgemacht: am 26. April verließ Luther Worms wieder unter kaiserlichem Geleit, am 26. Mai erging gegen ihn und seine Anhänger die Reichsacht durch das von dem päpstlichen Gesandten Aleander redigirte, fälschlich auf den 8. Mai zurückdatirte Wormser Edict. So war die Ketzerei Luther's, nachdem der Kirchenbann sie getroffen, nun auch durch die Reichsgewalt todtgesprochen. Luther selbst aber war, als die Reichsacht über ihn erging, längst in Sicherheit. Während Freund und Feind ihn todt glaubten, gründete er nun erst sich und sein Werk in stiller Sammlung auf den festen Grund des göttlichen Wortes.

3. Auf die Zeit der Grundlegung folgt nun die Zeit der Ausführung seines Lebenswerks, die Zeit seines reformatorischen Kämpfens und Bauens von 1521— 46. Zur persönlichen Vorbereitung darauf dient ihm das Asyl auf der Wartburg bei Eisenach, wohin ihn sein Kurfürst nach einer zu Worms getroffenen geheimen Verabredung hatte bringen lassen, und wo er nun 10 Monate (vom 4. Mai 1521 bis 3. März 1522) unter dem Namen und in der Verkleidung eines Junkers Georg in der Verborgenheit und Stille verbrachte. Dieser Aufenthalt auf seinem Patmos wurde für ihn selbst wie für sein Werk in mehrfacher Hinsicht förderlich: er wurde dadurch nicht blos den Nachstellungen seiner Feinde, sondern auch dem stürmischen Drängen der Freunde entzogen und fand Zeit zur innern Sammlung und zur Beschäftigung mit der Heiligen Schrift, deren Uebersetzung aus dem Grundtext in die deutsche Sprache er eben hier, am 21. December 1521, begann. Das Werk der Kirchenreformation aber gewann durch die zeitweilige Zurückziehung seines Urhebers an innerer Festigkeit und Selbständigkeit und wurde aus einem Werke Luther's zu einem Werk der Kirche und des Volks; auch suchte er selbst den Fortgang desselben zu fördern durch eine

Reihe von Briefen und Schriften, durch die er Freunden und Feinden bald wieder ein Lebenszeichen von sich gab.

Bald aber erschien seine persönliche Gegenwart in Witten=berg als nothwendig. Es zeigte sich dort ein schwärmerischer Radicalismus, der unter dem Vorgeben, Luther's Gedanken praktisch verwirklichen und das neue Gottesreich aufrichten zu wollen, vielmehr das ruhige Fortschreiten der Reforma=tion zu stören, ja alle Ordnungen des kirchlichen und socialen Lebens zu zerstören drohte. Luther's Collega, Andreas Boden=stein von Karlstadt, ein wohlmeinender aber leidenschaft=licher und unklarer Mann, und ein Ordensbruder Luther's, Gabriel Zwilling, nebst einigen Anhängern, Studenten und Gemeindegliedern, begannen willkürliche Aenderungen des Gottesdienstes vorzunehmen, die Messe zu stören, die Bilder zu beschädigen. Bald kamen noch bedenklichere Erscheinungen hinzu: die sogenannten Zwickauer Propheten, die unter Be=rufung auf angebliche göttliche Offenbarungen Kindertaufe und kirchliches Amt verwarfen und ein unordentliches Wesen anrichteten. Der Kurfürst war ängstlich, Melanchthon rath=los, die Reformation in Gefahr, auf abschüssige Bahnen zu gerathen. Da eilte Luther, der persönlichen Gefahr nicht achtend und des kurfürstlichen Schutzes nicht länger begeh=rend, von der Wartburg herbei, traf am 6. März in Witten=berg ein und stellt durch sein ebenso besonnenes wie kräftiges Auftreten, durch acht Predigten, die er wider die Schwärmer hielt, und durch Privatbesprechungen mit ihnen, die Ordnung und Ruhe wieder her.

Nun aber galt es, gerade im Gegensatz gegen den Sturm und Drang solcher radicaler Neuerer, welche die kirchliche Reformation in die falschen Bahnen einer fanatischen Social=revolution zu leiten drohten, und doch auch zugleich im fort=dauernden Kampf gegen die Anhänger des alten Systems, die in immer größerer Zahl und immer größerer Feindselig=keit gegen Luther als den angeblichen Anstifter aller dieser Bewegungen sich erhoben, in besonnener und vorsichtiger

Weise eine den reformatorischen Grundsätzen entsprechende
Neugestaltung des Gottesdienstes und Kirchenwesens, zunächst
in Wittenberg, dann im übrigen Kursachsen zu versuchen,
zumal nachdem die politischen Verhältnisse Deutschlands, die
das Wormser Edict theils modificirenden, theils geradezu
suspendirenden Reichstagsbeschlüsse der Jahre 1522, 1524,
1526, und der 1525 mit dem Tode Friedrich's und der Nach=
folge seines Bruders Johann eingetretene Regierungswechsel
in Kursachsen dazu freie Bahn gemacht hatten. Eben in
dieser Zeit, kurz nach dem Tode des Kurfürsten Friedrich
(5. Mai 1525) und nach dem Siege der Fürsten über die
aufrührerischen Bauern bei Frankenhausen (15. Mai), hatte
Luther auch, um mit seiner ganzen mönchischen Vergangen=
heit zu brechen und in seinem persönlichen Leben das Vorbild
eines christlichen Ehe= und Hausstandes zu geben, den Bund
der Ehe geschlossen mit der frühern Nonne Katharina von
Bora (13. Januar 1525).

Für die Neubegründung der kirchlichen und gottesdienst=
lichen Ordnungen, wie sie Luther nunmehr in den Jahren
1523—29 zunächst in Wittenberg und dem Kurfürstenthum
Sachsen in Angriff nahm, bildete die erste und wesentlichste
Grundlage seine 1521 auf der Wartburg begonnene, in
den folgenden Jahren stückweise erschienene, endlich im Jahre
1534 abgeschlossene deutsche Bibelübersetzung, ein Mei=
sterwerk deutscher Sprache, deutscher Wissenschaft und deut=
schen Gemüths, die feste Grundlage des evangelischen Glau=
bens und Lebens, der Lehre und des Gottesdienstes für
Kirche, Schule und Haus, zugleich eins der wichtigsten För=
derungsmittel der Reformation wie des gesammten deutschen
Culturlebens. Daran schlossen sich weiter an als Förderungs=
mittel der evangelischen Predigt und des Volksunterrichts:
seine Auslegungsschriften zu verschiedenen biblischen Büchern
und seine gedruckten Predigten, theils Einzeldrucke, theils Pre=
digtsammlungen, wie besonders seine Kirchenpostille, deren
erster Theil 1522, deren zweiter 1525 erschien (neue

Luther.   b

veränderte Ausgabe 1540 und 1543); dann die liturgischen
Schriften: „Von Ordnung des Gottesdienstes und Formula
Missae", 1523; „Taufbüchlein und wie man recht taufen
soll", in demselben Jahre; „Vom Greuel der Stillmesse" und
„Erstes Wittenberger Gesangbuch", 1524; „Deutsche Messe"
und „Neue Bearbeitung des Taufbüchleins", 1526; die Vor=
rede zu dem von Melanchthon verfaßten „Unterricht der Visi=
tatoren" für die Zwecke der lutherischen Kirchenvisitation, 1528,
und die für denselben Zweck geschriebenen beiden „Katechismen";
sowie das „Traubüchlein", 1529. Mit der Neuordnung des
Kirchenwesens ging Hand in Hand die des Schulwesens,
für welche neben den grundlegenden Arbeiten Melanchthon's
Luther's Schrift „An die Rathsherren aller Städte deutsches
Lands: daß sie christliche Schulen aufrichten und halten
sollen" (Wittenberg 1524, 4⁰), von epochemachender Bedeu=
dung ist.

Neben dieser bauenden Thätigkeit Luther's ging aber in
dieser ganzen Zeit 1522—29 eine ebenso eifrige kämpfende
und abwehrende Thätigkeit her. Sie war gerichtet theils
gegen die Anhänger und Vertheidiger der alten Kirche (wie
die Schrift gegen Heinrich VIII. von England 1522, gegen
die Universität Ingolstadt, „Wider den neuen Abgott und
alten Teufel zu Meißen", 1524; die Schrift gegen Erasmus,
„De servo arbitrio", 1525); theils gegen den kirchlichen und
politischen Radicalismus der Schwärmer und Bauern (z. B.
treue Vermahnung sich zu hüten vor Aufruhr, 1522, von
weltlicher Obrigkeit, 1523, wider die himmlischen Pro=
pheten, 1524, Ermahnung zum Frieden auf die zwölf Ar=
tikel der Bauern und Wider die räuberischen und mör=
derischen Bauern, 1525, von der Widertauf, 1528 u. s. w.);
theils endlich gegen die Schweizer und speciell die schwei=
zerische Abendmahlslehre (Vorrede zum schwäbischen Syn=
gramma und Sermon vom Sakrament wider die Schwarm=
geister, 1526, daß diese Worte: das ist mein Leib, noch fest=
stehen, 1527, das große Bekenntniß vom Abendmal, 1528).

Unter allen diesen Kämpfen und Arbeiten erhielt Luther's theologische Gedankenentwickelung und allgemeine Weltan=schauung nun erst, nach den Jahren des Sturmes und Dranges, eine immer conservativere Haltung, den Charakter eines kräf=tigen Realismus und kirchlichen Positivismus und eben da=mit ihre feste Abgrenzung wie gegenüber der falschen Ge=setzlichkeit und Aeußerlichkeit der alten Kirche, so nun auch gegen die falsche Innerlichkeit der Schwarmgeister und den verstandesmäßigen Spiritualismus der Schweizer und Sakra=mentirer. So blieb denn auch der im Jahre 1529 von dem Landgrafen Philipp von Hessen gemachte Versuch, die Häupter der deutschen und der schweizerischen Reformation durch das Marburger Gespräch (1. bis 4. October 1529) zu einigen, ohne den gewünschten Erfolg: man kam sich zwar näher, aber eine brüderliche Einigung wurde nicht er=reicht. Luther war es, der die von Zwingli gebotene Frie=denshand zurückstieß: „Es sind keine Leute auf Erden", sagte dieser, „mit denen ich lieber wollte eins sein als die Wittenberger". — „Ihr habt einen andern Geist als wir", entgegnete Luther, und wollte jenem nur christliche Liebe, wie man sie auch den Feinden schuldig sei, nicht christliche Bruderschaft gewähren. Und da auch die weitern Verhand=lungen, welche zu Schwabach, Schmalkalden und Nürnberg wegen eines Schutzbündnisses der protestirenden Stände ge=pflogen wurden, besonders wegen der Abneigung Luther's und des von ihm geleiteten Kurfürsten gegen bewaffneten Widerstand, zu keinem Ziel führten, so standen die Evange=lischen zu Anfang 1530 den drohenden Gewaltmaßregeln des jetzt mit dem Papst verbündeten Kaisers wehrlos und ohne Einheit gegenüber.

Da nun aber der Kaiser in dem am 21. Januar 1530 ergangenen Ausschreiben versprach, auf dem bevorstehenden Reichstag vor der Entscheidung der religiösen Frage „eines jeden Gutdünken, Opinion und Meinung in Liebe zu hören und zu erwägen": so erhielt Luther mit den übrigen witten=

berger Theologen vom Kurfürsten den Auftrag, eine theo=
logische Denkschrift zur Darlegung und Vertheidigung der
evangelischen Lehre auszuarbeiten. In Erfüllung dieses
Auftrags überreichten sie in Torgau (Ende März 1530)
zwei Schriftstücke, nämlich die von Luther bereits 1529 re=
digirten sogenannten 17 Schwabacher Artikel und 6 einzelne
Aufsätze über die kirchlichen Bräuche, die von den vier
wittenberger Theologen gemeinsam verfaßt waren. Melanch=
thon erhielt die Aufgabe, auf Grund dieser Vorarbeiten eine
einheitliche, zur Vorlage auf dem Reichstag geeignete Schutz=
und Bekenntnißschrift auszuarbeiten, die nachher sogenannte
Confessio Augustana. Luther selbst, welcher immer noch
als Gebannter, Geächteter und als Gefangener des Kur=
fürsten betrachtet wurde, mußte auf der Feste Coburg zurück=
bleiben (23. April bis 5 October), wo er während des
Reichstags nicht blos eine wunderbar vielseitige literarische
Thätigkeit entfaltete, sondern auch in den Gang der augs=
burger Verhandlungen durch Rath, Trost, Mahnungen und
Warnungen, die er seinen Freunden, besonders dem zaghaften
Melanchthon, zugehen ließ, erfolgreich eingriff. Insbesondere
sprach er über die von Melanchthon in Augsburg unter dem
Beirath der dort anwesenden Theologen und Juristen redigirte,
am 25. Juni vor Kaiser und Reich verlesene Bekenntniß=
schrift seine volle Billigung aus, nachdem er sie wiederholt
und sorgfältig gelesen; ja er freut sich, in dieser Stunde
gelebt zu haben, da Christus durch solche Männer in sol=
cher Versammlung durch dieses allerschönste Bekenntniß öffent=
lich ist verkündigt worden.

In den folgenden 15 Jahren seines Lebens tritt zwar
äußerlich angesehen Luther's Einfluß und Thätigkeit theils
hinter demjenigen Melanchthon's, theils hinter der jetzt viel=
fach maßgebenden Autorität der Fürsten und Staatsmänner
mehr zurück; auch verblieb er von jetzt an, abgesehen von
kleinern Reisen, meist in Wittenberg, seines Predigtamts
und akademischen Lehramts wartend, von Tausenden auf=

gesucht, gehört und angesprochen, und stets, wo er konnte, zu Rath und Hülfe bereit. In allen wichtigen Fragen, kirchlichen nicht blos, sondern theilweise auch politischen, wurde er nicht blos gehört, sondern sprach er auch meist das entscheidende Wort, zumal wenn es galt, neben dem theils allzu ängstlichen, theils um des Friedens willen allzu nach= giebigen Melanchthon die Sache der evangelischen Freiheit oder Lehrbestimmtheit zu wahren.

So gab Luther 1531 eine Glosse auf das vermeinte kaiserliche Edict und eine Warnung an seine lieben Deut= schen heraus, 1532 eine Schrift wider die Schleicher und Winkelprediger, 1533 von der Winkelmesse und Pfaffen= weihe, 1534 und 1535 Schriften wider das jetzt vom Papst beabsichtigte Concil, für das er dann 1537 seine den Ge= gensatz gegen das päpstliche System aufs schärfste betonen= den Schmalkaldischen Artikel aufsetzt und 1538 herausgibt. Schwere Gewissensbedenken und Verlegenheiten bereitet ihm 1539—40 die Doppelehe des Landgrafen Philipp, schwere Sorgen die tödliche Erkrankung seines treuen Melanchthon. Die regensburger Vermittelungsvorschläge 1541 lehnt er ebenso entschieden ab, wie 1545 die Theilnahme an dem vom Papst berufenen Concil; ja in seinem letzten Lebens= jahre greift er noch einmal zur Feder, um eine seiner heftig= sten Streitschriften gegen das Papstthum loszulassen in sei= ner Schrift „Wider das Papstthum zu Rom vom Teufel gestiftet", 1545; andererseits wird er durch eine neue Aus= gabe der Zwingli'schen Schriften 1544 veranlaßt, den seit Jahren ruhenden Abendmahlsstreit noch einmal aufzunehmen in seinem „Kurzen Bekenntniß vom heiligen Sakrament", 1544.

Mancherlei Beschwerden hatte ihm zuletzt auch seine zunehmende Kränklichkeit gebracht, manchen Verdruß das un= gezügelte Treiben der wittenberger Jugend und andere be= trübende Wahrnehmungen, die er in seiner nähern oder fernern Umgebung machen mußte. Doch war sein letztes Werk ein Friedenswerk. Zur Beilegung eines zwischen den

Grafen von Mansfeld ausgebrochenen Streites reiste er,
halbkrank, mitten im Winter, 23. Januar 1546, nach Eis=
leben. Bange Ahnungen stiegen in ihm auf, daß er hier
in seinem Geburtsort auch sterben würde. Dennoch predigte
er noch viermal. Am 17. Februar wurde er bettlägerig.
Arzneien und Stärkungen halfen nichts. Er fühlte sein
Ende nahen. Er befahl seine Seele Gott, antwortete auf
die Frage von Jonas und Cölius, ob er auf seine Lehre
sterben wolle, mit einem lauten Ja, und entschlief sanft
18. Februar 1546 in der dritten. Stunde. Sein Grab
fand er am 22. Februar in der Schloßkirche zu Wittenberg.
Bugenhagen hielt die Leichenrede, Melanchthon als Sprecher
der Universität eine lateinische Rede: „Wir sind wie Wai=
sen, die ihres Vaters beraubt sind. Er aber ist hingegangen
in die herrliche Schule, wo er die Geheimnisse der gött=
lichen Majestät mit offenen Augen schauen und mit brennen=
dem Herzen Gott danken wird."

II. Luther's Dichtungen.

Um Luther's literar= und culturhistorische Stellung, sei=
nen Einfluß auf Schriftthum und Dichtung, Wissenschaft
und Weltanschauung nicht blos des deutschen Volkes, son=
dern der ganzen modernen Menschheit erschöpfend nachzu=
weisen, dazu wäre nichts Geringeres erforderlich als eine
Darstellung der gesammten Cultur= und Literaturgeschichte
der letzten vier Jahrhunderte. Als Schriftsteller gehört Lu=
ther nicht blos der deutschen und nicht blos der kirchlichen
Literatur an: seine Schriften bilden einen Bestandtheil der
Weltliteratur. Denn auf alle Culturvölker der modernen
Menschheit, auf alle Lebensgebiete der modernen Culturwelt
erstreckt sich mittelbar oder unmittelbar der Einfluß Luther's
und seines Lebenswerks, der Reformation und des protestan=
tischen Geistes.

Dem deutschen Volke aber insonderheit hat Luther durch
seine aus dem Grundtext geschöpfte Uebersetzung der Heiligen

Schriften Alten und Neuen Testaments, die vor ihm zwar
nicht unübersetzt, aber unlesbar waren, ein deutsches Bibel=
buch in die Hand, ins Haus, in Kirche und Schule, und
mit der Bibel eine neue gemeinsame Schriftsprache und einen
unerschöpflichen Gedankenschatz, ein alle Stämme und alle
Stände einigendes Bildungsmittel gegeben. Er hat ferner
die Bibel ausgelegt für Gelehrte und Ungelehrte, und zwar
nicht nach der Norm der kirchlichen Ueberlieferung, sondern
aus ihr selbst heraus, nach ihrem eigenen Wortsinn und
Geist, in seinen zahllosen Predigten und Auslegungs=
schriften. Er hat das aus der Bibel geschöpfte gereinigte
Bekenntniß niedergelegt und ausgebreitet in seinen Lehr=
und Erbauungsschriften, seinen Katechismen, Tractaten,
Gebeten und Liedern. Er bespricht die politischen und socialen
Fragen, von denen seine Zeit bewegt war, und regt neue
zeit= und weltbewegende Gedanken an in seinen populären und
politischen Flugschriften, Sendschreiben und Rathschlägen.
Er bekämpft die Gegner mit unerbittlicher Polemik, oft mit
rücksichtsloser Derbheit in seinen Streitschriften; aber er
tröstet auch die Angefochtenen, die um ihres Glaubens willen
Leidenden, oder feiert das Gedächtniß evangelischer Märtyrer
in seinen herzinnigen Trostschriften, seinen herzhaften Kam=
pfes=, Sieges= und Triumphliedern; und dann hat er wieder
in einfältigem Wort und Lied, in sinnvollen Sprüchen und
Fabeln kindlich zu den Kindern geredet, in seinen zahllosen
Freundesbriefen wie in den aus seinem Munde aufgezeich=
neten Tischreden bald ernsthaft, bald in gemüthlichem Humor
die kleinen und großen Anliegen und Vorkommnisse des täg=
lichen Lebens, die heiligsten und höchsten Fragen und An=
gelegenheiten der Christenheit und Menschheit besprochen.

Ueber alle diese verschiedenen Zweige der literarischen
Thätigkeit und Verdienste Luther's sind wiederum ganze Lite=
raturen geschrieben. Man vergleiche:

1. Ueber Luther's Bibelübersetzung, ihre Entstehung
und ihre Bedeutung für deutsche Sprache und deutsches

Schriftthum die Schriften von J. G. Palm, J. M. Götze, G. W. Panzer, G. W. Hopf, H. Schott, Bindseil, W. A. Teller, J. F. Wetzel, A. Lehmann, W. U. Jütting, E. Opitz, E. Reuß, O. F. Fritzsche u. a.

2. Ueber Luther's Predigten und Auslegungsschrif=ten die neuesten Ausgaben seiner Werke, besonders die erlanger Ausgabe der lateinischen und deutschen Werke, 1826 fg., sowie das Werk von E. Jonas, „Die Kanzelberedt=samkeit Luther's" (Berlin 1852); W. Beste, „Kanzelredner der lutherischen Kirche des Reformationszeitalters" (Leipzig 1856).

3. Seine übrigen Prosaschriften in deutscher Sprache sind verzeichnet nach den Jahren des Erscheinens von Her=mann von der Hardt, Panzer, J. Köstlin (Leben Luther's, 2. Aufl., Bd. 2.).

4. Seine Briefe sind gesammelt von De Wette, 1825 —28; Seidemann, 1856; Burkhardt, 1866; Kolbe, 1883.

5. Die Colloquien oder Tischreden sind theils in lateinischer theils in deutscher Sprache gesammelt und her=ausgegeben von Lauterbach, Aurifaber, Selnecker, Rebenstock, Stangwald; neueste Ausgaben von Förstemann und Bindseil 1846—48 und 1863—66.

6. Luther's geistliche Lieder sind gesammelt von Karl von Winterfeld, 1840; Fr. Crusius, 1846; Pasig, 1845; Ph. Wackernagel, 1848, 1868; K. Fr. Th. Schneider, 1853; H. Stip, 1854; Schirks, 1854; Dreher, 1857 2c. Vgl. dar=über die Schriften von Rambach, Gebauer, ferner Wackernagel, „Kirchenlied", Goedeke, „Grundriß" (I, 131 fg.); Koch, „Ge=schichte des Kirchenlieds" (3. Aufl. 1866, S. 230 fg.).

7. Von den Werken Luther's besitzen wir bisjetzt sechs (mehr oder minder unvollständige) Gesammtausgaben, erschienen zu Wittenberg, Jena, Altenburg, Leipzig, Halle, Erlangen; eine siebente steht in Aussicht.

Als deutscher Dichter hat Luther, wie es scheint, nicht vor dem Jahre 1523, also erst im reifen Mannesalter, sich versucht. Aus dem liederreichen deutschen Volke, aus dem sangesreichen thüringer Lande entsprossen, zeigt er schon als Knabe Sinn für Poesie und Musik, hat auch schon in seiner Jugend das deutsche Volkslied, wie es auf der Straße oder in den Häusern erklang, insbesondere aber auch „die alten feinen christlichen Lieder" kennen gelernt, die zu den Festzeiten vom Volk in deutscher Sprache gesungen wurden: das Weihnachtslied: Ein Kindelein so löbelich zc., das Osterlied: Christ ist erstanden zc., das Pfingstlied: Nun bitten wir den heiligen Geist zc. Als Singknabe hat er zu Magdeburg und Eisenach mit lateinischen und deutschen Liedern vor den Thüren sein Brot sich ersungen und durch sein munteres Singen und herzliches Beten die Gunst der Frau Ursula Cotta gewonnen. Als Student in Erfurt hat er lateinische Dichter gelesen: Virgil, dessen ernsten heroischen Charakter er rühmt, Ovid und Horaz, die ihm besonders durch ihren Reichthum an sinnvollen Sprüchen gefallen haben; doch hat er später es selbst beklagt, daß er in seiner Jugend nicht mehr Poeten und Historien gelesen. Auch an neulateinischen Poesien der Humanisten hat er seine Freude gehabt; aber er selbst hat nicht zu den „Poeten" gehört: nur wenige schwache Versuche lateinischer Versification, worin sonst die Humanisten so fruchtbar waren, sind uns von ihm überliefert. Ueber einige lateinische Verse Luther's aus späterer Zeit vgl. Köstlin, „Martin Luther" (2. Aufl., II, 445 fg.).

Auch die deutschen Lieder, die wir von Luther haben, sind nicht aus seinem persönlichen Leben herausgewachsen als Ausdruck seiner eigensten Gefühle und Stimmungen, als poetischer Niederschlag seiner innern Kämpfe oder äußern Lebenserfahrungen; sondern sie bilden ein Stück seines reformatorischen Wirkens, seines geistlichen Berufslebens und sind — wenigstens in ihrer großen Mehrzahl — gedichtet mit der bestimmten Abzweckung auf das christliche Volk, auf die Kirchengemeinde oder Hausgemeinde.

Weder aus der Klosterzeit Luther's noch aus den Jahren
seines ersten reformatorischen Auftretens haben wir von ihm
eine Spur poetischer Versuche. Erst als er nach der Wart=
burgperiode und nach der Beschwichtigung der wittenberger
und zwickauer Schwärmer mit der Neugestaltung des Ge=
meindegottesdienstes zunächst für seine Pfarrkirche sich be=
schäftigte und aus diesem Anlaß die Nothwendigkeit erkannte,
die anfangs auch hier noch in lateinischer Sprache gehaltene
Messe durch Einführung der deutschen Cultussprache dem
Volk zugänglich und verständlich zu machen, kam ihm der
Wunsch, deutsche Gesänge zu besitzen, die nicht blos vom
Chor, sondern von der ganzen Gemeinde gesungen werden.
„Ich wollte, daß wir viel deutsche Gesänge hätten", schrieb
er in seiner «Form der Messe» 1523, „die das Volk bei
der Messe sänge. Aber es fehlt uns an deutschen Poeten
und Musicis, die christliche und geistliche Gesänge machen
können, die es werth wären, daß man sie in der Kirche
Gottes täglich brauche." Nur drei von den bisher vor=
handenen deutschen Liedern oder Leisen findet er geeignet,
in ein evangelisches Gemeindegesangbuch aufgenommen zu
werden: das Abendmahlslied: „Gott sei gelobet und gebene=
deiet ꝛc.", das Pfingstlied: „Nun bitten wir ꝛc.", und das
Weihnachtslied: „Ein Kindelein so löbelich ist uns geboren
heute ꝛc."

Lebhaft bedauert er, keine deutschen Dichter und Musiker
zu kennen, die diesem Mangel abhelfen könnten: bringend
wünscht er, durch seine Schrift deutsche Poeten, wo immer
solche wären, zu eigenen Versuchen anzuregen. Wiederholt
wendet er sich an seinen alten Freund und Studiengenossen,
den Hofprediger Georg Spalatin, der ein elegantes und
reiches Deutsch zu reden verstehe, er möchte biblische Psalmen
für den deutschen Kirchengesang bearbeiten. „Ich bin willens",
schreibt er ihm, „nach dem Exempel der Propheten und
alten Väter der Kirche deutsche Psalmen fürs Volk zu
machen, das ist geistliche Lieder, damit das Wort Gottes

auch durch den Gesang unter den Leuten bleibe. Ich selbst habe nicht die Gabe, daß ich es so machen könnte, wie ich gerne wollte. Darum will ich versuchen, ob Ihr etwa ein Haman, Assaph oder Jeduthun seid." Er empfiehlt ihm, zunächst einmal einen Psalm zu bearbeiten, legt ihm eine Probe bei, gibt auch Andeutungen über das Verfahren, wie er sich's denkt: wie der Sinn deutlich wiedergegeben, doch keine Freiheit gebraucht, wie die Worte schlecht und recht nach der Fassungskraft des Volks, dabei aber doch rein und geschickt gestellt werden müßten. „Ich wollte aber, daß die neuen Wörterlein vom Hofe wegblieben, damit die Worte alle nach dem Begriff des Pöbels ganz schlecht und gemein, doch aber rein und geschickt herauskämen, hernach auch der Verstand fein deutlich und nach des Psalms Meinung ge= geben würde." Da von Spalatin keine Antwort erfolgt, so wiederholt Luther seine Bitte noch zweimal, richtet auch ein ähnliches Ersuchen an den fürstlichen Hofmarschall Johann Dolzig. Beide lieferten nichts. Dagegen dichtete ihm sein Collega Justus Jonas in Wittenberg (geb. 1493 zu Nord= hausen, gest. 1555 zu Eisfeld), der bisher schon als latei= nischer Poet sich einen Namen gemacht, einen Gesang auf Grund des Psalms 124: „Wo Gott der Herr nicht bei uns hält ꝛc.". Dann hatte Luther seit Ende 1524 bis Sommer 1525 in der Person des schwäbischen Theologen Paul von Spretten eine tüchtige Kraft für die Schaffung eines deut= schen Kirchenliedes bei sich in Wittenberg, der denn auch sofort drei Lieder beisteuerte, darunter das trotz seines prosaisch= lehrhaften Tons und trotz seiner formellen Härten beim evan= gelischen Volke vielbeliebte und vielgesungene „Lied vom Gesetz und Glauben": „Es ist das Heil uns kommen her von gnad und lauter güte ꝛc."

Das Beste aber zu dem gemeinsamen Werke, zur Er= schaffung des ersten evangelischen Kirchengesangbuchs, that Luther selbst: durch ihn und seine jetzt gedichteten und her= ausgegebenen Lieder, so klein auch vorerst noch ihre Zahl war und so bescheiden sein eigenes Urtheil über ihren Werth, ist das Jahr 1523—24 das Geburtsjahr des deutsch= evangelischen Kirchenliedes geworden.

Das erste von Luther gedichtete Lied trägt noch ganz den Charakter des geistlichen Volksliedes, noch nicht den des eigentlichen Kirchenliedes: es ist sein „New lied von den zween Marterern Christi, zu Brüssel von den Sophisten zu Löwen verbrant", in 12 Strophen (ursprünglich nur 10; zwei, nämlich Str. 9 und 10, sind von Luther nachträglich hinzugedichtet, jedoch auch schon 1524). Den Anlaß zu seiner Entstehung gab die Verbrennung der beiden antwerper Augustinermönche Heinrich Voes und Johann Esch am 1. Juli 1523 zu Brüssel. Unter lautem Lobgesang waren diese zwei ersten Märtyrer des evangelischen Glaubens den Flammen= tod gestorben; die Kunde von ihrem Martyrium weckte zum ersten mal Luther's geistliche Dichtergabe; das neue Lied, das er aus diesem Anlaß sang — nicht zu ihrer, sondern zu Gottes Lob und Ehre —, wurde das Erstlingslied der strei= tenden und triumphirenden evangelischen Kirche.

An dieses geistliche Volkslied Luther's schloß aber sofort das erste Kirchenlied sich an, d. h. das erste für den gottes= dienstlichen Gebrauch geeignete, wenn auch ursprünglich noch nicht direct für diesen Zweck gedichtete Glaubenslied oder „Danklied für die höchsten Wohlthaten, so uns Gott in Christo erzeiget hat" mit den Anfangsworten: „Nun freut euch, lieben Christen gmeyn, und laßt uns frölich sprynngen 2c.", in 10 Strophen, wie die Ueberschrift des ersten Drucks vom Jahre 1524 sagt: „die unaussprechlichen Gnaden Gottes und des rechten Glaubens begreifend", — „ein Lied von dem ganzen christlichen Leben", wie ein späterer Abdruck von 1531 es nennt, „ein festliches Glockengeläute, das die ganze Christen= gemeinde zur Freude an der Gnade des Evangeliums ein= lädt", eine dramatisch belebte Darstellung der evangelischen Heilsthatsachen und Heilslehren, ausklingend in köstlichem Trost und ernster Mahnung und zuletzt im Tone heiligen

Humors schließend: „Und hüt dich für der menschen satz, darvon verdirbt der eble schatz: das laß ich dir zur letze!"

Nun erst, und zwar noch in demselben Jahre 1523—24, machte sich Luther an. die Umdichtung einiger biblischer Psalmen, speciell für den deutschen Gemeindegesang. Zu Anfang des Jahres 1524 erschien dem Titel nach zu Witten=berg, der Schreibung nach in Nürnberg die erste kleine, für den kirchlichen Gebrauch bestimmte Sammlung unter dem Titel: „Etlich cristlich liber, lobgesang und Psalm ꝛc. (Wittenberg 1514 [Druckfehler für 1524]). Vgl. A. B. (ent=haltend 4 Lieder).

Noch in demselben Jahre 1524 erscheint zu Erfurt, in der Permenter Gassen, zum Ferbefaß: „Ein Enchiridion oder Handbüchlein zur stetten ubung und trachtung geystlicher gesenge und Psalmen", mit 25 Liedern, worunter 18 von Luther. Vgl. D. (enthaltend 14 neue Lieder Luther's).

Und noch einmal bringt uns dasselbe Jahr eine Ver=mehrung des evangelischen Liederschatzes und der Luther=Lieder in dem „Geistlichen gesangk Buchlein" (Wittenberg 1524), das neben einer Vorrede Luther's im ganzen 32 Lieder, worunter 25 von Luther, enthält. Vgl. E. (enthaltend 7 neue Lieder Luther's).

Luther's Vorrede spricht sich aus über den Werth geist=licher Lieder überhaupt, über die Entstehung dieser Samm=lung, über den Zweck dieser Herausgabe.

Jener ursprüngliche Stamm von 25 Luther-Liedern, die alle dem Geburtsjahr des evangelischen Kirchenliedes, dem Jahre 1523—24, ihre Entstehung verdanken, hat sich in den folgenden 22 Jahren des Lebens Luther's (wenn wir von einigen kurzen Reimsprüchen absehen) nur noch um 16 Nummern vermehrt.

Zunächst gab ihm die Neuordnung des Gottesdienstes für seine wittenberger Pfarrkirche (Deutsche Messe und Ord=nung des Gottesdienstes, Wittenberg 1526; vgl. H.) An=laß, dem von Nikolaus Decius umgedichteten Agnus Dei

(O Lamm Gottes unschuldig) auch eine deutsche Bearbei=
tung des Sanctus beizufügen in seinem, an Jes. 6,1—4 sich
anschließenden Liede: „Jesajah dem propheten das geschach 2c."
(Nr. 29); von Luther auch componirt, und zwar in so ge=
lungener Weise, daß sein Freund Walther über seine Ge=
schicklichkeit staunte.

Während der folgenden Jahre 1527—29 übersetzte er
noch drei andere lateinische Gesangstücke für den gottes=
dienstlichen Gebrauch, nämlich die Antiphone Da pacem,
„Verleih uns Frieden gnediglich 2c." (Nr. 31), den Am=
brosianischen Lobgesang Te Deum laudamus, „Herr Gott dich
loben wir" (Nr. 36), und die Litanei oder das priesterliche
Bitt= und Fürbittegebet mit dem Kyrie Eleison der Gemeinde,
„das beste Gebet, das nach dem Vaterunser auf Erden ge=
kommen" (Nr. 37).

Alle drei erschienen 1529 in dem zu Wittenberg bei
J. Klug gedruckten, von Luther mit einer neuen Vorrede
versehenen Gesangbuche unter dem Titel: „Geistliche Lieder
aufs neu gebessert", von dem übrigens bis jetzt kein Exemplar
wieder aufgefunden. Vgl. L. M. N. und Nr. 24.

Ueber die Entstehung des Liedes Nr. 24: „Ein feste
Burg 2c." waren früher die Ansichten sehr verschieden:
die einen wollten es schon ins Jahr 1521, in die Zeit des
Wormser Reichstags, setzen; die andern in die Zeit des
Augsburger Reichstags und des Aufenthalts Luther's auf
der Feste Coburg. Beides ist unmöglich. Eher ließe sich die
Vermuthung Knaake's (vgl. Köstlin II, 660 der 2. Auflage)
rechtfertigen, daß es· 1527 entstanden sei, wo Luther aus
Anlaß des Märtyrertodes von Leonhard Kaiser (gest. 17. August
1527 zu Schärding in Baiern) schreibt: „Er hat den über=
wunden, dessen Gewalt so groß ist, daß ihm keiner auf
Erden mag verglichen werden. Gottes Wort wird wol bleiben,
und wir werden auch bleiben, alle die daran hängen" —
Worte, die allerdings an einige Stellen des Liedes anklingen;
vgl. dazu einige Stellen aus Luther's Erklärung des Pro=

pheten Jeremias vom Jahre 1527. Das Wahrscheinlichste
bleibt aber doch (vgl. Köstlin II, 127 der 1. Auflage;
II, 182 der 2. Auflage), daß Luther in der Zeit des
Speier schen Reichstags, 1529, als die evangelischen Stände
wider den Majoritätsbeschluß protestirten und bei Gottes
Wort bleiben zu wollen erklärten, dieses Lied, als seinen
persönlichen Protest und als das kühne Dennoch! der evangelischen Gemeinde, gedichtet, in den Druck gegeben und auch
in die Melodie gekleidet hat, in welcher es seitdem als der
gewaltigste Gesang der Reformation und evangelischen Kirche
erklungen ist.

Nach mehrjähriger Pause (aus der nur etwa die Bearbeitungen Aesopischer Fabeln: „Ein neue Fabel Esopi.
Newlich verdeutscht gefunden. Vom Lawen und Esel", 1528,
und „Etliche Fabeln aus dem Esopo verdeutscht, sampt einer
schönen Vorrede von rechtem Nutz und Brauch desselben
Buchs", anno 1530, Fol. (III, 3, 4), sowie einige auf den Tod
des Kurfürsten Johann von Sachsen [gest. 16. August 1532]
gedichtete Reime anzuführen sind) folgen erst 1535 wieder
zwei der köstlichsten Gaben, die Luther zu dem Liederschatz
der evangelischen Kirche und des christlichen Hauses bei-
getragen, sein Kinderlied: „Vom Himmel hoch da komm ich
her rc.", aus Lucä 2 (Nr. 4), und sein Kirchenlied: „Sie
ist mir lieb, die werde magd", aus Apok. 12 (Nr. 34),
beide zuerst in dem Klug'schen Gesangbuch von 1535 sich
findend: jenes die kindlichste Dichtung Luther's, die lieblichste Gabe, die er eigens für die Kinder der deutschen
Christenheit gestiftet hat, aus dem 2. Kapitel des Evangelii
St.-Lucas gezogen, ein Weihnachts= und Neujahrslied; dieses,
aus dem 12. Kapitel der Apokalypse entnommen, in den
Formen eines zarten Volkslieds, vielleicht im Anschluß an
irgendein weltliches Liebeslied oder mittelalterliches Marien=
lied, die Kirche Christi als die werthe Magd, die sternen=
gekrönte, weltüberwindende Gottesbraut besingend.

Nicht ein Kirchenlied, aber eine „Vorrede auf alle gute

Gesangbücher" ist es, welche Luther im Jahre 1538 der Schrift seines Freundes H. Joh. Walther: Lob und Preis der löb= lichen Kunst Musica, unter der Aufschrift „Frau Musika" beigegeben hat: „Für allen Freuden auf Erden 2c." (V, 1), ein Preis der Musik als des besten Mittels, Leib und Seele gesund zu erhalten.

Nun folgen noch einige Katechismuslieder, so im Jahre 1539 eine poetische Bearbeitung des Vaterunsers: „Vater unser im Himmelreich 2c." (Nr. 17), zuerst gedruckt in Val. Schumann's geistlichen Liedern, Leipzig 1539, 8. (U), und „Ein geistlich lied von unserer heiligen Taufe, darin fein kurz gefasset, was sie sei? wer sie gestiftet hat? was sie nütze?: „Christ, unser Herr, zum Jordan kam 2c." (Nr. 18) — letzteres zuerst in den Geistlichen Liedern zu Wittenberg, Anno 1543 gedruckt durch J. Klug (X).

Das Judaslied (II, 35) hat Luther selbst veröffentlicht. Ob das Lied vom Austreiben des Papstes (II, 36) ihm zuzuschreiben sei, macht Mathesius' Angabe mehr als zweifel= haft. Ein von Schamelius (Lieder=Commentarius, 1757, S. 57) erwähnter Einblattdruck von 1541 kann nicht existirt haben, wenn Mathesius das Lied erst 1545 nach Wittenberg brachte und Luther es dann drucken ließ.

Der polemische Ton, der in den beiden letzten Liedern wider geistliche und weltliche Feinde des Evangeliums ange= stimmt ist, klingt fort, aber in höherer Tonart und gereinigter Gestalt, in dem 1542 zuerst in einem Einzeldruck nachweis= baren, 1543 in die Geistlichen Lieder Klug's aufgenommenen „Kinderlied, zu singen wider die zween Erzfeinde Christi und seiner heiligen Kirchen, den Babst und Türken", zuerst in drei Strophen, später um zwei Strophen gemehrt: „Erhalt uns Herr bei deinem Wort 2c." (Nr. 30).

Den Beschluß der geistlichen Lieberdichtung Luther's machen noch drei, zuerst im Klug'schen Gesangbuch (Witten= berg 1543) erscheinende Kirchenlieder (Nr. 5, 6, 63).

Wenn schon einige der bisher aufgezählten Lieder Luther's

auf der Grenze stehen zwischen geistlicher Lyrik und didak=
tischer Spruchdichtung, so gehören ganz entschieden in
letzteres Gebiet verschiedene Reime und Sprüche, die theils
in seinen Tischreden von Freunden Luther's verzeichnet stehen,
theils von ihm selbst in seinem Handpsalter, in seinem Haus=
haltungsbuch oder an andern Stellen seiner Schriften hand=
schriftlich aufgezeichnet, oder in zeitgenössischen Flugblättern
oder Gelegenheitsschriften gedruckt sind. Diese sind in Ab=
theilung II gesammelt.

Dann die Haushaltungssprüche, von seiner Hand, wie es
scheint im Jahre 1542 aufgezeichnet: „Es gehet gar viel in ein
Haus ꝛc.", „Zum besten düngt der Mist das Feld ꝛc.", „Ich
armer Mann, so halt ich haus ꝛc.", „Thu wie dein Vater
hat gethan ꝛc."

Fragen wir nach den Quellen, aus denen Luther seine
geistlichen Lieder schöpfte, so sind nur die wenigsten der letztern
ganz frei gedichtet; so die zwei ersten: „Ein neues Lied ꝛc."
und „Nun freut euch, liebe Christen ꝛc.", und einige der letzten,
wie: „Jesus Christus unser Heiland ꝛc.", „Christ lag in Todes=
banden ꝛc.", „Vom Himmel hoch ꝛc.", „Vom Himmel kam ꝛc.",
„Erhalt uns Herr ꝛc." — und auch diese lehnen doch, wie sich
das bei Luther, dem Volksmann und Bibelmann, im Grunde
von selbst versteht, theils an das Bibelwort, theils an das welt=
liche oder geistliche Volkslied, nur in freierer Weise, sich an.

Die meisten seiner Lieder aber sind und wollen nichts
anderes sein als deutsche, volksthümliche und für den
Gemeindegebrauch geeignete Bearbeitungen gegebener Vor=
lagen, denen sie in Gedanken und Form mehr oder minder
treu sich anschließen, und zwar sind diese Vorlagen gegeben
theils in biblischen Abschnitten, besonders Psalmen,
Doxologien oder auch andern Stellen der Heiligen Schrift;
theils in den Hauptstücken des Katechismus: Glaube,
Gebet des Herrn, Gebote, Taufe, Abendmahl; theils in alten
lateinischen Kirchenhymnen oder Sequenzen; theils end=
lich in ältern deutschen Liedern oder Leisen.

Nehmen wir die Zahl sämmtlicher geistlicher Lieder zu
41 an, so sind davon: 1) frei gedichtet 9; 2) Bibellieder 10;
3) Katechismuslieder 7; 4) Uebersetzungen aus dem Latei=
nischen 9; 5) Bearbeitungen deutscher Texte 6.

Ihrer Abzweckung nach aber sind es fast durchaus
Gemeindelieder, die Luther gibt: nicht individuelle Stim=
mungen oder Gefühle bringt er darin zum Ausdruck, ebenso
wenig tiefe theologische Ideen oder hohe mystisch=theosophische
Speculationen, sondern den einfachen Gemeindeglauben im
Anschluß an das einfache Bibelwort in einer Form, wie sie
für Geist, Herz und Mund der Gemeinde und jedes ein=
fachen Christen sich eignet, und doch in einem Reichthum
und einer Mannichfaltigkeit der Gedanken und Anschauungen,
der Formen und Bilder, daß trotz der vorkommenden Wieder=
holungen jedes der Luther=Lieder wieder seinen eigenthüm=
lichen Typus trägt. An sprachlichen Härten und Schwer=
fälligkeiten fehlt es nicht: nicht immer ist das Metall des
Inhalts gleichmäßig in Fluß gekommen, nicht immer der
Guß in allen Theilen gelungen. Andererseits aber sind alle
unnützen Künsteleien in Versbau und Diction, alles Schul=
mäßige und Pedantische, Gezierte und Gespreizte, worein die
Poesie jener Zeit zum großen Theil verfallen war, glücklich
vermieden; dagegen zeigen die Verse eine gewisse natürliche
Kunst und frische Natürlichkeit, wie sie den besten Volks=
liedern eigenthümlich ist, und einen dem Inhalt angemessenen
Rhythmus sowie leichte Singbarkeit.

So ist Luther wie der Vater der evangelischen Kirche,
so auch der Vater des evangelischen Kirchenliedes, und durch
seine eigenen Dichtungen wie durch seine prosaischen Schriften,
durch die neuen Ideen, die er anregte, und durch die neuen
Formen, die er schuf, einer der einflußreichsten Begründer
und Förderer der neuern Literatur und Cultur geworden.

Zahllose fliegende Blätter und zahlreiche Gesangbücher
und Liedersammlungen in ungezählten Drucken und Nach=
drucken haben Luther's Lieder wie seine reformatorischen Ge=

danken, gleich „als ob die Engel vom Himmel Botendienste
gethan", durch ganz Deutschland getragen; zahllose geistliche
Sänger haben den von ihm angeschlagenen Ton weiter=
gesungen, und auch die weltlichen Sänger seiner Zeit wie der
folgenden Jahrhunderte, auch die Classiker der deutschen
Literatur haben bewußt oder unbewußt aus seiner Fülle ge=
schöpft, aus seiner Sprache sich die ihrige gebildet. „Denn",
wie Jakob Grimm sagt, „was der deutschen Sprache Leib
und Geist genährt, verjüngt, was Blüten neuer Poesie ge=
trieben hat, verdanken wir keinem mehr als Luther." Und
was noch mehr ist: was das deutsche Volk an geistiger
Freiheit und echter Bildung besitzt und in immer neuen
Kämpfen und nie ermüdender Kraftanstrengung sich erarbeitet,
das verdankt es — trotz allem, was alte und neue Gegner
dawider sagen mögen — dem gnadenreichen Gotteswerke der
Reformation und ihrem gottgesandten und gottbegnadeten
Heros und Herold D. Martin Luther.

Göttingen.

Julius Wagenmann.

c*

Einleitung.

— —

Was meine Ausgabe der dichterischen Erzeugnisse Luther's betrifft, so habe ich bei den Geistlichen Liedern die letzte bei seinen Lebzeiten erschienene Sammlung, die sich durch Schönheit und Sorgfalt auszeichnet, die bei Valentin Babst zu Leipzig 1545 erschienene Ausgabe, mit Ausschluß des Lateinischen, wortgetreu wiederholt, meistens auch buchstaben= getreu, da die Schreibung fast durchgängig die unnöthige Consonantenhäufung meidet. Wer ew für eu und y statt i vorzieht, mag sich diese nach Belieben herstellen. Beim lauten Lesen oder gar im Gesange verschwinden jene alten Formen von selbst; wo aber beim lauten Vortrage ein anderer Laut durch eine Neuerung erzeugt sein würde, ist der Text Valentin Babst's beibehalten.

Jedem Liede habe ich die Angabe hinzugefügt, in welcher der benutzten Quellenschriften dasselbe zuerst vorkommt. Die Quellen selbst, bei denen ich Ph. Wackernagel, der ausführ= lichern Angaben wegen, auch da nenne, wo ich die Bücher selbst benutzt habe, sind hier durch ausführliche Mittheilungen über das seit Schöber und Riederer, also seit Fünfviertel= jahrhunderten vermißte, von Wackernagel überall vergeblich gesuchte Gesangbuch von 1533 aus Cyprian's Hauskirche erweitert. Das Exemplar, das ich von letzterer benutzen konnte, das einzige bekannte, erwarb die hiesige Bibliothek im

Jahre 1852 aus einer hamburger Auction. Der Gewinn, den die Hymnologie aus der Bekanntschaft mit diesem Ge= sangbuche ziehen kann, ist zwar nicht von Erheblichkeit; aber man weiß doch nun, was es gewährt und nicht gewährt.

Den einzelnen Liedern habe ich die ältern lateinischen Hymnen u. s. w. aus Jak. Wimpheling's oder J. Adelphus Werken in den Originalen beigefügt, die Luther benutzte, nur bei dem gebesserten Liede des J. Hus nicht, da zwischen dem Latein und Luther's Text kaum eine Berührung stattfindet. Wo Luther aus der Bibel schöpft, habe ich aus den ersten Drucken seiner Uebersetzungen die betreffenden Psalme und Bibelstellen mitgetheilt und hier und da auch andere Ueber= setzungen seiner Zeitgenossen angezogen, immer aus den Originalen, und zwar in deren Schreibung, theils um die Vergleichung mit Luther's Uebersetzung zu ermöglichen, theils um den Liebhabern einer krausen Orthographie auch einmal einen Gefallen zu thun und den jungen Knappen, die sich an mir die Sporen verdienen, darzuthun, daß diese Art der Wiederholung einer verwilderten Schreibung, die für sie den einzigen wissenschaftlichen Werth zu haben scheint, während ihnen nicht einfällt, irgendeine einzige Handschrift in ihrer barbarischen Gestalt zu wiederholen, daß, sage ich, diese „Wissenschaftlichkeit" recht wohlfeil zu haben ist.

Wo Einzeldrucke Luther'scher Lieder zu Lebzeiten des Dichters bekannt geworden, habe ich dieselben bei den ein= zelnen Nummern angezeigt oder die Stellen seltener Bücher, wie es die von Peter Busch sind, an denen davon die Rede ist (z. B. Nr. 30), wörtlich ausgehoben.

Auf die Geschichte der einzelnen Lieder bin ich nur, wo es erforderlich war, näher eingegangen. Dahin rechne ich die Heranziehung des Gesangbüchleins von Mich. Vehe, der z. B. ein Lied, das er nachweislich erst aus Luther kennen ge= lernt hatte (Nr. 11), ihm entlehnte und dann gegen ihn kehrte, oder der auch wol eins der Luther'schen Lieder über= arbeitete (Nr. 28, 1), um den Schein zu erwecken, seine

Parodie habe Luther als Muster gedient und nicht Behe
oder sein Genosse Kasper Querhamer seien die Fälscher, son=
dern Luther.

Die Literatur, die sich an einzelne Lieder Luther's heftet,
habe ich nur gelegentlich angezeigt; sie ist ebenso zahlreich
wie werthlos. Nur das für seine Zeit nicht unwichtige
Predigtwerk von Cyriakus Spangenberg* über Luther's Lie=
der ist an den betreffenden Stellen nachgewiesen. Ich will
hier noch die treffenden Worte ausheben, mit denen er Lu=
ther als Kirchenliederdichter schildert:

„Luther hat seine Seyten in seinen Geistlichen Liedern
nach Dauids Harffen gezogen, auch seine meinung, vnd viel
wort aus Dauids Psalter genommen. Vnd ist sein gantz
Intention gewesen, mit solchen seinen Lobgesengen, nicht
weniger denn Dauid gethan, GOtt zu loben vnd zu ehren,
vnd die liebe Christenheit dadurch zu bessern, wie denn auch
der heilige Geist, nicht weniger, durch Lutheri Geistliche Lie=
der vnd schöne Melodeyen, als bey Dauids Harffen, krefftig
gewesen, GOttes Lob zuuermehren vnd außzubreiten, Den
Teufel zuuertreiben, Betrübte hertzen zu trösten, Den Todt
zu vberwinden, Vnd viel harter hertzen zuerweichen, vnd zu
Gott zubekeren, Des ich denn etliche Exempel wüste zu
erzelen, wenn es not were, das, so sonst der gantzen Chri=
stenheit bewust, allererst zubeweren. So mus man ja war
sein lassen, Das Lutherus vnter allen Meistersengern, sider
der Apostel zeit her, der beste vnd künstreichste gewesen, vnd
auch wol bleiben wird, In dessen Liedern vnd Gesengen man
kein vergeblich noch vnnötiges wörtlin findet, Es fleusset
vnd fellet jhm alles auffs lieblichste vnd artlichste, voller

---

* Cyriacus Spangenberg, Cithara Lvtheri. Die Schönen,
Christlichen, Trostreichen Psalmen vnd Geistlichen Lieder, des Hoch=
würdigen thewren Lehrers vnd Diener Gottes: D. Martini Lvthers.
Der erste Theil. M.D.LXXI (Mülhausen, durch Georgium Hantzsch,
1571). 4°. Vorrede. (Datum Mansfeld, 1569, im Martio.)

Geists und Lehre, das schier ein jedes wort eine eigene Pre=
bigte, oder doch zum wenigsten eine sonderliche Erinnerunge
gibt, Da ist nichts gezwungenes, nichts eingeflicktes, nichts
verbrochenes, Die Reimen sind leicht und gut, Die wort art=
lich und ausserlesen, Die meinung klar vnd verstendtlich, Die
Melodeyen und Thon lieblich vnd hertzlich, Vnd in Summa,
alles herrlich vnd köstlich, das es safft und krafft hat, hertzet
vnd tröstet, Vnd in Summa seins gleichen nicht, viel weniger
seins Meisters zu finden, wie das alle fromme hertzen,
deren anders Lutheri Gesangbüchlein rechtschaffen bekandt,
mit mir bekennen müssen, vnd sagen: Das vns Gott durch
jhn, an seinem Gesangbüchlein, etwas hohes, wunderbarlichs
vnd sonderlichs geschencket habe, dafür wir jhm in alle Ewig=
keit nicht genugsam dancken können."

Wie sehr sticht dagegen ab, was fast hundert Jahre spä=
ter Johann Rist* zum Lobe des Dichters Luther zu sagen
weiß:

„Wir wollen auff diesesmal nur den großen und theuren
Mann Lutherum anstatt vieler zum Exempel darstellen, der
uns in unserer teutschen Sprache solche herrliche, geistliche
Lieder hat nachgelassen, daß wir billich hohe Vrsache haben,
GOtt dem HErren von gantzer Seelen dafür zu dancken,
Ich wil aber nur bloß und allein von seiner Poesie sagen,
über welcher man sich offtmahlen nicht genug kan verwun=
dern, denn etliche seiner Lieder so kunstrichtig, und nach
denen, uns heute zu Tage fürgeschriebenen Gesetzen oder
Regeln (von welchen dazumahlen der große Mann das aller=
geringste nicht gewust) sind verfertiget und zu Papier ge=
bracht, daß wenig daran zu tabelen, dahero Ich offte bey
mir gedacht, es müsse an diesem so hocherleuchteten Luthero
alles sonderlich seyn gewesen, indem er auch in dieser Wissen-

---

* Joh. Rist, Die Aller Edelste Beluftigung Kunst= und
Tugendliebender Gemüther (Frankf. 1666), S. 198 fg. (Zuschrift:
Wedel 22. Dec. 1665.)

schaft der edeln, dazumahl fast unbekandten Poeſi ſo hoch
geſtiegen, daß er auch von ſich ſelber, und ohne einiges
Menſchen Anleitung hat verſtehen können, welche Syllaba
im Teutſchen lang oder kurtz wäre, auch was für ein Unter=
ſcheid unter den Jambiſchen und Trochaiſchen Verſen, und
wie alles ſo beweglich und nachbenklich in unſerer edelſten
Mutter Sprache könte ausgedrücket werden, womit Er viele,
dieſer Zeit lebende Poeten, welche ihrem ſtoltzen Bedünken
und Einbildungen nach, lauter Virgilien und Horatien ſind,
mächtig beſchämet.“

Und wiederum achtzig Jahre ſpäter ſchrumpft das Lob
bei dem Grammatiker Reichard* zur Magerkeit zuſammen:

„Die glückliche Religionsverbeſſerung iſt nicht das ein=
zige große Werk, wodurch ſich der ſelige Doctor Luther den
Weg zur Unſterblichkeit gebahnet hat. Seine Verdienſte um
die deutſche Sprache und Poeſie ſind nicht weniger aus=
nehmend. Dieſer Meiſter der deutſchen Sprache, wie ihn
Schottelius nennt, hat die Deutſchen zuerſt gleichſam recht
Deutſch gelehrt, ſowol da er öfters auf der Kanzel geredet,
als auch da er ſo viel herrliche Lieder und Schriften ver=
fertiget hat, welche nebſt ſeiner Bibelüberſetzung alle Werke
ſeiner Vorgänger an Reinigkeit, Deutlichkeit und Nachdruck
der Sprache weit übertreffen, und bis dieſe Stunde als un=
vergleichliche Muſter zur Nachahmung dienen können.“

Wärmer wird vierzig Jahre ſpäter Luther’s erſter Bio=
graph der neuern Zeit, J. M. Schröckh**:

„Luther war in ſeinen deutſchen Gedichten und vornehm=
lich in ſeinen geiſtlichen Liedern nicht ſowol darauf bedacht,
die Regeln der Sprache und Dichtkunſt aufs ſtrengſte zu be=
obachten, als vielmehr ihnen die ungezwungenſte und lebhaf=

---

* Elias Kaspar Reichard’s Verſuch einer Hiſtorie der deut=
ſchen Sprachkunſt. (Hamburg 1747.) 8. S. 16 fg.
** J. M. Schröckh, Lebensbeſchreibung Luther’s (Leipzig 1790),
II, 50.

tefte Empfindung der Christen einzuflößen, und wir fühlen
noch jetzt, wie sehr ihm solches gelungen sei. Das Feuer
und die erhabenen Gesinnungen, mit welchen manche derselben aufgesetzt sind, drücken seinen Geist, sein Herz, seine
Vorstellungen natürlicher aus als alles, was die Geschichte
darüber sagen kann. Der Mann, der den Gesang: Eine
feste Burg ist unser Gott 2c. dichten und vollkommen so
handeln konnte, wie er sang, muß weit über die gemeinen
Menschen hervorgeragt haben."

In den Worterklärungen war bei einem so oft gelesenen
und viel gesungenen Dichter wie Luther wenig zu thun. Die
Allgemeinverständlichkeit seiner Lieder war beim Abfassen
derselben einer seiner Hauptgesichtspunkte. Nur wo die Sprache
in den 340 Jahren sich geändert hat, sodaß einzelne Wörter veraltet sind oder ihre Bedeutung geändert haben, war
eine erinnernde Bemerkung erforderlich. Einige Dunkelheiten
(1, 8) werden durch Vergleichung der beigefügten Quellen
aufgehellt. Sachliche Erläuterungen erschienen mir überflüssig; nur einmal bei einer die Abendmahlslehre betreffenden Stelle (20, 5), die von Andersgläubigen schon seit alten
Zeiten angegriffen worden, erschien es angemessen, einem
alten Ausleger das Wort einzuräumen, um den wahren
Sinn festzustellen. Solcher Erläuterungen wären viele aus
den ältern Commentatoren beizubringen gewesen. Doch, was
sie weitläufig zu erörtern für nöthig hielten, ist meistens
ohne viel Nachdenken verständlich und bedurfte für unsere
Leser keiner Nachhülfe.

Die außer den für den kirchlichen Gebrauch bestimmten Liedern sonst noch vorhandenen kleinen Sprüche und Spruch-
gedichte sind im zweiten Abschnitte gesammelt. Manches
darunter nahm Luther aus dem Volksmunde auf, gab demselben aber dadurch in den Kreisen seiner Freunde und Tisch-
genossen einen besondern Werth, so daß sie ihm zuschrieben
und beilegten,. was dem ganzen Volke gehörte. Diesen Sprüchen und Liedern sind die polemischen Dichtungen gegen das

Papstthum, Heinrich den Jüngern von Wolfenbüttel und
die Parodie des beim Austreiben des Winters am Sonn=
tag Lätare gesungenen Kinderliedes beigefügt. Die Sprüche
gegen das Papsthum, zur Erläuterung von Bildern ver=
faßt, haben freilich nichts Poetisches und wären von Luther
besser ungeschrieben gelassen, da sie schmuzig und gehässig
sind. Sie existiren aber nun einmal und konnten deshalb
nicht übergangen werden. Wenn nicht zur Entschuldigung,
doch zur Erklärung möge daran erinnert werden, daß sie
aus dem Jahre 1545 herstammen und der gereizten Stim=
mung ihren Ursprung verdanken, die bei Luther zur Zeit
des Tridentinischen Concils sehr begreiflich erscheint. Die
paar Reime gegen Heinz von Wolfenbüttel sind treffend und
durch das Treiben des Herzogs vollkommen gerechtfertigt.
Das Lied „Nun treiben wir“, ist sicher nicht von Luther
verfaßt; da er es jedoch auf seinen Namen drucken ließ,
wurde es zu seinem Eigenthum und durfte hier nicht fehlen.

Den Fabeln, die aus Luther's Werken gesammelt wur=
den, ist die Uebersetzung aus dem Buche der Richter voran=
gestellt, da dieselbe ihm ebenso wol angehört wie die Fabeln,
die er aus dem Aesop entnahm. Unter diesem Namen ist
jedoch nicht der griechische Fabeldichter Aesop zu verstehen,
sondern die Sammlung, die im Mittelalter bald den Namen
Aesop, bald Romulus trägt und unter der letztern Bezeich=
nung jetzt allgemein angeführt wird, seit H. Oesterley durch
seine Ausgabe dieselbe leicht zugänglich gemacht hat. Luther
scheint die Ausgabe Stainhöwel's, vielleicht mit der Fort=
setzung Seb. Brant's, benutzt zu haben, die beide aus Poggio's
Facetien mancherlei Unsauberkeiten aufgenommen hatten, auf
die Luther misbilligend hindeutet. Der von ihm selbst ver=
anstalteten Sammlung, die ich nur in der Redaction seiner
Werke benutzen konnte, habe ich die sonst von ihm erzählten
Fabeln und heitern Geschichten hinzugefügt, die er nicht er=
funden, aber durch seinen Vortrag zu seinem Eigenthum ge=
macht hat.

Die Aufnahme der drei Briefe aus Coburg bedarf wol keiner Rechtfertigung. Ebenso wenig die Mittheilung dessen, was Luther über Musik gesagt hat. Die von J. Walther veröffentlichte Vorrede von 1538, die man nur aus For= kel's „Geschichte der Musik" und aus der Wiederholung in A. J. Rambach's „Abhandlung über Luther's Verdienst um den Kirchengesang" kannte, halte ich mit Rambach für eine Uebersetzung fremder Hand nach Luther's lateinischer Fassung, wie sie in Melanchthon's „Declamationen" (Argentor., 1541, IV, 768 fg.) mitgetheilt ist. Da ich den lateinischen Text nicht füglich aufnehmen konnte, hielt ich die Wiedergabe der vielleicht von Walther herrührenden Uebertragung für erlaubt.

Als Anhang habe ich, nach langer Ueberlegung, ob bei einer Sammlung der Dichtungen Luther's dazu der passende Ort sei, die Martyrgeschichten hinzugefügt. In Anbetracht der systematischen und an Verlogenheit alles Erdenkliche übersteigenden Schmähungen gegen den Gründer unserer Kirche, der auch diese Verunglimpfungen überdauern wird, wie das reine Wort Gottes den Menschenverstand überdauert, habe ich mich entschieden, diese Stücke, die allerdings keine Dichtungen, aber furchtbare Wahrheiten sind, aufzunehmen, um wenigstens mit diesen beiden Martyrgeschichten, den Be= richten über den Kirchenmord Heinrich's von Zütphen und Leonhard Kaiser's, daran zu erinnern, wessen Luther's Wider= sacher, wenn sie die Macht dazu in Händen hatten, fähig waren. Es wäre längst an der Zeit gewesen, die zeitge= nössischen Berichte über die ihres evangelischen Glaubens wegen von der Alleinseligmachenden Kirche dem Feuertode Ueberwiesenen, wie es einst Rabus gethan, neu zu sammeln und herauszugeben, um daran zu zeigen, was die Ultramon= tanen auf der Höhe ihrer Macht gethan haben, und wovor sie auch gegenwärtig nicht zurückschrecken würden, wenn sie noch irgendwo einen weltlichen Arm finden könnten, der ihre Bluturtheile zu vollstrecken sich herbeilassen würde.

Den Bericht über Luther's letzte Lebenstage, die von einem katholischen Geschichtschreiber in schmählicher Weise dargestellt sind, als weitern Anhang mitzutheilen, hielt ich für heilsam, um denen, die der Wahrheit noch zugänglich sind und die authentische Darstellung nicht zur Hand haben, Gelegenheit zu geben, sich selbst ein Urtheil zu bilden, nicht nur über Luther's Ende, sondern mehr noch über die Arg=listigkeit jenes Historikers, der unter dem trügerischen Scheine objectiver Vorlegung der Quellen das boshafteste Zerrbild Luther's, das seit Cochläus aufgestellt ist, zu Stande ge=bracht hat.

Göttingen.

Karl Goedeke.

Quellen.

A.

Etlich Criſtlich lider | Lobgeſang, vn̄ Pſalm, dem rai= | nen wort Gottes gemeß, auß der | heylige ſchrifft, durch manch= | erley hochgelerter gemacht, in der | Kirchen zů ſingen, wie es dann | zum tayl zů Wittenberg | in übung iſt. ‖ wittenberg ‖ M. D. Xiiij. 3 Bogen. 4°. (Göttingen, Rit. 60, 44. Berlin.)

Ph. Wackernagel, Bibliographie S. 49, Nr. 129 und S. 463, Nr. 6 (wo beidemal die Titel unrichtig angegeben ſind). Das von mir 1850 in Wolfen= büttel aufgefundene Exemplar a (Quodl. 236, 3. 4°, dann Schrank B, jetzt unter den Schriften Luther's), das nur die beiden erſten Bogen enthält, ſcheint die Meinung Schöber's (Erſter Beytrag, Leipzig 1759, S. 13 fg.) zu beſtätigen, daß dieſe Sammlung bogenweiſe ausgegeben wurde. Eine Beſchreibung des Exem= plars gab Ph. Wackernagel, Kirchenl. I, 382, Nr. 21.

Unter dem erſten und zweiten Liede (Nr. 32 nnd 44) ſteht die Jahrszahl 1523. Das letzte Wort der vierten Strophe des Liedes Nr. 32 lautet hier: koſten, in B. koſtes. a hat: lieben Chriſten gmeyn, und koſten.

B.

Etlich Criſtlich lider | Lobgeſang, vn̄ Pſalm, dem rai= | nen wort Gottes gemeß, auß der | heylige ſchrifft, durch mancher= | ley hochgelerter gemacht, in der | Kirchen zů ſingen, wie es dann | zum tayl berayt zů Wittenberg | in übung iſt. ‖ wittenberg. ‖ M. D. XXiiij. 3 Bogen. 4°.

Ph. Wackernagel, Bibliographie S. 51, Nr. 130 (wo der Titel richtig) und S. 462, Nr. 5 (wo der Titel unrichtig angegeben iſt).

Enthält:

1. Ein Chriſtenlichs lied Doctoris | Martini Luthers, die vnauſſprechliche | gnaden Gottes vnd des rechten | Glaubens begreyffendt. (Nun frewt euch lieben Chriſten gmein. S. 4: 1524 Mart. Luth.* = Unſere Nr. 32.)

2. Ein lied vom geſetz und glauben, gewal | tigklich mit götlicher ſchrifft verlegt. | Doctoris Pauli Sperati. (Es iſt das hayl vns kumen her. S. 8: Wittenberg 1524 Pau. Speratus. = Nr. 44.)

3. (S. 9 fg.) Ein geſang Doct. Sperati, zu bekennen | den glauben, mit anzaygung der ſchrifft, als vnnd | newes Teſtaments, wo ein yeder artickel des | glaubēs, in jr gegründt iſt, nach außwey= | ſung der buchſtaben verzeychet. (In Got, gelaub ich das er. hat. S. 13: Wittenberg 1524. = Nr. 45.)

---

* S. 3. Z. 4: koſtes B., koſten A (und a).

4. (S. 14.) Ein gesang Doct. Sperati, zu bitten | vmb volgung der besse=
rung | auß dem wort Gottes. (Hilff got, wie ist der meschen not. S. 16:
Wittenberg 1524. = Nr. 46.)

5. (S. 17.) Die drey nachfolgenden Psalm | singt man in disem thon. || Der
ri. Psalm. Saluü me fac. (Ach got von hymel sihe darein. = Nr. 22.)

6. Der riij. Psalm. Dixit insipiens. (Es spricht der vnweysen mundt wol.
= Nr. 23.)

7. Der Psalm de profundis. (Auß tieffer not schrey ich zu dir. Nr. 28. 1.)

8. (S. 20.) Ein fast Christlichs lied vom waren | glauben, vnd rechter lieb
Got | tes vnd des nechsten (In Jesus namen heben wir an. — Von vnbekann=
tem Verf.; früh aus den luth. G.Büchern ausgeschieden.)

Exemplare in Göttingen (Rit. 60, 44), Wolfenbüttel (127. 20. theol. 4.
Nr. 11). Hamburg (Hamb. 266ᵃ.) Berlin. Dresden. München.

C.

Etlich Cristliche | lyeder Lobgesang, vnd Psalm, | dem rainen
wort gotes gemeß, auß | der hailigen gschrifft, durch manch | erley
Hochgelerter gemacht, | in der Kirchen züsingen, | wie es dañ zům
tail | berayt zů Wit | temberg in | hebunng ist. || Wittemberg. M.
D. XXiiij. 12 Bl. 4⁰.

Ph. Wackernagel, Bibliographie S. 50, Nr. 131 und S. 463, Nr. 7.

Ein fehlerhafter nachläßiger Nachdruck von B. — Exemplar in Berlin,
München, Stuttgart.

D.

Eyn Enchiridion oder | Handbuchlein. eynem yk | lichen Christen
fast nutzlich bey sich | zuhaben, zur stetter vbung vnd | trachtung
geystlicher gesenge | vnd Psalmen, Recht | schaffen vnd kunst | lich
verteutscht. | M. CCCCC XXiiij. Am Schlusse: Gedruckt zu Erffurd,
yn der Permonter gaffen, zum Ferbefaß. M. D. XXiiij. 24 Bl.
8⁰. (Goslar).

Ph. Wackernagel, Bibliogr. S. 57, Nr. 157.

Darin 18 Lieder Luther's:

1. Dies sind die heiligen zehen gebot. Nr. 14.
2. Nu freut euch lieben Christen gmein. Nr. 32.
3. Mitten wir im leben sind. Nr. 35.
4. Gott sei gelobet und gebened. Nr. 21.
5. Gelobet seistu Jesu Christ. Nr. 3.
6. Jesus Christus vnser Heiland, der von. Nr. 20.
7. Wol dem, der in Gottes forchte steht. Nr. 27.
8. Ach Gott von himel sihe darein. Nr. 22.
9. Es spricht der vnweisen mund wol. Nr. 23.
10. Es wolt vns Gott genebig sein. Nr. 25.
11. Aus tiefer not schrei ich zu dir. Nr. 28. 1.
12. Christ lag in tobes banden. Nr. 8.
13. Jesus Christus vnser Heiland, der den. Nr. 9.
14. Nu kom der heiden Heiland. Nr. 1.
15. Kom heiliger Geist, Herre Gott. Nr. 11.
16. Christum wir sollen loben schon. Nr. 2.
17. Kom Gott schöpfer heiliger Geist. Nr. 10.
18. Ein neues lied wir heben an (ohne Strophe 9 u. 10). Nr. 39.

E.

Geyſtliche geſangk | Buchleyn ‖ TENOR ‖ Wittemberg.　M. D.
iiij. ‖ BASSVS ‖ Wittemberg.　M. D. xxiiij.　Quer 6° (München.)

Ph. Wackernagel, Bibliographie S. 63, Nr. 163.

Darin 8 Lieder Luther's zuerſt.

1. Nu bitten wir den heiligen Geiſt. Nr. 12.
2. Aus tiefer not ſchrei ich zu dir. Nr. 28. 2.
3. Ein neues lied (mit Str. 9 u. 10, in 12 Str.). Nr. 39.
4. Menſch, wiltu leben ſeliglich. Nr. 15.
5. Mit fried und freud. Nr. 7.
6. Wär Gott nicht mit uns. Nr. 26.
7. Gott der Vater wohn uns bei. Nr. 13.
8. Wir glauben all an einen Gott. Nr. 16.

Vorrede Martini Luther.

Das geiſtliche lieder ſingen gut und Gott angeneme ſei,
acht ich, ſei keinem Chriſten verborgen, die weil ieberman nicht
allein das exempel der propheten und könige im alten teſta=
ment (die mit ſingen und klingen, mit tichten und allerlei
ſeiten ſpiel Gott gelobt haben) ſondern auch ſolcher brauch
ſonderlich mit pſalmen gemeiner Chriſtenheit von anfang kund
iſt. Ja auch S. Paulus ſolchs 1 Cor. 14 einſetzt, und zu
den Coloſſern gepeut, von herzen dem Herrn ſingen geiſtliche
lieder und Pſalmen, auf das da durch Gottes wort und Chriſt=
liche lere auf allerlei weiſe getrieben und geübt werden.

Dem nach hab ich auch, ſampt etlichen andern, zum gutten
anfang und urſach zugeben denen, die es beſſer vermügen, etliche
geiſtliche lieder zuſamen bracht, das heilige Euangelion, ſo itzt
von Gottes gnaden wider auf gangen iſt, zu treiben und in
ſchwank zu bringen, das wir auch uns möchten rhümen, wie Moſes
in ſeim geſang thut Exo. 15. Das Chriſtus unſer lob und ge=
ſang ſei, und nichts wiſſen ſollen zu ſingen noch zu ſagen, denn
Jheſum Chriſtum unſern Heiland, wie Paulus ſagt 1 Cor. 2.

Und ſind dazu auch in vier ſtimme bracht, nicht aus anderer
urſach, denn das ich gerne wolte die iugent, die doch ſonſt ſol
und muß in der Muſica und andern rechten künſten erzogen
werden, etwas hette, da mit ſie der bul lieder und fleiſchlichen
geſenge los worde und an der ſelben ſtat, etwas heilſames
lernete und alſo das guete mit luſt, wie den iungen gepürt,
eingienge. Auch das ich nicht der meinung bin, das durchs
Euangelion ſolten alle künſte zu boden geſchlagen werden und

vergehen, wie etliche abergeiſtlichen fur geben, ſondern ich wolt
alle künſte, ſonderlich die Muſica gerne ſehen im dienſt des,
der ſie geben und geſchaffen hat. Bitte derhalben, ein iglicher
frumer Chriſt wolt ſolchs ihm laſſen gefallen und wo ihm Gott
mehr oder des gleichen verleihet helfen fodern. Es iſt ſonſt
leider alle wellt allzu las und zu vergeſſen, die arme iugent
zu ziehen und zu leren, das man nicht aller erſt darf auch ur=
ſach dazu geben. Gott geb uns ſeine gnade. Amen.

F.

Ein weyſe Chriſt | lich Meſs zuhal= | ten vn̄ zum tiſch | Gottis
zu gehen. ‖ Martinus Luther. ‖ Wyttemberg. | M. D. xxiiij. 20 Bl.
4⁰. Rückſeite des Titels bedruckt, letztes Blatt leer. (Göttingen.
Autogr. Luth. 56.)

Ph. Wackernagel, Bibliographie S. 50, Nr. 132, und S. 465, Nr. 1077. 8.
Darin Bl. Eiij ᵃ Luther's Lied: Es wollt vns Gott genedig ſeyn. Nr. 25.

G.

Ein weyſe Chriſtlich | Meſs zuhalten vnd zum tyſch | Gottes zcu
gehenn. | Martinus Luther. ‖ Wyttemberg. M. D. xxiiij. 12 Bl. 4⁰.
Letzte Seite leer. (Göttingen. Autogr. Luth. 56.)

Darin Bl. Ciij der Pſalmus deus miſereatur noſtri. Es wollt vnns Gott
genedig ſeyn. Nr. 25.

Ein weyſe Chriſt= | lich Meß zu hal= | ten vnd zum tiſch Gottes zu gehen. ‖
Martinus Luther. ‖ Wyttemberg. | M. D. xxiiij 18 Bl. 4 (Göttingen. Autogr.
Luth. 56. Darin fehlt Luther's Lied; das von Agricola „Frölich", das auch
in F. G. ſteht, macht den Beſchluß. Die Schrift ſelbſt iſt von Paulus Spera=
tus aus Luther's lateiniſchem Briefe an Nic. Hausmann überſetzt, der im Jahre
zuvor erſchien als:
FORMVLA MISSAE ET COMMVNIONIS | Pro Ecclesia Vuittem-
bergensi. Martini Luther. VVittenbergae MDXXIII. 8 Bl. 4⁰, letztes Bl.
leer (Göttingen. Autogr. Luth. 45.)

H.

Deudſche | Meſſe vnd ord | nung Gottis | dienſts. | Wittemberg.
Am Schluſſe: Gedruckt zu Wittemberg. | M. D. XX vj. 24 Bl. 4⁰.

Ph. Wackernagel. Bibliographie S. 91, Nr. 234.

Darin zuerſt Luther's Lied:
Jeſaia, dem Propheten, das geſchach. Nr. 29.

J.

Enchi | ridion geyſt | licher geſenge vnd Pſal= | men, ſo man
itzt (Got zu | lob) yn der kirchē ſinget, | getzogen auß der heylige
ſchrifft, gemehret, gebeſ= | ſert vn̄ mit fleys corrigirt. ‖ Gedruckt

zu Erffurd, | ym 1526 har. Am Schluſſe: Gedruckt zu Erffurd durch Johan= | nem Loerffelt. 32 Bl. Klein 8°. (Wolfenbüttel.)
Ph. Wackernagel, Bibliographie S. 85, Nr. 219.
Darin von Luther's Liedern in dieſer Folge:
12. 14. 15. 32. 35. 21. 16. 3. 20. 27. 22. 26. 23. 28. 7. 25. 1. 2. 9. 8. 13. 10. 11. 39.

K.

Eyn gantz ſchone vn | de ſeer nutte gheſang¹ Boek tho | dagelyker õuinge gehſtlyker geſenge vnd Pſal | men, vth Chriſtliker vnd Euan= geliſcher | ſchryfft, beueſthgghet, beweret, vnde | vp dat nyge gemeret, Corrigert | vnd in Saffyſcher ſprake kla | rer wen to vorn verdü= | beſchet, Vnd mit | ſkyte ge= | druckt | M. D. XXVI. o. O. 12 halbe Bogen. 8°. (Berlin.)
Ph. Wackernagel, Bibliographie S. 89, Nr. 233.
Darin nach dem Erfurter Enchiridion von 1526 (H) von Luther 24 Lieder in dieſer Folge:
12. 14. 15. 32. 16. 13. 25. 28. 11. 21. 3. 20. 27. 22. 26. 23. 7. 1. 2. 9. 8. 35. 10. 39.

L.

Geiſtliche Lieder auffs new gebeſſert zu Wittemberg. D. Mar. Luther. M.D.XXIX.
Im Journal von und für Deutſchland, 1788. 2, 328 fg. gibt G. E. W[aldau in Nürnberg] dieſen Titel und fügt hinzu, daß er „dieſe ſeltene Kleinigkeit ſelbſt beſitze". Sie ſei in Sedezform gedruckt; der Titel ſtehe in einer Ein= faſſung. Das Buch „geht von A bis U, doch ſo, daß jeder Buchſtabe nur auf 8 Blättern ſteht [d. h. das Format iſt Sedez, die Signatur Octavformat]. Nach dem Titel folgt erſtlich Eine newe Vorrede Mart. Luth. Sie fängt ſo an: Nun haben ſich etliche ꝛc. und iſt im 8. Jenaiſchen Theil von Luther's Schriften abgedruckt, woraus ſie in die Altenburgiſche*, Leipziger und Halleſche Ausgaben gekommen. Darauf folgt die alte Vorrede Mart. Luth. Der Lie= der ſelbſt, denen man allemal die Tonzeichen und am Ende ein alphabetiſches Regiſter beigefügt hat, ſind 54. Luther hat dabei folgende Anordnung be= obachtet. Den Anfang machen die ältern lateiniſchen, von ihm ins Deutſche gebrachten Lieder. Sobann kommen Etliche Pſalm durch Mart. Luther zu geiſtlichen Liedern gemacht. Unter dieſen ſtehet nun Blatt Fiij unter der Aufſchrift: Der xxxvi Pſalm, Deus noſter refugium et virtus, das Lied Ein veſte Burg iſt ꝛc. und iſt im 8. Jenaiſchen Theil von Luther's Schriften. Es hat nur 4 Verſe. Der fünfte, in unſern Geſang= büchern: Preis, Ehr und Lob dem ꝛc., iſt alſo wahrſcheinlich von einem ſpätern Dichter hinzugeſetzt worden. — Hierauf folgen Lieder von Juſt. Jonas, Erh. Hegenwald, Joh. Agricola, Laz. Spengler, Adam v. Fulda, den beiden Marg= grafen zu Brandenburg, Caſimir und Georg, Andr. Knöppen und Eliſ. Creuz= igerin. Den Schluß machen die heiligen Lieder aus der h. Schrift, ſo die Pa= triarchen und Propheten vorzeiten gemacht haben. Dieſe ſind zwar in Abſchnitte getheilt und in Noten geſetzt, aber ungereimt. Auf dem letzten Blatte ſteht: Gedruckt zu Wittemberg durch Joſeph Klug 1529."
Weder Waldau's Exemplar noch ein anderes iſt bisher aufgefunden. Welche Lieder Luther's hier, außer Nr. 24, neu hinzugefügt ſind, iſt nicht zu beſtim= men, vielleicht Nr. 31 und 36.

---

* Schon die Wittemberger Ausgabe 1558. 9, 553ᵇ, hat dieſe Vorrede.

Luther. d

Eine neue vorrede Mart. Luth.

Aus E. S. Cyprian's Hauskirche (Gotha 1739), III, 113–114.

Nu haben sich etliche wol beweiset und die Lieder gemehret, also das sie mich weit übertreffen und in dem wol meine meister sind. Aber daneben auch die andern wenig guts dazu gethan. Und weil ich sehe, das des teglichen zuthuns, on alle unter=scheid, wie es einem iglichen gut dunkt, wil keine masse werden, über das, das auch die ersten unser lieder, je lenger je felscher gedruckt werden, hab ich sorge, es werde disem büchlin die leng gehen, wie es alle zeit guten büchern gangen ist, das sie durch ungeschickeder köpfe zusetzen, so gar uberschüttet und ver=wüstet sind, das man das gute drunter verloren und alleine das unnütze im brauch behalten hat. Wie wir sehen aus Sanct Luca j. Cap., das im anfang iderman hat wollen Euangelia schreiben, bis man schier das rechte Euangelion verloren hette unter so viel Euangelien. Also ists auch S. Hieronymi und Augustini und viel andern Büchern ergangen, Summa, Es wil je der meuse mist unter dem pfeffer sein.

Damit nu das, so viel wir mügen, verkomen[1] werde, habe ich dis büchlin widerumb aufs neue übersehen und der unsern lieder zusamen nach einander mit ausgedrucktem namen gesetzt, welchs ich zuvor umme rhumes willen vermiden, aber nu aus not thun muß, damit nicht unter unserm namen, frembde, un=tüchtige gesenge verkauft würden. Darnach die andern hinnach gesetzt, so wir die besten und nütze achten. Bitte und vermane alle, die das reine wort lieb haben, wolten solchs unser büch=lein hinfurt, on unser wissen und willen, nicht mehr bessern oder mehren. Wo es aber on unser wissen gebessert würde, das man wisse, es sei nicht unser zu Wittenberg ausgegangen büchlein. Kan doch ein iglicher wol selbs ein eigen büchlein wol lieder zusamen bringen, und das unser für sich alleine lassen ungemehret bleiben, wie wir bitten, begeren und hiemit bezeuget haben wöllen. Denn wir ja auch gerne unser münze in unser wirde[2] behalten, niemand unvergönnet[3] für sich eine bessere zu machen, auf das Gottes name alleine gepreiset und unser name nicht gesucht werde. Amen.

---

1 verkomen, verhütet. — 2 wirde, Geltung. — 3 unvergönnet, verwehrt.

M.

Form vnd ord | nung Gayſtlicher Geſang | vnd Pſalmen, auch
et | lich Hymnus, welche | Gott dem Herren | zu lob geſungen wer=
den. ‖ Auch das Fruegebets, an | ſtatt der Bapſtiſchen | erdichten
Meß zuhalten. ‖ M. D. XXIX. 8°. Bogen A bis H.

Ph. Wackernagel, Kirchenlied. I, 389, Nr. 32.
Darin nur 13 Lieder Luther's in dieſer Folge:
22. 23. 26. 25. 24. 27. 28. 11. 14. 16. 32. 35.

R.

Geiſt= | liche lieder auffs | new gebeſſert zu | Wittemberg. D. |
Mar. Luth. | M. D. XXXj. Am Schluſſe: gedruckt zu | Erffurdt,
Andre= | as Rauſcher zum | halben Rab in der | Meymer gaſſen |
M. D. XXXj. A—M. Bogen. 16. (Helmſtedt.)

Ph. Wackernagel, Kirchenlied. I, 397, Nr. 39.
Darin von Luther's Liedern in dieſer Folge:
1. 2. 3. 7. 8. 9. 10. 11. 12. 13. 14. 15. 35. 16. 32. 20. 21. 39.
22. 23. 24. 25. 26. 27. 28. 29. 31. 37 (hier zuerſt). 36.

O.

Geyſtly | ke leder vppt | nye gebetert tho | Witteberch, dor | ch
D. Martin | Luth er. ‖ By Ludwich Dyetz | gedruckt. Am Schluſſe:
Ghedruckt jn der lauelyken | Stadt Roſtock, by Ludowich Dietz, |
am. 20. Martij, jm hare na Chri | ſti vnſes erlöſers geborth, | 1531.
A—S Bogen. 8°. (Lüneburg.) Wortgetreu herausgegeben von
S. M. Wiechmann=Kadow. Schwerin, 1858.

Ph. Wackernagel, Kirchenlied. I, 397. Nr. 40.
Darin von Luther's Liedern in dieſer Folge:
1. 2. 3. 7. 8. 9. 10. 11. 12. 13. 14. 15. 35. 16. 32. 20. 21. 39.
22. 23. 24. 25. 29. 31. 36. 28. 26. 27.

P.

Kirchē ge | ſenge, mit vil ſchönen | Pſalmen vnnd Melobey, |
gantz geendert vn gemert. | 1531. Am Schluſſe: Gedruckt zu Nürenb
berg | durch Jobſt Gutknecht. A—O Bogen. Quer 16.

Ph. Wackernagel, Kirchenlied. 1874. IV, 1119.
Darin von Luther's Liedern in dieſer Folge:
28. 14. 16. 25. 22. 23. 26. 27. 24. 32. 12. 35. 20. 7. 21. 15. 8.
9. 13. 36. 11. 10. 1. 2. 3. 37.

Q.

Geiſtliche | Lieder, | auffs new gebeſſert | zu Wittemberg. | D.
Mart. Luth. | XXXiij.

Abgedruckt in der Hauskirche. Gotha 1739. 8°. (Unter der
Vorrede des erſten Theiles vom 10. Aug. 1739 nennt ſich Ernſt
Salomon Cyprian.) Thl. 2, S. 110ᵇ—180. (Das auf S. 110

d*

folgenbe Titelblatt ist nicht mitgezählt.) S. 111: Vorrhebe Mart.
Luthers. Das geistliche Lieder singen. S. 113: Ein newe Vor=
rhede Mart. Luth.: NB haben sich etliche wol beweiset, vnd
S. 115—180 bie 70 Nummern, unter Nr. 62 stehen zwei biblische
Stücke, jebes als 62 bezeichnet, so baß bie Numerierung nur bis
69 geht. Die einzelnen Stücke sind: 1. Nu komm ber heiben Hei=
land (= Val. Babst 1545, Nr. 1). Ein gebet. — 2. (2) Christum
wir sollen loben schon. — 3. (3) Gelobet seistu Jhesu Christ. Ein
gebet. — 4. (7) Mit frib und freud ich far bahin. Ein gebet.
Ein gebet vom leiben Christi. Ein anber gebet. — 5. (8) Christ
lag in tobes banden. — 6. (9) Jhesus Christus unser Heiland.
Ein collect. — 7. (10) Kom got schöpffer heiliger geist. — 8. (11)
Kom heiliger geist Herre Gott. — 9. (12) Nu bitten wir ben Hei=
ligen Geist. Ein gebet. — 10. (13) Gott ber Väter won vns
bey. Ein gebet. — 11. (14) Dis sind bie heilgen zehngepot. —
12. (15) Mensch wiltu leben seliglich. — 13. (35) Mitten wir jm
leben sind. — 14. (16) Wir glauben all an einen Gott. — 15. (32)
Nu frewt euch lieben Christen gemein. — 16. (20) Jhesus Christus
vnser Heiland, der von vns. — 17. (21) Gott sey gelobet vnb ge=
benebeiet. — 18. (19) Der cxj Psalm, zu singen, wenn man bas
Sacrament empfahet. (Uebersetzung in Prosa.) Ein Gebet. Ein
anber gebet. — 19. (39) Ein lied von ben zween Marterern
Christi, zu Brüssel von ben Sophisten von Löuen verbrant! Ge=
schehen jm ja. 1523. Martinus Luther. Ein newes lied wir heben
an. — 20. (22) Nu folgen etliche Psalm, burch D. Martinum
Luther, zu geistlichen liebern gemacht, Vnd erstlich ber xij. Sal=
uum me fac Domine. Ach Gott von himel sih barein. — 21. (23)
Es spricht ber vnweisen mund wol. — 22. (24) Ein feste burg ist
vnser Gott. — 23. (25) Es wolt vns Gott genebig sein. — 24. (26)
Wer Gott nicht mit vns bise Zeit. — 25. (27) Wol dem ber jnn
Gottes furcht steht. — 26. (28) Aus tiefer not schrey ich zu bir.
Fünf Strophen, in ber zweiten: Des mus bich fürchten jberman. —
27. (29) Jesaia bem Propheten bas geschach. — 28. (31) Verley
vns friben gnebiglich. Ein gebet. — 29. (36) Herr Gott bich
loben wir. Ein gebet. Ein anber gebet. — 30. (37) Kyrie=
Eleison. Vier gebete. — 31. (38) Latina Litania correcta. 5 Ora-
tiones. — Nu folgen andere, ber vnsern lieder, vnd Erstlich 32.
(40) Wo Gott ber Herr nicht bey vns helt. Justus Jonas. — 33.
(Psalme, 1545. Nr. 3) Frölich wöllen wir, Halleluia singen.
Johan. Agricola.

Nu folgen etliche geistliche lieder, von ben Alten gemacht. 34
(52). — 35 (53). — 36 (56). — 37 (58). — 38 (59). Es sind
auch geistliche lieder, burch anbere, zu bieser zeit gemacht; weil
aber ber selbigen seer viel sind, vnb ber mehrer teil nicht sonderlich

tilgen, habe ich sie nicht alle wollen jnn bis vnser Gesang büchlin
setzen, sondern die besten draus geklaubet und sie hernach gesetzt,
Was mich aber dazu verursacht hat, wird dich die Newe Vorrede
berichten, Erstlich aber folget: 39 (44) Ein fein Christlich lied Pauli
Sperati, von der krafft des Gesetz vnd der gnade. — 40 (43). —
41 (42). — 42 (47). — 43 (46). — 44 (45). — 45 (48, ohne
Hans Sachs' Namen). — 46 (49). — 47 (Psalme, 1545. Nr. 12.
Margraff Casimirus lieb. Capitan Herr Gott Vater mein). —
48 (Ps., 1545. Nr. 13. Margraff Georgen lieb. Genad mir
Herr ewiger Gott). — 49 (50. O Herre Gott). — 50 (Ps., 1545.
Nr. 5. Andreas Knöppen). — 51 (51. Wo Gott zum Haus; ohne
Namen). — 52 (Ps., 1545. Nr. 16). — 53 (Ps., 1545. Nr. 17). —
S. 161. Wir haben auch zu gutem Exempel u. s. w. (wie unten zwischen
63 und 64). Nr. 54—62^b und 63: entsprechen den Nrn. des Val.
Babst 1545, Nr. 64—74. Dann folgt Ps. 117. Lobet den Herrn.
Darauf Nr. 65—69, die den Nrn. 75—79 bei Val. Babst 1545
gleich sind, nur alle ohne Noten, deren in dem ganzen Drucke keine
vorkommen. Der Gesammttitel dieses von Ernst Salomon Cy=
prian herausgegebenen Werkes lautet:

Die | Hauskirche, | oder | erbauliche Schrifften, | welche | zu
häuslicher Ubung der | Gottseligkeit mit sonderbarem Nu= | tzen ge=
brauchet werden können, | nemlich: |

1. D. Glassii Haußkirchbüchlein, nebst dem Gebetbuch. | [7 Bll.
u. 576 vnd 2, 1—336, S. 8].

2. Erinnerung an die Hausväter | [3, 2—42].

3. Sonderbare Tituln, von der Krafft des seligma= | chenden
Glaubens, und vom christlichen Leben. | [3, 42—54].

4. Unterschiedliche andere Schrifften gleichen Inhalts | und End=
zwecks. | [3, 54—110].

5. Lutheri Gesangbuch vom Jahr 1533 [2, 110^a—180]. und |

6. Ein Büchlein von häuslicher Ubung der Gottseligkeit | [3,
181—388].

Auf Befehl | des Durchlauchtigsten Fürsten und Herrn, | Herrn
Friederichs des Dritten, | Herzogs zu Sachsen-Gotha und Alten-
burg, | zum Behuf | der Hausväter im Fürstenthum Gotha | zu
sammen gedruckt. || GOTHA, || Drucks und verlegts Johann Andreas
Reyher, | F. S. privil. Hof-Buchdr. 1739. 15 Bll. 576 u. 336 u.
388, S. 8.

Ph. Wackernagel bekennt in seiner „Bibliographie zur Geschichte
des deutschen Kirchenliedes im XVI. Jhdt." (Frankf. a. M. 1855),
S. 123, Nr. 315, weder das Original gesehen, noch Cyprian's
Abdruck in irgendeiner Bibliothek gefunden zu haben. Das
vollständige Werk Cyprian's ist in Göttingen (Theol. past.
399^b).

R.

Der | CI. Pfalm, | Durch D. Mar. Luth. | Ausgelegt. | Wittem=
berg. M. D. XXXIIII. A—S. 4⁰.
Exemplar in Göttingen. Autogr. Luth. 90 (nur bis Siij.).

S.

(Geiftliche Lieder auffs new gebeffert zu Wittemberg. D. Mart.
Luth. XXXv). Am Schluffe: Gedruckt zu Wit | temberg durch |
Jofeph Klug. | M. D. XXXV. 198 Bl. 16⁰. (München, zu An=
fang defect.)
    Ph. Wackernagel, Bibliographie S. 131, Nr. 328.
        Darin von Luther's Liedern in diefer Folge:
    1. 2. 3. 4 (hier zuerft). 7. 8. 9. 10. 11. 12. 13. 14. 15. 35. 16.
    32. 20. 21. 39. 22. 23. 24. 25. 26. 27. 28. 29. 34 (hier zuerft).
    31. 36. 37. 38. 17.

T.

Lob vnd | preis der | loblichen Kunft | Mufica: | durch | H. Jo=
han Walter. | Wittemberg. | 1538. 12 Bl. 4⁰. Am Schluffe:
Gedruckt zu Wittemberg | durch Georgen | Rhaw.
    Ph. Wackernagel, Bibliographie S. 150, Nr. 359.
    (Exemplar aus Heyfe's Bibliothek in Berlin.) Darin zuerft V, 1: Vor=
rhebe auf alle gute Gefangbücher; wiederholt in T. Bl. 190ᵇ.

U.

Geiftliche | lieder, auffs new | gebeffert vnd ge | mehrt, zu Witte=
berg. || D. Marti. Luther. || Viel Geiftliche | gefenge, võ andern
fro | men Chriften gemacht. || Jtē ordnũg | der deutfchē Meff. | Am
Schluffe: Gedrucket zu Leyptzick | durch Balten Schu= | mañ || M. D.
XXXIX. 15 Bogen. 8⁰.
    Ph. Wackernagel, Bibliographie S. 470, Nr. 1084.
        Darin von Luther diefelben Lieder wie 1535 und Bl. 60ᵇ.
        Vater unfer im Himelreich. Nr. 17.
    unter feinen Liedern in diefer Folge:
    1. 2. 3. 4. 7. 8. 9. 10. 11. 12. 13. 14. 15. 35. 16. 32. 20. 21.
    19. 39. 22. 23. 24. 25. 26. 27. 28. 29. 34. 17 (hier zuerft). 31. 37.

V.

Geiftli= | che lieder vnd | Pfalmen, durch | D. Mart. Luth. |
Vnd vieler fro= | men Chriften zu | famen gelefen. || Ordnung der |
deubfchen Meff. Am Schluffe: Gedruckt zu Magdeburg, | durch
Michel Lotther. | M. D. XL. 15 Bogen. 8⁰. (Göttingen. Poet
2476.)
    Ph. Wackernagel, Bibliographie S. 165, Nr. 408.
        Darin von Luther's Liedern in diefer Folge:
    1. 2. 3. 4. 7. 8. 9. 10. 11. 12. 13. 14. 15. 35. 16. 32. 20. 21.
    19. 39. 22. 23. 24. 25. 26. 27. 28. 29. 34. 31. 37. 17. 60. 80 (hier zuerft).

W.

Chriſtliche | Geſeng Lateiniſch vnd | Deudſch, zum | Begrebnis. ‖
D. Martinus | Luther. ‖ Wittemberg, Anno | M. D. XLII. Am
Schluſſe: Gedruckt zu Wittemberg, | durch Joſeph Klug. ‖ Anno
Domini M. D. XLij. 30 Bl. 8⁰. (Wolfenbüttel 1240. 27.
Theol. 8. Hamburg, Rambach's Sammlung Nr. 266ᵇ.)

Ph. Wackernagel, Bibliographie S. 117, Nr. 440.

Darin Luther's Lieder:

Aus tiefer not ſchrei ich zu dir. Nr. 28. 2.
Mitten wir im leben ſind. Nr. 35.
Wir glauben all an einen Gott. Nr. 16.
Nu laſt uns den leib (8 Str.) Nr. 80.
Nu bitten wir den heiligen Geiſt. Nr. 12.

X.

Geiſtliche Lie | der zu Wit | temberg, Anno 1543. | Warnung |
D. Mart. Luther. | Viel falſcher ꝛc. Am Schluſſe: Gedruckt zu
Wittem | berg, Durch Joſeph | Klug. Anno M. | DXLiij. 25 Bogen.
8⁰. (Göttingen. Poet. 2476. Berlin. Hamburg. Rambach'ſche
Sammlung.)

Ph. Wackernagel, Bibliographie S. 187. Nr. 442.

Darin Luther's Lieder in gleicher Folge wie in Valentin Babſt's Geſang-
buche 1545. Am Schluſſe Bl. 190ᵇ fg. Luther's Lob der Frau Muſica. Nr.
80 auf Bl. 97 (d. i. 105) mit Luther's Namen. Darin zuerſt Nr 5. 6. 18.
30. 33. 63.

Y.

Das Bap- | ſtum mit ſeynen | gliedern ge- | malet vnd be-
ſchrie | ben. ‖ Wittemberg. o. J. (1545). 40 Bl. 4⁰.

Darin E 5ᵇ — E 8ª die Nachrede „Nu ſihestu, mein ich ia, wilch ꝛc.",
Martinus Luther unterzeichnet.

Exemplar in Göttingen. Autogr. Luth. 2 (bei Antithesis figurata vitae
Christi et Antichristi. Theol. thet. II. 58).

Z.

Lob vnd preis, | der Himliſchen | Kunſt MV | SICA: ‖ Mit
einer herrlichen, ſchönen Borre | de, des ſeligen, tewren, hochbe-,
gabten Mannes, | Doctoris Martini Lutheri, vormals | deudſch im
Druck nihe | ausgangen: | Durch | Johan Walther. ‖ 1564.
22 Bl. 4⁰. Am Schluſſe (Bl. 22ª): Gedruckt zu Witte- | berg,
Durch Lorentz | Schwenck. | 1564.

Ph. Wackernagel, Bibliographie S. 150, Nr. 359, 5, erwähnt dies Büchel-
chen, hält es aber offenbar für eine neue Auflage von Joh. Walter's Lob vnd
preis der loblichen Kunſt Muſica 1538, während es ein ganz anderes Werkchen iſt.

Darin A 2ª — B 2ª Die Vorrede „Ich wolt von Herzen gerne ꝛc."
Vgl. V, 2.

Exemplar in Göttingen Poet. 2512.

ABC 1524	D 1524	E 1524	H 1526	JK 1526	L 1529	M 1529	NOP 1531	Q 1533	S 1535	U 1539	W 1540	Z 1543
	1			1			1	1	1	1	1	1
	2			2			2	2	2	2	2	2
	3			3			3	3	3	3	3	3
								4	4	4	4	4
												5
												6
		7		7			7	7	7	7	7	7
	8			8			8	8	8	8	8	8
	9			9			9	9	9	9	9	9
	10			10			10	10	10	10	10	10
	11			11		11	11	11	11	11	11	11
		12		12			12	12	12	12	12	12
		13					13	13	13	13	13	13
	14			14		14	14	14	14	14	14	14
		15		15			15	15	15	15	15	15
		16		16		16	16	16	16	16	16	16
										17	17	17
												18
								19		19	19	19
	20			20			20	20	20	20	20	20
	21			21			21	21	21	21	21	21
22	22			22		22	22	22	22	22	22	22
23	23			23		23	23	23	23	23	23	23
				24		24	24	24	24	24	24	24
	25			25		25	25	25	25	25	25	25
		26		26		26	26	26	26	26	26	26
	27			27		27	27	27	27	27	27	27
28.1.	28.1.	28.2.		28		28	28	28	28	28	28	28
			29				29	29	29	29	29	29
												30
							31	31	31	31	31	31
32	32			32		32	32	32	32	32	32	32
												33
									34	34	34	34
	35			35		35	35	35	35	35	35	35
							36	36	36			36
							37	37	37	37	37	37
								38	38			38
	39	39		39			39	39	39	39	39	39
												63
											80	80

I.

Kirchenlieder.

Coloſſer 3, 16.

(Leret und vermanet euch ſelbſt mit pſalmen und lobgeſengen und geiſt=
lichen lieblichen Liedern und ſinget dem Herrn in eurem Herzen.)

Unterſcheid der dreier wörter Pſalm, Lobgeſenge und Lieder, meine ich, ſei
dieſer, das er [Paulus] durch die Pſalmen meine eigentlich die Pſalmen David
und ander im Pſalter. Durch die Lobgeſenge die andern geſenge in der Schrift
hin und wider von den Propheten gemacht, als Moſe, Debora, Salomo, Jeſaia,
Daniel, Habacuc, Item das Magnificat, Benedictus und der gleichen, die man
Cantica heißet. Durch geiſtliche Lieder aber die Lieder, die man außer der
Schrift von Gott ſinget, welche man teglich machen kan. Darum heißet er die
ſelbigen geiſtliche mehr, denn die Pſalmen und Lobgeſenge, welche er wol wuſte,
das ſie ſchon ſelbſt geiſtlich ſind. Aber in den Liedern wehret er uns, die welt=
lichen, fleiſchlichen und unhübſchen geſenge zu brauchen, ſondern wil, das unſer
Lieder ſollen von geiſtlichen dingen lauten, die da tüchtig ſind, uns etwas zu
leren oder zu vermanen, wie er hie ſagt. (Kirchen Poſtilla das iſt: Auslegung
der Epiſteln vnd Euanglien, an Sontagen vnd fürnemeſten Feſten. D. Mart.
Luth. Wittemberg Gedruckt durch Hans Lufft. 1558. Fol. Bl. 225 b V. Sont.
nach Epiphan.)

Geystliche Lieder.

Mit einer newen vorrhede,

D. Mart. Luth.

Warnung

D. M. L.

Viel falscher Meister itzt Lieder tichten,
Sihe dich für, vnd lern sie recht richten,
Wo Gott hin bawet sein Kirch vnd sein wort,
Da wil der Teuffel sein mit trug vnd mord.

Leipzig.

Vorrhede D. Mart. Luth.

Der xcvj. Pfalm spricht, Singet dem HERRN ein neues lied, Singet dem HERRn alle welt[1]. Es war im alten Testament unter dem Gesetz Mose der Gottes dienst fast schwer und mühselig, da sie so viel und mancherlei Opfer thun musten, von allem, das sie hatten, beide zu hause und zu felde. Welchs das volk, so da faul und geizig war, gar ungerne that, oder alles um zeitlichs genießes willen that, Wie der prophet Maleachi am j. sagt, Wer ist unter euch, der umsonst eine thür zuschließe oder ein liecht auf meinem Altar anzünde? Wo aber ein solch faul unwillig herze ist, da kan gar nichts oder nichts guts gesungen werden. Frölich und lustig muß herz und mut sein, wo man singen sol. Darum hat Gott solchen faulen und unwilligen Gottes dienst faren laffen, wie er daselbst weiter spricht, Ich habe kein luft zu euch, spricht der HERR Zebaoth, und euer speisopfer gefallen mir nicht von euern henden. Denn vom aufgang der Sonnen bis zu ihrem nidergang ist mein Name herrlich unter den heiden, und an allen orten wird meinem Namen reuchwerk geopfert und ein rein speisopfer, denn groß ist mein Name unter den heiden, spricht der HERR Zebaoth.

Also ist nu im neuen Testament ein besser Gotts dienst, davon hie der Pfalm sagt, Singet dem HERRN ein neues lied, Singet dem HERRN alle welt. Denn Gott hat unser herz und mut frölich gemacht durch seinen lieben Son, welchen er für uns gegeben hat zur erlösung von sunden, tod und

---

[1] alle welt; in der ersten Ausgabe des Pfalters 1524: alle land.

Teufel. Wer solchs mit ernst glaubet, der kans nicht laſſen, er muß frölich und mit luſt davon ſingen und ſagen, das es andere auch hören und herzu komen. Wer aber nicht davon ſingen und ſagen wil, das iſt ein zeichen, das ers nicht gleubet und nicht ins neu fröliche Teſtament, ſondern unter das alte, faule, unluſtige Teſtament gehöret.

Darum thun die drucker ſehr wol dran, das ſie gute lieder vleißig drucken und mit allerlei zierde den leuten angeneme machen, damit ſie zu ſolcher freude des glaubens gereizet wer= den und gerne ſingen. Wie denn dieſer druck Valentin Babſts ſehr luſtig zugericht iſt. Gott gebe, das damit dem Römiſchen Babſt, der nichts denn heulen, trauren und leid in aller welt hat angericht durch ſeine verdamte, untregliche und leidige ge= ſetze, großer abbruch und ſchaden geſchehe. Amen.

Ich muß aber das auch vermanen, das lieb, ſo man zum grabe ſinget, Nu laßt uns den leib begraben, füret meinen na= men, aber es iſt nicht mein und ſol mein name hinfurt davon gethan ſein. Nicht das ichs verwerfe, denn es geſellet mir ſehr wol, und hat ein guter Poet gemacht, genant Johannes Weis ¹, on das er ein wenig geſchwermet hat am Sacrament, Sondern ich wil niemand ſein erbeit mir zu eigen.

Und im De profundis ² ſols alſo ſtehn, Des muß dich fürchten jederman. Iſt verſehen oder iſt übermeiſtert, das faſt ³ in Büchern ſtehet, Des muß ſich fürchten jederman. Vt timearis. Denn es iſt Ebreiſch geredt, wie Mat. xo. Vergeblich fürchten ſie mich mit menſchen lere. Und Pſal. xiiij. und Pſal. liij. Sie rufen den HERRN nicht an, da fürchten ſie, da nicht zu fürchten iſt. Das iſt, ſie können viel demut, bucken und tucken ⁴ in irem Gottes dienſt, da ich keinen Gottes dienſt wil haben. Alſo iſt hie auch die meinung, Weil ſonſt nirgend vergebung der ſunden zu finden iſt, denn bei dir, So müſſen ſie wol alle abgötterei faren laſſen und thuns gern, das ſie ſich für dir bucken, tucken, zum creuz kriechen und allein dich in ehren halten und zu dir zuflucht haben und dir dienen, als die deiner gnaden leben und nicht irer eigen gerechtigkeit xc.

¹ Johannes Weis, d. i. Michael Weiſſe, deſſen Gedicht bei Nr. 80; Luther hat daſſelbe überarbeitet. — ² Nr. 28, 2. — ³ faſt, ſehr, häufig. Schöber (Erſter Beytrag S. 99) meint, es müſſe heißen: faſt in allen Büchern. — ⁴ tucken, bucken.

Register über dis Gesang-Büchlin.

Das Register ist auf die zal der Lieder gericht.

8   I. Kirchenlieder.

1.
Der Hymnus, Veni redemtor gentium.
Durch D. Mart. Luther verdeutscht.

Saget der tochter Zion, Sihe, dein könig komt zu dir
senftmütig. Matth. xxj.

Nu kom der heiden Heiland,
Der Jungfrauen kind erkant,
Das sich wunder alle welt,
Gott solch geburt im bestelt.

Nicht von mans blut noch von fleisch,   5
Allein von dem heiligen Geist
Ist Gottes wort worden ein mensch
Und blüet ein frucht weibes fleisch.

Der Jungfrau leib schwanger warb,
Doch bleib keuscheit rein bewart,   10
Leucht erfür manch tugend schon,
Gott da warb in seinem thron.

1. Zuerst D (im Erfurter Enchiridion 1524. Cij.) Vgl.: Chr. Spangenberg,
Cithar. Luth. 1, 1. — Vincent. Schmuck, Adventsgesang: Nu komm der Heiden
Heiland, samt den Catechismusliedern. Leipzig. 1612. 8. — Joh. Hoepner,
Betrachtung des Gesanges: Nu komm. Leipzig. 1634. 8. — Corn. Marcus,
Erklärung des Adventgesanges: Nu komm. Nürnb. 1640. 8. — Vinc. Krull,
Jesu sei willkommen, oder das Adventslied: Nu komm. Hamb. 1670. 8. —
Christian Stöcken, Vier Gesänge: Nu komm ⁊c. Ein Kindelein so löbelich ⁊c.
O wir armen Sünder ⁊c. Christ lag in Todesbanden ⁊c. Glückstadt 1699. 8. —
Henr. Günther, Adventsandachten über das Lied: Nu komm ⁊c. Danzig 1731.
8. 1745. 8. — Joh. Aug. Majer, Erklärung der Lieder: Nu komm ⁊c. Chri-
stum wir sollen loben schon ⁊c. In dulci jubilo ⁊c. Halle 1735. 8. ⁊c.
1. 4 i m, sich. — 13 „Und dieselb (die Sonne) gehet voraus wie ein breut-
gam aus seiner kamer, und ist fro wie ein held zu laufen den weg." Luther's
Psalter 1524. 19, 5.

Er gieng aus der kamer sein,
Dem königlichen saal so rein,
Gott von art und mensch ein held,   15
Sein weg er zu laufen eilt.

Sein lauf kam vom Vater her
Und kert wider zum Vater,
Fuhr hinunter zu der hell
Und wider zu Gottes stuel.   20

Der du bist dem Vater gleich,
Führ hinaus den sieg im fleisch,
Das dein ewig Gottes gewalt
In uns das krank fleisch enthalt.

Dein krippen glenzt hell und klar,   25
Die nacht gibt ein neu liecht dar,
Tunkel muß nicht komen drein,
Der glaub bleibt imer im schein.

Lob sei Gott dem Vater thon,
Lob sei Gott seim einigen Son,   30
Lob sei Gott dem heiligen Geist
Imer und in ewigkeit.
                    Amen.

—————

Ain Ernstliche ermanung Jhesu Christi, unsers lieben Haylands,
an dye vnfleyssigen Christen, durch Erasmum von Roterdam, im
Latein beschryben, Vnnd durch D. Michaelem Weynmar zu Augspurg,
mit andacht zu singē verordnet. Jm thon, Jn Gottes namen faren
wir, oder wie dye Zehen gebot. Mit sampt Anderen schönen Gaystj-
lichen Lobgesängen ꝛc. M. D. XXXII. Am Schlusse: Gedruckt zu
Augspurg durch Heynrich Steyner. 16 Bl. 8º. (Berlin.)
                    Darin von Luther:
Mit fried und freud ich far dahin. Nr. 7.
Christum wir sollen loben schon. Nr. 2.
Nu kom der heiden heiland. Nr. 1.

—————

1. 24 enthalt, erhalte, stärke. — 29 thon, gethan.

Zwey Christliche Gesang: Das erst der geystlich Jäger .von der Verkündung, Entpfenngknis vnnd Geburt vnsers Heylands Jhesu Christi. Das andere: Der schöne Hymnus, Veni redemptor Gentium, Durch D. M. Luther verdeutscht, von der seligen zukunfft Christi in seinem thon. — Einblattdruck, groß Folio. o. O. u. J. [Coburg, Chr. Schnauß, Apotheker]. (Gotha.)

Das Lied Luther's:
Nu kom der heiden Heiland. Nr. 1.

Ad completorium hymnus.

(Jac. Wimpheling) Hymni de tempore et de sanctis. 1513, 4. fol. 16ᵃ.

Veni redemptor gentium,
Ostende partum virginis,
Miretur omne saeculum,
Talis decet partus deum.

Non ex virili semine,
Sed mystico spiramine
Verbum dei factum est caro
Fructusque ventris floruit.

Alvus tumescit virginis,
Claustra pudoris permanent,
Vexilla virtutum micant,
Versatur in templo deus.

Procedens de thalamo suo,
Pudoris aula regia,
Geminae gigas substantiae
Alacris ut currat viam.

Egressus eius a patre,
Regressus eius ad patrem,
Excursus usque ad inferos,
Recursus usque ad sedem dei.

Aequalis aeterno patri
Carnis strophio accingere,
Infirma nostri corporis
Virtute firmans perpetim.

Praesepe iam fulget tuum
Lumenque nox spirat novum,
Quod nulla nox interpolet
Fideque iugi luceat.

Ein Gebet.

Bereitet den weg dem HERREN, Macht seine steig richtig.

Lieber HERR Gott, wecke uns auf, das wir bereit seien, wenn dein Son kömt, in mit freuden zu empfahen und dir mit reinem herzen zu dienen durch den selbigen deinen Son Jhesum Christum, unsern HERREN. Amen.

2.

Der Hymnus A solis ortu,

Durch Mart. Luther verdeutscht.

Ein kind ist uns geboren, Ein Son ist uns gegeben, welchs
herrschaft ist auf seiner schulter. Esa. ix.

Christum wir sollen loben schon,
Der reinen magd Marien Son,
So weit die liebe sonne leucht
Und an aller welt ende reicht.

Der selig schöpfer aller ding   5
Zog an eins knechtes leib gering,
Das er das fleisch durchs fleisch erwörb
Und sein geschöpf nicht alls verdörb.

Die Göttlich gnad von himel groß
Sich in die keusche Mutter goß,   10
Ein meidlin trug ein heimlich pfand,
Das der natur war unbekant.

Das züchtig haus des herzen zart
Gar bald ein tempel Gottes ward,
Die kein man rüret noch erkant.   15
Von Gotts wort sie man schwanger fand.

Die edle Mutter hat geborn,
Den Gabriel verhieß zuvorn,
Den S. Johans mit springen zeigt,
Da er noch lag in Mutter leib.   20

Er lag im heu mit armut groß,
Die Krippen hart in nicht verdroß,
Es ward ein kleine milch sein speis,
Der nie kein vöglin hungern ließ.

Des himels Chör sich freuen drob   25
Und die Engel singen Gott lob,
Den armen hirten wird vermelt
Der Hirt und schöpfer aller welt.

Lob ehr und dank sei dir gesagt
Christ, geborn von der reinen magd,   30
Mit Vater und dem heiligen Geist
Von nu an bis in ewigkeit
           Amen.

Ain Tröstlich gsang von der auff ersteung des fleisch vnd ewigen leben, Im thon: Nun welle Gott das vnser gsang. L[eonhart] P[faminger]. Am Schlusse: Narciß Ramminger. 4 Bl. 8°. o. J. (Berlin. F. 9494. 42).
           Darin von Luther das Lied:
Christum wir sollen loben schon. Nr. 2.

In nativitate Domini.
(Jac. Wimpheling) Hymni de tempore et de sanctis. 1513. 4. fol. 17ᵃ.

A solis ortus cardine
Ad usque terrae limitem
Christum canamus principem,
Natum Maria virgine.

Rectus autor saeculi
Servile corpus induit,
Vt carnem carne liberans
Ne perderet quos condidit.

---

2. „Der Deutsch text singt sich auch wol unter die latinischen noten." Zuerst D. Chr. Spangenb. 1, 34. — Gottfr. Katzer, Drei Festpredigten über drei schöne Lieder: Christum wir sollen 2c. Jesus Christus unser Heiland 2c. Nun bitten wir den h. Geist. Rostock 1695. 4°. Vgl. zu Nr. 1.

Castae parentis viscera
Caelestis intrat gratia,
Venter puellae baiulat,
Secreta quae non noverat.

Domus pudici pectoris
Templum repente fit dei,
Intacta, nesciens virum,
Verbo concepit filium.

Enixa est puerpera
Quem Gabriel praedixerat,
Quem matris alvo gestiens
Clausus Joannes senserat.

Foeno iacere pertulit,
Praesepe non abhorruit
Parvoque lacte pastus est,
Per quem nec ales esurit.

Gaudet chorus caelestium
Et angeli canunt deo,
Palamque fit pastoribus
Pastor, creator omnium.

3.

Ein Lobgesang, von der geburt unsers HErrn Jhesu Christi.

D. Mart. Luther.

Gelobet seistu Jhesu Christ,
Das du mensch geboren bist
Von einer Jungfrau, das ist war,
Des freuet sich der Engel schar.   Kyrioleis.

Des ewigen Vaters einig kind   5
Jtzt man in der krippen sind,
Jn unser armes fleisch und blut
Verkleidet sich das ewig Gut.   Kyrioleis.

Den aller welt kreis nie beschloß,
Der ligt in Marien schoß,   10
Er ist ein kindlein worden klein,
Der alle ding erhelt allein.   Kyrioleis.

Das ewig liecht gehet da herein,
Gibt der welt ein neuen schein,
Es leucht wol mitten in der nacht   15
Und uns des liechtes kinder macht.   Kyrioleis.

Der Son des Vaters Gott von art
Ein gast in der werlet ward
Und führt uns aus dem jamertal,
Er macht uns erben in seim saal.   Kyrioleis.   20

3. Zuerst in D. — C. Spangenberg 1, 26. — Mart. Hammer, Auslegung
des Weynachtgesanges: Gelobet seystu J. Christ. Leipzig 1614. 4. — 18 werlet,
Welt.

Er ist auf erden komen arm,
Das er unser sich erbarm
Und in dem himel machet reich
Und seinen lieben Engeln gleich.   Kyrioleis.

Das hat er alles uns gethan,   25
Sein groß lieb zu zeigen an,
Des freu sich alle Christenheit
Und dank im des in ewigkeit.   Kyrioleis.

Ain deütsch hymnus oder lobsang auff Weyhenacht.   Einblattdruck, kl. Fol., am Schlusse: Wittemberg.   (In Berlin.)

Es ist das Lied Luther's:

Gelobet seystu Jhesu Christ. Nr. 3.

Zwölff Christliche Lobgesenge und Leissen, so man das Jar
vber, jnn der Gemeine Gottes singt, aufs kürzte ausgelegt, durch
M. Johan. Spangenberg, 1545. Wittemberg. Am Schlusse: Gedruckt zu Wittemberg, durch Georgen Rhau. M. D. XLV. 14 Bogen.
8°. (Wolfenbüttel 1240. 27. Theol. 8).

Darin von Luther:

Gelobet seistu Jesu Christ. Nr. 3.
Mit fried und freud. Nr. 7.
Nu bitten wir den heil. G. Nr. 12.
Gott der Vater won uns bei. Nr. 13.
Gott sei gelobet und gebenedeiet. Nr. 21.
Das Benedictus.
Das Magnificat.

4.

Ein Kinderlied, auf die Weihenachten, vom kindlein Jhesu, Aus dem ij. Cap. des Euangelij S. Lucas gezogen 2c.

D. Mart. Luther.

Vom Himel hoch da kom ich her,
Ich bring euch gute neue mer,
Der guten mer bring ich so viel,
Davon ich singen und sagen wil.

Euch ist ein kindlein heut geborn,   5
Von einer Jungfrau auserkorn,
Ein kindelein so zart und fein,
Das sol eur freud und wonne sein.

Es ist der HERR Christ unser Gott,
Der wil euch fürn aus aller not,   10
Er wil eur Heiland selber sein,
Von allen sunden machen rein.

Er bringt euch alle seligkeit,
Die Gott der Vater hat bereit,
Das ir mit uns im himelreich   15
Solt leben nu und ewigleich.

---

4. Zuerst in S. — C. Spangenberg 1, 43. — Mart. Hammer, Zehen Predigten über den Weihnachtgesang: Von Himmel hoch 2c. Leipzig 1608. 4. Leipzig 1617. 4.

So merket nu das zeichen recht,
Die krippen, windelein so schlecht,
Da findet ir das Kind gelegt,
Das alle welt erhelt und tregt.   20

Des laßt uns alle frölich sein
Und mit den hirten gehen hinein,
Zu sehen, was Gott uns hat beschert,
Mit seinem lieben Son verehrt.

Merk auf, mein herz, und sich dort hin,   25
Was ligt doch in dem krippelin?
Wes ist das schöne kindelin?
Es ist das liebe Jhesulin.

Bis willekom du edler gast,
Den Sunder nicht verschmehet hast   30
Und kömst ins elend her zu mir,
Wie sol ich imer danken dir?

Ach HERR, du schöpfer aller ding,
Wie bistu worden so gering,
Das du da ligst auf dürrem gras,   35
Davon ein rind und esel aß.

Und wer die welt viel mal so weit
Von edel stein und gold bereit,
So wer sie doch dir viel zu klein
Zu sein ein enges wigelein.   40

Der sammet und die seiden dein,
Das ist grob heu und windelein,
Dar auf du Köng so groß und reich
Her prangst, als wers dein Himelreich.

Das hat also gefallen dir,   45
Die warheit anzuzeigen mir,
Wie aller welt macht, ehr und gut
Für dir nichts gilt, nichts hilft, noch thut.

Ach, mein herzliebes Ihesulin,
Mach dir ein rein sanft bettelin,   50
Zu rugen in meins herzen schrein,
Das ich nimer vergesse dein.

Davon ich allzeit frölich sei,
Zu springen singen immer frei
Das rechte Sussaninne schon   55
Mit herzen lust den süßen thon.

Lob ehr sei Gott im höchsten thron,
Der uns schenkt seinen einigen Son,
Des freuen sich der Engel schar
Und singen uns solchs neues jar.   60

Es begab sich aber zu der zeyt, das eyn gepott von dem
keyser Augustus ausgieng, das alle wellt geschetzt wurde, vnd
diese schetzung war die aller erste, vnd geschach zur zeyt, da
Kyrenios landpfleger von Sirien war, vñ gieng yderman das
er sich schetzen lies, eyn ieglicher ynn seyn stadt. Da macht
sich auff, auch Joseph von Gallilea, aus der stad Nazareth,
vñ das Judisch land, zur stad Dauid, die da heyst Bethlehem,
darumb das er von dem hauße vnd geschlecht Dauid war, auff
das er sich schetzen ließe mit Maria seynem vertraweten weybe,
die gieng schwanger.

Vnd es begab sich, ynn dem sie daselbst waren, kam die
zeyt das sie gepern sollte, vnd sie gepar yhren ersten son, vñ
wickelt yhn ynn windel, vnd leget yhn ynn eyn krippen, denn
sie hatte sonst keynen raum ynn der herberge.

Vnd es waren hyrtten ynn derselben gegend auff dem
feld, bey den hurtten, vñ hutteten des nachts yhrer herbe, Vnnd
sihe, der engel des herrn tratt zu yhn, vnd die klarheyt des
herren leuchtet vmb sie vnd sie furchten sich seer, Vnd der Engel
sprach zu yhn, furcht euch nit, sehet, ich verkundige euch grosse
freude, die allem volck widderfaren wirt, denn euch ist heutte

─────────

4. 55. Sussaninne, Wiegenlied.

der heyland geporn, wilcher ist Christus der herre, ynn der
stabt Dauid, vnnd das habt zum zeychen, yhr werdet finden
das kind ynn windel gewickellt, vnnd ynn eyner krippen ligen,
Vnd als bald war da bey dem engel, die menge der hymelische
heerscharen, die lobten Gott vnd sprachen, Preys sey Gott ynn
der hohe, vnd frid auff erben, vnd den menschen eyn wolgefallen. (Das Newe Testament Deutzsch. Wittemberg [December
ausgabe 1522], fol. I, 38ᵇ. Euangelion Sanct Lucas. Das
ander Capitel [1—14]. Göttingen Biblica 39.)

5.

Ein ander Chriſtlich lied Im vorigen Thon.

Martin Luther.

Von himel kam der engel ſchar,
Erſchein den hirten offenbar,
Sie ſagten in, ein Kindlein zart,
Das ligt dort in der krippen hart.

Zu Betlehem in Davids ſtadt,   5
Wie Micha das verkündet hat,
Es iſt der HErre Jheſus Chriſt,
Der euer aller Heiland iſt.

Des ſolt ir billich frölich ſein,
Das Gott mit euch iſt worden ein,   10
Er iſt geborn eur fleiſch und blut,
Eur Bruder iſt das ewig gut.

Was kan euch thun die ſund und tod?
Jr habt mit euch den waren Gott,
Laßt zürnen Teufel und die hell,   15
Gotts Son iſt worden eur geſell.

Er wil und kan euch laſſen nicht,
Setzt ir auf in eur zuverſicht,
Es mögen euch viel fechten an,
Dem ſei trotz, ders nicht laſſen kan.   20

---

5. Zuerſt in X. 1549. — Chr. Spangenberg 1, 51. — 3 in, ihnen.

Zu letzt müst ir doch haben recht,
Ir seid nu worden Gotts geschlecht,
Des danket Gott in ewigkeit,
Gedultig frölich alle zeit.

AMEN.

Ein Gebet.

Uns ist ein kind geboren.   Haleluia.
Ein Son ist uns gegeben.   Haleluia.

Oder:

Das wort ward fleisch.   Haleluia.
Und wonet unter uns.   Haleluia.

Oder:

Euch ist heut der Heiland geboren.   Haleluia.
Welcher ist Christus der HERR, in der stadt David.   Haleluia.

Hilf lieber HErr Gott, das wir der neuen leiblichen ge=
burt deines lieben Sons teilhaftig werden und bleiben und von
unser alten sundlichen geburt erlediget werden durch den selbigen
deinen Son Jhesum Christum, unsern HERREN.   Amen.

Da kamen die Weisen vom Morgenland gen Jerusalem
und sprachen, Wo ist der neu geborne könig der Jüden? Matth. ij.

6.

Der Himnus, Hostis Herodes, Im Thon, A solis ortu ꝛc

D. Mart. Luther.

Was fürchstu feind Herodes seer,
Das uns geborn kömt Christ der HERR?
Er sucht kein sterblich königreich,
Der zu uns bringt sein himelreich.

Dem stern die Weisen folgen nach,   5
Solch liecht zum rechten liecht sie bracht,
Sie zeigen mit den gaben drei,
Dis kind Gott, mensch und könig sei.

Die Tauf im Jordan an sich nam
Das himelische Gottes lam,   10
Dadurch, der nie kein sunde that,
Von sunden uns gewaschen hat.

Ein wunderwerk da neu geschach,
Sechs steinern krüge man da sach
Vol wassers, das verlor sein art,   15
Roter wein durch sein wort draus warb.

Lob ehr und dank sei dir gesagt,
Christe, geborn von der reinen Magt,
Mit Vater und dem heiligen Geist
Von nun an bis in ewigkeit.   20
Amen.

---

6. Zuerst im X. 1543. — Cyr. Spangenberg 1, 69.

In die Epiphaniae Domini.

(Jac. Wimpheling) Hymni de tempore et de sanctis. 1513. 4. fol. 21.
Aus einem ABC Liede des Caelius Sebulius mit Ueberspringung der M-Strophe.
Luther hat auch die K (C) Strophe nicht berücksichtigt.

Hostis Herodes impie,
Christum venire quid times?
Non arripit mortalia,
Qui regna dat celestia.

Ibant magi, quam viderant
Stellam sequentes praeviam,
Lumen requirunt lumine,
Deum fatentur munere.

Caterva matrum personat
Collisa deflens pignora
Quorum tyrannus milia
Christo sacravit victimam.

Lavacra puri gurgitis
Celestis agnus attigit,
Peccata, quae non detulit,
Nos abluendo abstulit.

Novum genus potentiae:
Aquae rubescunt hydriae
Vinumque jussa fundere
Mutavit unda originem.

Gloria tibi domine,
Qui natus es de virgine,
Cum patre et sancto spiritu
In sempiterna saecula.

7.

Der Lobgesang Simeonis, des Altvaters, Nunc dimittis, Luce ij.

D. Mart. Luther.

Und da die tage irer reinigung nach dem Gesetz Mosi kamen, brachten sie in nach Jerusalem. Luce ij.

Mit fried und freud ich far dahin
In Gottes wille,
Getrost ist mir mein herz und sinn,
Sanft und stille,
Wie Gott mir verheißen hat,   5
Der tod ist mein schlaf worden.

Das macht Christus wahr Gottes son,
Der treue Heiland,
Den du mich, HERR, hast sehen lon,
Und macht bekant,   10
Das er sei das leben
Und heil in nöt und sterben.

Den hastu allen fürgestelt
Mit großen gnaden,
Zu seinem reich die ganze welt   15
Heißen laden
Durch dein teuer heilsam wort,
An allem ort erschollen.

---

7. Zuerst in C. 1524. — C. Spangenberg 1, 78. — Mich. Julius, der Christliche Requiems Psalm: Mit Fried und Freud, in fünf Predigen erklärt. Erfurt 1601. 4. — G. Schottelius, Sterbekunst aus dem Reisegesange: Mit Fried und Freud. Hildesheim 1667. 8. — Vgl. zu Nr. 1 u. 3.

Er ist das heil und selig liecht
Für die heiden,
Zurleuchten, die dich kennen nicht,
Und zu weiden
Er ist deins volks Israel
Der preis, ehr freud und wonne.

20

Ein Schön | geistlich Lied zu | singen, zum begrebnis | der ver=
storben. || Wittemberg || M. D. XLI. Am Schlusse: Gedruckt zu
Witten | berg, durch Nickel | Schirlentz. 4 Bl. 8°. (Berlin.)

Darin von Luther:

Nu laßt uns den leib begraben (8 Str.). Nr. 80.
Mitten wir im leben sind. Nr. 35.
Mit fried und freud ich far dahin. Nr. 7.

Ein new lied vom jüngsten | tage auß hehliger götlicher schrifft |
gezogen, Da bey drey gehstliche lieder | zu Singen, zum begrebnis
der verstorben. Am Schlusse: Gedruckt zu Nürenberg durch Lud=
wich | Ringel in unser frawen porthal, | am 24 tag des Wintter=
mons. | Im 1543 Jar. 7 Bl. 8°. (Berlin.)

Darin von Luther:

Nu laßt uns den leib begraben. Nr. 80.
Mitten wir im leben sind. Nr. 35.
Mit fried und freud ich far dahin. Nr. 7.
Mit fried und freud in guter ru.
In meinem elend war dis mein trost.

Die beiden letzten Sprüche aus den 1542 erschienenen Begräbnißgesängen.

Ein Gebet.

Nu lesseftu, HERR, deinen diener im friede faren, denn
meine augen haben deinen Heiland gesehen.

Allmechtiger ewiger Gott, wir bitten dich herzlich, gib uns,
das wir deinen lieben Son erkennen und preisen, wie der
heilige Simeon in leiblich in armen genomen und geistlich ge=
sehen und bekant hat, durch den selbigen deinen Son Jhesum
Christum, unsern HERRN.

Amen.

Ein Gebet
vom leiden Christi.

Fürwar, er trug unser kranheit und lud auf sich unser
schmerzen, Die straf ligt auf im. Esai liij.

Christus ist um unser missethat allein verwundet, Und um
unser sunde willen zuschlagen.

Barmherziger ewiger Gott, der du beines eigen Sones
nicht verschonet hast, sondern für uns alle dahin gegeben, das
er unser sunde am kreuz tragen solte, Verleihe uns, das unser
herze in solchem glauben nimer mehr erschrecke noch verzage,
durch den selben beinen Son, Jhesum Christum unsern HERRN.
                    Amen.

- - - - - - -

Ein ander gebet.

Die straf ligt auf im, auf das wir fried hetten. Und durch
seine wunden sind wir geheilet.

Allmechtiger Vater ewiger Gott, der du für uns hast deinen
Son des creuzes pein lassen leiden, auf das du von uns des
feindes gewalt triebest, Verleihe uns, also zu begehen und
danken seinem leiden, das wir baburch der sunden vergebung
und vom ewigen tod erlösung erlangen, durch den selbigen
beinen Son 2c.

Christus ist um unser sunde willen dahin gegeben und um
unser gerechtigkeit willen wider auferweckt. Rom. iiij.

- - - - - - -

8.
Christ ist erstanden, gebessert.
D. Mart. Luther.

Christ lag in todes banden
Für unser sund gegeben,
Der ist wider erstanden
Und hat uns bracht das leben,
Des wir söllen frölich sein,   5
Gott loben und dankbar sein
Und singen Haleluia,
  Haleluia.

Den tod niemand zwingen kund
Bei allen menschen kinden,   10
Das macht alles unser sund,
Kein unschuld war zu finden.
Davon kam der tod so bald
Und nam über uns gewalt,
Hielt uns in seim reich gefangen.   15
  Haleluia.

Jhesus Christus Gottes Son
An unser stat ist komen

8. Zuerst in D. 1524. — Vgl. Nr. 59. — C. Spangenberg 1, 168. — Erasm. Rhotmaler. Ostergesang: Christ lag 2c. in sieben Predigten erklert. Jena 1615. 4. — Mart. Hammer, Ostergesang: Christ lag 2c. in sieben Predigen. Leipzig 1622. 4. — Chr. Stölken vgl. zu Nr. 1.

Und hat die sunde abgethan,
Damit dem tod genomen   20
All sein recht und sein gewalt,
Da bleibt nichts denn tods gestalt,
Den stachel hat er verloren.
     Haleluia.

Es war ein wünderlich krieg,   25
Da tod und leben rungen,
Das leben behielt den sieg,
Es hat den tod verschlungen.
Die Schrift hat verkündet das,
Wie ein tod den andern fraß,   30
Ein spot aus dem tod ist worden.
     Haleluia.

Hie ist das recht Osterlam
Davon Gott hat geboten,
Das ist an des creuzes stam   35
In heißer lieb gebroten.
Das blut zeichnet unser thür,
Das helt der glaub dem tod für,
Der würger kan uns nicht rüren.
     Haleluia.   40

So feiren wir das hohfest
Mit herzen freud und wonne,
Das uns der HERR scheinen lezt,
Er ist selber die Sonne,
Der durch seiner gnaden glanz   45
Erleucht unser herzen ganz,
Der sunden nacht ist vergangen.
     Haleluia.

Wir essen und leben wol
In rechten osterflaben,   50
Der alte saurteig nicht sol
Sein bei dem wort der gnaden,

Christus wil die koste sein
Und speisen die seel allein,
Der glaub wil keins andern leben.   55
Haleluia.

Das in der Ueberschrift genannte „gebesserte" Lied, Nr. 59, hat wenig Berührungen mit dem gegenwärtigen, das dagegen einiges aus der alten Oster-sequenz aufgenommen hat:

Sequentia.

Victimae paschali
Laudes immolent christiani.
Agnus redemit oves,
Christus innocens patri
reconciliavit peccatores.
Mors et vita duello
conflixere mirando:
dux vitae mortuus
regnat vivus.

Sequentiarum luculenta interpretatio per Joan. Adelphum collecta (Argent.) 1513. 4. fol. 35ᵃ.

9.
Ein lobgesang, auf das Osterfest.
D. Mart. Luther.

Jesus Christus unser Heiland,
Der den tod überwand,
Ist auferstanden,
Die sund hat er gefangen
Kyrieeleison.   5

Der on sunden war geborn
Trug für uns Gottes zorn,
Hat uns versönet,
Das uns Gott sein huld gönnet.
Kyrieeleison.   10

Tod, sund, leben und genad,
Alls in henden er hat,
Er kan erretten
Alle die zu im treten.
Kyrieeleison.   15

Ein Gebet.

Christus von den toden erwecket, stirbt hinfurt nimer.
Haleluia.
Der tod wird hinfurt über in nicht herrschen. Haleluia.
Ich weiß, das mein erlöser lebt. Haleluia.
Der wird mich hernach aus der erden auferwecken. Haleluia

---

9. Zuerst in D. 1524. — Chr. Spangenberg 1, 196.

Allmechtiger Gott, der du durch den tod deines Sons die sund und tod zu nicht gemacht und durch sein auferstehen unschuld und ewiges leben widerbracht hast, auf das wir von der gewalt des Teufels erlöset in deinem Reich leben, Verleihe uns, das wir solches von ganzem herzen gleuben und in solchem glauben bestendig dich allzeit loben und dir danken, durch den selbigen deinen Son Jhesum Christum unsern HERRN. Amen.

Ein Gebet
auf den tag der Himelfart Christi.

Und der HERR, nachdem er mit inen geredet hatte, ward er auf gehaben gen himel und sitzet zur rechten hand Gottes. Mar. xvj.

Christus ist aufgefaren in die höhe, Haleluia. Und hat das Gefengnis gefangen. Haleluia.

Oder:

Ich fare auf zu meinem Vater und zu eurem Vater, Zu meinem Gott und zu eurem Gott. Haleluia.

Allmechtiger HERRE Gott, verleihe uns, die wir gleuben, das dein einiger Son, unser Heiland, sei heute gen himel gefaren, das auch wir mit im geistlich im geistlichen wesen wandeln und wonen, durch den selbigen deinen Son Jhesum Christum unsern HErrn. Amen.

Ich wil ausgießen von meinem Geist auf alles fleisch, Und eure sön und eure töchter sollen weissagen. Joel ij.

Luther.

3

10.

Der Hymnus, Veni creator spiritus,
verdeutscht durch D. Mart. Luther.

Kom Gott schöpfer heiliger Geist,
Besuch das herz der menschen dein,
Mit gnaden sie füll, wie du weist,
Das dein geschöpf vorhin sein.

Denn du bist der tröster genant,   5
Des aller höchsten gabe teur,
Ein geistlich salb an uns gewant,
Ein lebend brun, lieb und feur.

Zünd uns ein liecht an im verstand,
Gib uns ins herz der liebe brunst,   10
Das schwach fleisch in uns, dir bekant,
Erhalt fest dein kreft und gunst.

Du bist mit gaben siebenfalt
Der finger an Gotts rechter hand,
Des Vaters wort gibstu gar bald   15
Mit zungen in alle land.

Des feindes list treib von uns fern,
Den fried schaff bei uns deine gnad,
Das wir beim leiten folgen gern
Und meiden der seelen schad.   20

_____

10. Zuerst in D. 1524. — 4 Das, daß sie.

Ler uns den Vater kennen wol,
Dazu Jhesum Christ sein Son,
Das wir des glaubens werden vol,
Dich beider geist zu verston.

Gott Vater sei lob und dem Son,   25
Der von den toden auferstund,
Dem tröster sei dasselb gethon
Jn ewigkeit alle stund.
     Amen.

In festo Pentecoste.

Veni, creator spiritus,
Mentes tuorum visita,
Imple superna gratia
Quae tu creasti pectora.

Qui paraclitus diceris
Donum dei altissimi,
Fons vivus, ignis, caritas
Et spiritalis unctio.

Tu septiformis gratiae,
Dextrae dei tu digitus,
Tu rite promissum patris
Sermone ditans guttura.

Accende lumen sensibus,
Infunde amorem cordibus,
Infirma nostri corporis
Virtute firmans perpetim.

Hostem repellas longius
Pacemque dones protinus,
Ductore sic te praevio
Vitemus omne noxium.

Da gaudiorum praemia,
Da gratiarum munera,
Dissolve litis vincula,
Astringe pacis foedera.

Per te sciamus, da, patrem
Noscamus atque filium
Te utriusque spiritum
Credamus [1] omni tempore.

Sit laus patri cum filio
Sancto simul paraclito
Nobisque mittat filius
Charisma sancti spiritus.

(Jac. Wimpheling) Hymni de tempore et de sanctis. 1513. 4°. fol. 48.
Luther hat die dritte Strophe umgestellt.

[1] Credimus, Wimph.

11.

Veni sancte Spiritus,

gebessert durch D. Mart. Luther.

Kom heiliger Geist HErre Gott,
Erfüll mit deiner gnaden gut
Deiner gleubigen herz mut und sin,
Dein brünstige lieb entzünd in in;
O HERR, durch deines liechtes glanz   5
Zu dem glauben versamlet hast
Das volk aus aller welt zungen,
Das sei dir, HERR, zu lob gesungen.
 Haleluia, Haleluia.

Du heiliges liecht, edler hort,   10
Laß uns leuchten des lebens wort
Und ler uns Gott recht erkennen,
Von herzen Vater in nennen.
O HERR behüt für fremder lehr,
Das wir nicht meister suchen mehr,   15
Denn Jhesum mit rechtem glauben
Und im aus ganzer macht vertrauen.
 Haleluia, Haleluia.

Du heilige brunst, süßer trost
Nu hilf uns frölich und getrost   20
In deim dienst bestendig bleiben,
Die trübsal uns nicht abtreiben.

---

11. Zuerst in D. 1524. — Chr. Spangenberg 1, 235.

O HERR durch dein kraft uns bereit
Und sterk des fleisches blödigkeit,
Das wir hie ritterlich ringen,   25
Durch tod und leben zu dir bringen.
  Haleluia, Haleluia.

Antiphona in vigilia Pentecostes.

Veni sancte spiritus,
Reple tuorum corda fidelium
Et tui amoris in eis ignem accende.
Qui per diversitatem linguarum cunctarum
Gentes in unitatem fidei congregasti.
            Halleluia.

Das Plenarium (Basel 1514, Fol.) enthält Bl. 1ᵃ (nicht 8ᵇ
wie Wackernagel Bibliogr. S. 27, Nr. 65, 6 und Kirchenlied 2, 748,
Nr. 987 angibt) die erste Strophe in folgendem Wortlaut:

Kum heiliger geyst herre gott:
erfüll vnß mit deinen gnaden gut,
deiner gläubigē hertz, mut vnd syn,
inbrünstige lieb entzünd in iñ
der du durch deines liechtes glast,
in einen glauben gesamlet hast,
das volck auß aller welt vnd zungen,
das sey dir, lieber herr zu lob vñ eer gesungen
            Alleluia alleluia.

Nicht diese Form des Plenariums mit den richtigen Reimen
glast und hast, sondern die von Luther veränderte Strophe nahmen
die Herausgeber des Mich. Behe'schen Gesangbüchlins (Bl. G 6) auf,
da sie vom Plenarium wol nichts wußten. Diese Fassung Luther's
hat dann die katholische Hymnologie aufgenommen, als sei sie die
ursprüngliche. Die von Behe oder seinen Genossen hinzugefügten
Strophen wenden sich deutlich gegen Luther. Das ganze Lied lautet
bei Behe:

    Vff den heilig Pfingstag nach der Predig.

  Kom heyliger geyst Herre Gott
  erfüll mit deiner gnaden gutt

deiner glaubigen hertz mut vnd sin,
dein brünstig lieb erzünd in ihn,
O Herr durch deines liechtes glantz
zu dem glauben versamlet hast
das volgk auß aller welt zungen
das sey dir Herr zulob gesungen Alleluia Alleluia.

O heylges liecht won vns bey
Mach vns aller blyntheyt frey
Laß vns durch keyn falschen scheyn
Abführen von den wegen dein.
Behüt vns vor den Propheten
Die Gottes wort vnrecht deutten
Sein glauben mit mund bekennen
Vnd die kirchen doch zertrennen.

O höchster tröster vnd heylgste lieb
Durch dein gnaden vns verghyb
Vnsere sünd vnd missethat
Die Gott schwerlich erzürnet hat
Verleyh vns auch gnediglich.
Das wir Gott lieben brünstiglich
Auch vnsern nechsten allezeyt
Groß ehr sey dir in ewigkeyt,
                    Amen.

12.
Ein lobgesang, Nu bitten wir den heiligen Geist.
D. Mart. Luther.

Nu bitten wir den heiligen Geist
Um rechten glauben allermeist,
Das er uns behüte an unserm ende,
Wenn wir heim farn aus diesem elende.
  Kyrioleis.   5

 Du werdes liecht gib uns deinen schein,
Ler uns Jhesum Christ kennen allein,
Das wir an im bleiben, dem treuen Heiland,
Der uns bracht hat zum rechten Vaterland.
  Kyrioleis.   10

 Du süße lieb, schenk uns deine gunst,
Laß uns empfinden der liebe brunst,
Das wir uns von herzen einander lieben
Und im friede auf einem sinn bleiben.
  Kyrioleis.   15

 Du höchster tröster in aller not,
Hilf, das wir nicht fürchten schand noch tod,
Das in uns die sinne nicht verzagen,
Wenn der feind wird das leben verklagen.
  Kyrioleis.   20

12. Zuerst E. 1524. — Chr. Spangenberg 1, 261. — Mich. Julius, Erkl. des Pfingstliedes: Nun bitten wir. Erf. 1602. 8. — Mart. Hammer, Zehen Pfingstpredigten, davon die 9. und 10. über den Kirchengesang: Nun bitten wir 2c. Leipzig 1623. 4. — Joh. Weinmann, Predigten über drei Kirchengesänge: Ein Kindelein 2c.; Jesus Christus unser Heyland 2c.; Nun bitten wir 2c. Nürnberg 1652. 8. — Mich. Hermann, Zwo Predigten über das Kirchenlied: Nun bitten wir 2c. Breßlau 1657. 4. — Vgl. zu Nr. 2 u. 3.

Luther an Hausmann 1523: „Poetae nobis desunt aut non-dum cogniti sunt, qui pias et spirituales cantilenas (vt Paulus vocat) nobis concinnent, quae dignae sint in Ecclessia dei frequentari. Interim placet illam cantari post communionem Gott ſey gelobet vnd gebenedeyet der vns ſelber hat ge=ſpeyſet etct. Omissa ista particula Vnd das heylige ſacra=mente, an vnſerm letzten enbe, aus des geweyeten prie=ſters henbe, quae adjecta est ab aliquo d. Barbarae cultore, qui sacramentum tota vita parvi ducens, in morte hoc opere bona speravit vitam fine fide ingredi. Nam et numeri et musicae ratio illam superfluam probat. Praeter hanc illa valet Nu bitten wyr ben heyligen geyſt. Item Ein kinbelein ſo lobelich. Nam non multas invenias, quae aliquid gravis spi-ritus sapiant. Haec dico, vt si qui sunt poetae germania ex-timulentur et nobis poemata pietatis cudant." (Formvla Missæ et Communionis pro Ecclesia Vuittem-bergensi. Martini Luther. VVittembergae. M. D. XXIII. 4°. Bl. bijᵇ). Vgl. zu 21.

Bruder Berthold von Regensburg, ber im J. 1272 geſtorbene Volksprediger, gedenkt zweimal des Liedes: Nu bitten ꝛc.; einmal führt er die zwei erſten Zeilen (1, 45 Pfeiffer), dann (2, 63 Strobl) die ganze Strophe an: Allez dar umbe daz eht iuwer geloube staete sî an dem tôde. Und die leien waenent etliche daz gesanc sî durh ein gestüppe erdacht:

Nû biten wir den heilegen geist
umbe den rehten glouben aller meist,
daz er uns behüete wol am ende,
so wir heim suln varn von disem ellende.
Kyrie eleyson.

Uff den heyligen Pfingſtag vor der Predig.

Nu bitten wir ben heyligen geyſt
vmb ben rechten glauben allermeyſt
Das er vns behüte an vnſerm enbe,
wen wir heymfaren auß bieſem ellenbe
Kyrioleys.

Erleucht bu vns o ewiges liecht
Hilff das alles ſo von vns geſchicht
Gott ſey geſellig burch Jeſum Chriſtum
Der vns macht heylig burch ſein Prieſterthum,
Kyrioleys.

O heyligste lieb vnd güttickeyt
Durch deine gnad vnser hertz bereyt
Das wir vnsern nechsten Christlich lieben
Vnd ewig bleyben in deinem fryden
      Kyri.

O höchster tröster vnd warer Gott
Hylff vns getreulich in aller nodt
Mach rein vnser leben Schenck vns dein gaben
Laß vns nit weichen vom rechten glaubē
      Kyrioleis.

(M. Behe.) Ein New Ge= | sangbüchlin Geystlicher | Lieder, vor alle gutthe | Christen nach or= | benung Chri= | stlicher kir= | chen. || Gedruckt zu Leiptzigk durch Nickel Wolrab. | 1537. A—S. 8 °. (Göttingen do rit. 56 ᶜ) Bl. 53 fg. — Auch hier hat das Gesangbüchlin, bessen Zusammenstellern die Strophe Berthold's schwerlich bekannt sein konnte, die erste Luther's benutzt und drei Strophen hinzugethan, die oft aus Luther entlehnen. Die Absicht war entweder, Luther's Lied zu verbrängen, ober basselbe als eine Umbichtung eines katholischen erschei= nen zu lassen.

Ein Gebet.

Schaff in mir ein reines herze, Und gib mir einen neuen gewissen geist.

HERR Gott, lieber Vater, der du (an diesem tage) deiner gleubigen herzen durch deinen heiligen Geist erleuchtet unb ge= leret hast, Gib uns, bas wir auch durch den selbigen geist rechten verstand haben und zu aller zeit seines trosts unb kraft uns freuen, durch den selbigen beinen Son Jhesum Christum unsern HERRN. Amen.

Der HERR sprach zu meinem Herrn, Setze dich zu meiner rechten, Bis ich beine feinde zum schemel beiner füße lege. Psalm cx.

13.
Gott der Vater von uns bei ꝛc.
D. Mart. Luther.

Gott der Vater von uns bei
Und laß uns nicht verderben,
Mach uns aller sünden frei
Und helf uns selig sterben,
Für dem Teufel uns bewar,   5
Halt uns bei festem glauben
Und auf dich laß uns bauen,
Aus herzen grund vertrauen,
Dir uns lassen ganz und gar,
Mit allen rechten Christen   10
Entfliehen Teufels listen,
Mit waffen Gotts uns fristen.
Amen, amen, das sei war,
So singen wir Haleluia.

Jhesus Christus von uns bei ꝛc.   15

Der heilige Geiste von uns bei ꝛc.

13. Zuerst E. 1524. — Chr. Spangenberg 1, 268. Vgl. zu Nr. 3.

Ein Letaney
zur zeyt der Bitfarten vff den tag Marci, vnd in der Creutzwochen.

Gott der vatter von vns bey
vnd laß vns nit verderben,
Mach vns aller sunden frey.
vnd helff vns selig sterben,

Vor dem Teuffel vns behüt
Durch einen rechten glauben
Bewar vns vor der hellen glut
Durch ein hertzlichs vertrawen
wir befelhen vns dir gar
in aller vnser nobte,
Das du vns behütten wolst
Vor dē ewigen tobte,
　　　Kyrie eleyson,
　　　Christe eleyson,
Gelobet seyst du ewicklich rc.

(M. Behe) Gesangbüchlin 1537, Bl. F 7 fg. Die erste Strophe ganz unter
Noten. Die Annahme, daß bei Behe ein alter Text gegeben werde, den Luther
nur stellenweis geändert habe, ist, nach den nachweislich durch Behe aus Luther
geschöpften Liedern zu schließen, irrig. Nur da, wo, wie Nr. 11 älteres Vor-
handensein nachgewiesen ist, kann man Luther als Bearbeiter ansehen, dessen
Arbeit sich dann das Gesangbüchlin Behe's bediente.

Ein Gebet.

Wir loben Gott den Vater, Son und den heiligen Geist.
Haleluia. Und preisen in von nu an bis in ewigkeit. Haleluia.

Allmechtiger ewiger Gott, der du uns geleret hast in rech=
tem glauben zu wissen und bekennen, das du in drei Personen
gleicher macht und ehren ein einiger ewiger Gott und dafür
anzubeten bist, Wir bitten dich, du wollest uns bei solchem
glauben allzeit feste erhalten wider alles das da gegen uns mag
anfechten, der du lebest und regierest von ewigkeit zu ewigkeit.
Amen.

Nu folgen geistliche Gesenge, darin der Catechismus kurz
gefasset ist, denn wir ja gern wolten, das die Christliche lere
auf allerlei weise, mit predigen, lesen, singen rc. vleißig ge=
trieben und imer dem jungen einfeltigen volk eingebildet und
also für und für rein erhalten und auf unser nachkomen ge=
bracht würde. Dazu verleihe Gott gnade und segen durch Jhesum
Christum. Amen.

Verflucht sei, wer nicht alle worte dieses Gesetzes erfüllet,
das er darnach thu rc. Deutero. xxvij.

14.
Die zehen Gebot Gottes lange.
D. Mart. Luther.

Dis sind die heiligen zehen Gebot,
Die uns gab unser Herre Gott
Durch Mosen seinen diener treu
Hoch auf dem Berg Sinai.
    Kyrioleis.   5

Ich bin allein dein Gott der HErr,
Kein Götter soltu haben mehr,
Du solt mir ganz vertrauen dich,
Von herzen grund lieben mich.
    Kyrioleis.   10

Du solt nicht füren zu unehrn
Den namen Gottes deines HErrn,
Du solt nicht preisen recht noch gut,
On was Gott selbs redt und thut.
    Kyrioleis.   15

Du solt heiligen den siebend tag,
Das du und dein haus rugen mag,
Du solt von deim thun lassen ab,
Das Gott sein werk in dir hab.
    Kyrioleis.   20

Du solt ehrn und gehorsam sein
Dem vater und der mutter dein,
Und wo dein hand in dienen kan,
So wirstu langs leben han.
    Kyrioleis.   25

14. Zuerst in D. 1524. — Chr. Spangenberg 3, 1.

Du solt nicht tödten zorniglich,
Nicht hassen noch selbs rechen dich,
Gedult haben und sanften mut
Und auch dem feind thun das gut.
    Kyrioleis.   30

Dein Ehe soltu bewaren rein,
Das auch dein herz kein andre mein,
Und halten keusch das leben dein
Mit Zucht und messigkeit sein.
    Kyrioleis.   35

Du solt nicht stelen gelt noch gut,
Nicht wuchern jemands schweis und blut,
Du solt aufthun dein milde hand
Den armen in deinem land.
    Kyrioleis.   40

Du solt kein falscher zeuge sein,
Nicht liegen auf den nechsten dein,
Sein unschuld solt auch retten du
Und seine schand decken zu.
    Kyrioleis.   45

Du solt deins nechsten weib und haus
Begeren nicht, noch etwas draus,
Du solt im wünschen alles gut,
Wie dir dein herz selber thut.
    Kyrioleis.   50

Die gebot all uns gegeben sind,
Das du dein sund, o menschen kind,
Erkennen solt und lernen wol,
Wie man für Gott leben sol.
    Kyrioleis.   55

Das helf uns der HErre Jhesus Christ,
Der unser mittler worden ist,
Es ist mit unserm thun verlorn,
Verdienen doch eitel zorn.
    Kyrioleis.   60

15.
Die zehen Gebot kürzer gefaßt.
D. Mart. Luther.

Mensch, wiltu leben seliglich
Und bei Gott bleiben ewiglich,
Soltu halten die zehn Gebot,
Die uns gebeut unser Gott.
Kyrioleis.   5

Dein Gott allein und HERR bin ich,
Kein ander Gott sol irren dich,
Trauen sol mir das herze dein,
Mein eigen reich soltu sein.
Kyrioleis.   10

Du solt mein namen ehren schon
Und in der not mich rufen an,
Du solt heilgen den Sabbath tag,
Das ich in dir wirken mag.
Kyrioleis.   15

Dem vater und der mutter dein
Soltu nach mir gehorsam sein,
Niemand tödten noch zornig sein,
Und deine ehe halten rein.
Kyrioleis.   20

Du solt eim andern stelen nicht,
Auf niemand falsches zeugen icht,
Deins nechsten weib nicht begern
Und all seins guts gern embern.
Kyrioleis.   25

15. Zuerst in E. 1524. — Chr. Spangenberg 3, 57.
15. 22 icht, etwas.

16.

Das deutsche patrem.

Der himel ift durchs wort des HERRN gemacht, und all
fein heer durch den geift feines mundes. Pfalm rrriij.

Wir gleuben all an einen Gott,
Schöpfer himels und der erben,
Der fich zum vater geben hat,
Das wir feine kinder werden,
Er wil uns allzeit ernehren,   5
Leib und feel auch wol bewaren,
Allem unfal wil er wehren,
Kein leid fol uns widerfaren,
Er forget für uns, hut und wacht,
Es fteht alles in feiner macht.   10

Wir gleuben auch an Jhefum Chrift,
Seinen Son und unfern HERren,
Der ewig bei dem vater ift,
Gleicher Gott von macht und ehren,
Von Maria der Jungfrauen   15
Ift ein warer menfch geboren
Durch den heiligen Geift im Glauben,
Für uns, die wir warn verloren,
Am creuz geftorben und vom tod
Wider auferftanden durch Gott.   20

---

16. Zuerft in E. 1524; bei Babft ohne Luther's Namen. — Chr. Spangenberg 3, 64.

Wir gleuben an den heiligen Geist,
Gott mit Vater und dem Sone,
Der aller blöden tröster heißt
Und mit gaben zieret schöne,
Die ganz Christenheit auf erden   25
Helt in einem sinn gar eben,
Hie all sund vergeben werden,
Das fleisch sol auch wider leben,
Nach diesem elend ist bereit
Uns ein leben in ewigkeit.   30

  AMEN.

17.

Das Vater unser, kurz und gut ausgelegt, und in gesangweise gebracht,

durch D. Mart. Luther.

Bittet, so wird euch gegeben, Suchet, so werdet ir finden,
Klopfet an, so wird euch aufgethan. Luce rj.

Vater unser im himelreich,
Der du uns alle heißest gleich
Brüder sein und dich rufen an
Und wilt das beten von uns han,
Gib, das nicht bet allein der mund,   5
Hilf, das es geh von herzen grund.

Geheiliget werd der name dein,
Dein wort bei uns hilf halten rein,
Das auch wir leben heiliglich
Nach deinem namen wirdiglich,   10
HERR behüt uns für falscher ler,
Das arm verfüret volk beker.

Es kom dein Reich zu dieser zeit,
Und dort hernach in ewigkeit,
Der heilig Geist uns wone bei   15
Mit seinen gaben mancherlei,
Des Sathans zorn und groß gewalt
Zerbrich, für im dein Kirch erhalt.

Dein will gescheh HERR Gott zugleich
Auf erden wie im himelreich,   20
Gib uns gedult in leidens zeit,
Gehorsam sein in lieb und leid,

---

17. Zuerst in U. 1539. — Chr. Spangenberg 3, 86.

Wehr und steur allem fleisch und blut,
Das wider deinen willen thut.

Gib uns heut unser teglich brod   25
Und was man darf zur leibes not,
Behüt uns HERR für unfrid und streit,
Für seuchen und für theuer zeit,
Das wir in gutem fride stehn,
Der sorg und geizes müssig gehn.   30

All unser schuld vergib uns, HErr,
Das sie uns nicht betrüben mehr,
Wie wir auch unsern schuldigern
Jr schuld und fehl vergeben gern,
Zu dienen mach uns all bereit   35
In rechter lieb und einigkeit.

Für uns, HERR, in Versuchung nicht,
Wenn uns der böse geist ansicht
Zur linken und zur rechten hand,
Hilf uns thun starken widerstand,   40
Im glauben fest und wol gerust
Und durch des heilgen Geistes trost.

Von allem übel uns erlös,
Es sind die zeit und tage bös,
Erlös uns vom ewigen tod   45
Und tröst uns in der letzten not,
Bescher uns auch ein seligs end,
Nim unser seel in deine hend.

Amen, das ist, es werde war,
Sterk unsern glauben imerdar,   50
Auf das wir ja nicht zweiveln dran,
Das wir hiemit gebeten han
Auf dein wort, in dem namen dein,
So sprechen wir das amen fein.

Das Vatter vnser kurtz ausgelegt vnnd inn Gesang weyse gebracht durch D. Mar. Luth. M. D. XXXIX. o. O. 4 Bl. 8.
Es ist Luther's Vater unser im himelreich. Nr. 17.

Gar schöner vnd Christlicher Lieder fünffe, yetz new zusamen gebracht, vnd auffs trewlicheft corrigirt. Am Schlusse: Gedruckt zu Nürnberg durch Georg Wachter. 12 Bl. 8. o. J. (Berlin.)

Darin von Luther:
Vater unser im himelreich. Nr. 17.
Christ unser Herr zum Jordan. Nr. 18.
Jesus Christus unser Heiland, der von. Nr. 20.

Ein Collecta aufs Vater unser.

Bittet, so werdet ir nemen, das euer freide volkomen sei.

Oder:

Rufe mich an in der not, So wil ich dich erretten, So foltu mich preisen.

HERR, allmechtiger Gott, der du der elenden seufzen nicht verschmeheſt und der betrübten herzen verlangen nicht verachteſt, Sihe doch an unser gebet, welches wir zu dir in unser not fürbringen und erhör uns gnediglich, das alles, so beide von Teufel und menschen wider uns strebt, zu nicht und nach dem rat deiner güte zurtrennet werde, auf das wir von aller anfechtung unverseret dir in deiner gemeine danken und dich alle zeit loben, durch Jhesum Christum deinen Son unsern HERRN. Amen.

Ein andere.

Das verlangen der elenden höreſtu, HERR. Jr herz iſt gewis, das dein ohr drauf merket.

Oder:

Ehe sie rufen, wil ich antworten. Wenn sie noch reden, wil ich hören.

HERR Gott, himlischer Vater, du weiſſeſt, das wir in so mancher und großer fahr für menschlicher schwacheit nicht mügen bleiben, Verleihe uns beide an leib und seel kraft, das wir alles, so uns um unser sunde willen quelet, durch deine hülfe überwinden, Um Jhesus Christus deines Sons, unsers HERRN willen. Amen.

Und sihe, eine stimme vom himel erab sprach, Dis ist mein lieber Son, an welchem ich wolgefallen habe. Matth. iij.

18.

Ein geistlich lied, Von unser heiligen Taufe, darin
sein kurz gefasset, Was sie sei? Wer sie gestiftet habe?
Was sie nütze 2c.

D. Mart. Luther.

Christ unser HERR zum Jordan kam
Nach seines vaters willen,
Von S. Johans die Taufe nam,
Sein werk und ampt zurfüllen,
Da wolt er stiften uns ein bad,   5
Zu waschen uns von sunden,
Erseufen auch den bittern tod
Durch sein selbs blut und wunden,
Es galt ein neues leben.

So hört und merket alle wol   10
Was Gott heißt selbs die Taufe
Und was ein Christen gleuben sol,
Zu meiden ketzer haufen,
Gott spricht und wil, das wasser sei
Doch nicht allein schlecht wasser,   15
Sein heiligs wort ist auch dabei
Mit reichem geist on maßen
Der ist alhie der taufer.

Sölchs hat er uns beweiset klar
Mit bilden und mit worten,   20
Des Vaters stim man offenbar
Daselbs am Jordan horte,

---

18. Zuerst in K. 1543. — Chr. Spangenberg 3, 133. — Vgl. zu Nr. 17.

Er sprach, das ist mein lieber Son
An dem ich hab gefallen,
DEN will ich euch befolhen han,   25
Das ir IN höret alle
Und folget seinem leren.

Auch gottes Son hie selber steht
In seiner zarten menscheit
Der heilig Geist ernider fert,   30
In tauben bild verkleidet,
Das wir nicht sollen zweiveln dran,
Wenn wir getaufet werden,
All drei person getaufet han
Damit bei uns auf erden   35
Zu wonen sich ergeben.

Sein Jünger heißt der HErre Christ,
Geht hin, all welt zu leren,
Das sie verlorn in sunden ist
Sich sol zur buße keren,   40
Wer gleubet und sich teufen läßt,
Sol dadurch selig werden,
Ein neugeborner mensch er heißt,
Der nicht mehr könne sterben,
Das himelreich sol erben.   45

Wer nicht gleubt dieser großen gnad,
Der bleibt in seinen sunden
Und ist verdamt zum ewigen tod
Tief in der hellen grunde,
Nichts hilft sein eigen heiligkeit,   50
All sein thun ist verloren,
Die Erbsund machts zur nichtigkeit,
Darin er ist geboren
Vermag im selbs nichts helfen.

Das aug allein das wasser siht,   55
Wie menschen wasser gießen,
Der glaub im geist die kraft versteht
Des blutes Jhesu Christi,

Und ist für im ein rote flut,
Von Christus blut geferbet,
Die allen schaden heilen thut,
Von Adam her geerbet,
Auch von uns selbs begangen.

„Zu der zeyt kam Jhesus von Gallilea an den Jordan, zu Johanne, das er sich von yhm teuffen liesse, Aber Johannes weret yhm, vñ sprach, ich bedarff woll, das ich von dyr ge= taufft werde, vnd du komist zu myr? Jhesus aber antwort vnd sprach, las itzt also seyn, also gepurt es vns, alle ge= rechtickeit zuerfullen. Da lies ers yhm zu, Vnd sihe, da wurden vber yhm die hymel auffgethan, und Johannes sahe den geyst Gottis, gleich als ein tawben, erab steygen vñ vbir yhn komen, vnd sihe, Ein styme vom hymel erab sprach, difs ist meyn lieber son, an welchem ich eyn wolgefallen habe."

Das New Testament Deutsch. Buittemberg. (Gedruckt zu Wittenberg durch Melchior Lotther yhm tausent funffhundert vnnd zwentzigsten Jar. Fol. I, 2ᵇ. S. Matthes. 3, 13 fg.)

Ein geystlich lied Von vnser heyligen Tauf, darin fein kurtz gefasset, Was sie sey, Wer sie gestifftet habe, Was sie nutze, ꝛc. Durch D. Mart. Luther. Am Schlusse: Gedruckt zu Regenspurg durch Hans Khol. o. J. 4 Bl. 8. (Wien AN. 46. B. 24) Um 1556.
Christ unser Herr zum Jordan kam. Nr. 18.

Eyn schön Lied, | Von vnser heiligen Tauff, | darinn fein kurtz gefasset, Was | sie sei? Wer sie gestifftet | habe? Was sie | nutze? ꝛc. ‖ Etzliche newe Gesenge zum Begreb | nis der verstorbnen. | ꝛc. 16 Bl. 8. (Berlin.)
Darin Luther's Lied:
Christ unser Herr zum Jordan kam. Nr. 18.

Andrer Druck: Ein schön Lied, von vnser heiligenn Tauff, darin fein kurtz gefasset, Was sie sey? Wer sie gestifftet habe? Was sie nutze? ꝛc. Item etzliche Lieder, die im Gesang Büchlein nicht stehen ꝛc. 8 Bl. 8. (Berlin.)
Christ unser Herr zum Jordan. Nr. 18. Vgl. zu Nr. 17.

19.

Der XCI. Pſalm, den man ſingen mag, wenn man das hochwürdige Sacrament reicht.

So oft ir von dieſem Brod eſſet und von dieſem Kelch trinket, ſolt ir des HERRN tod verkündigen, bis das er komt. 1. Cor. xj.

Ich dank dem HERRN von ganzem herzen, Im rat der fromen und in der Gemein.

Groß ſind die werke des HERREN, Wer ir achtet, der hat eitel luſt dran.

Was er ordnet, das iſt löblich und herrlich, Und ſeine gerechtigkeit bleibet ewiglich.

Er hat ein gedechtnis geſtiftet ſeiner wunder, Der gnedige und barmherzige HERR.

Er gibt ſpeiſe denen, ſo in fürchten, Er gedenkt ewiglich an ſeinen bund.

Er leſſet verkündigen ſeinem volk ſeine gewaltige thaten, Das er in gebe das erb der heiden.

Die werk ſeiner hend ſind warheit und rechte, Alle ſeine gebot ſind rechtſchaffen.

Sie werden erhalten imer und ewiglich, Und geſchehen treu= lich und redlich.

Er ſendet erlöſung ſeinem volk, Er verheißt, das ſein bund ewiglich bleiben ſol.

Sein name iſt heilig und hehr, Die furcht des HERREN iſt der weisheit anfang.

Das iſt ein feine klugheit, wer darnach thut, Des lob bleibet ewiglich.

Lob und preis sei Gott dem Vater und dem Son, Und dem heiligen Geist.

Wie es war von anfang itzt und imerdar, Und von ewigkeit zu ewigkeit.

AMEN.

CXI. Ha le lu ia.

HERR ich will dyr dancken von gantzem hertzen, Jm rad der auffrichtigen vnd ynn der gemeyne.

Gros sind die werck des HERRN, Ersucht[1] allen die lust dazu haben.

Danck vnd schmuck ist seyn werck, Vnd seyne gerechtickeyt bleybt ewiglich.

Er hat eyn gedechtnis gemacht seyner wunder, Der gnedige vnd barmhertzige HERR.

Er hat speyse geben denen so yhn furchten, Er denckt ewiglich an seynen bund.

Er wird die krafft seyner werck seynem volck anzeygen, Das er yhn gebe das erbe der heyden.

Die werck seyner hende sind warheyt vnd gerichte, Alle seyne gepott sind bestendig.

Sie werden erhalten ymer vnd ewiglich, Vnd gemacht warhafftig vnd richtig.

Er hat eyne erlösunge gesand seynem volck, seynen bund gepotten ewiglich, Heylig vnd schrecklich ist seyn name.

Die furcht des HERRN ist der weyssheyt anfang, seynen verstand haben alle die darnach thun, Seyn lob bleybt ewiglich.

Der Psalter Deutsch. Martinus Luther. Wittemberg 1524. 8.

---

[1] „Ersucht, das ist, wer lust dazu hat der frag darnach." (Luther.)

20.

S. Joannes Hussen lied, gebessert.

D. Mart. Luther.

Jhesus Christus unser Heiland,
Der von uns den Gottes zorn wand,
Durch das bitter leiden sein
Half er uns aus der hellen pein.

Das wir nimer des vergessen,   5
Gab er uns sein leib zu essen,
Verborgen im brod so klein,
Und zu trinken sein blut im wein.

Wer sich wil zu dem tisch machen,
Der hab wol acht auf sein sachen,   10
Wer unwirdig hinzu geht,
Für das leben den tod empfeht.

Du solt Gott den Vater preisen,
Das er dich so wol wolt speisen
Und für deine missethat   15
In den tod sein Son geben hat.

Du solt glauben und nicht wanken,
Das ein speise sei den kranken,

20. Zuerst in D. 1524. — Chr. Spangenberg 3, 142. — Vgl. zu Nr. 17.
20. 7 verborgen, geheimnisvoll, dem Verstande unfaßlich. „Und ist
unser meinung diese, das wir anzeigen wöllen: Unser lieber Heiland Jhesus
Christus gebe uns in so kleinem Brod wahrhafftig seinen leib zu essen, Aber
solches verborgener weise, und sey ein solchs geheimniß, das wir mit unser Ver-
nunfft nicht fassen noch begreiffen können, aber glauben sollen wirs" (Spangenberg 3, 147ᵃ). — klein bezieht sich auf brod, nicht auf leib.

Den ir herz von sunden schwer
Und für angst ist betrübet seer.   20

Solch groß gnad und barmherzigkeit
Sucht ein herz in großer erbeit,
Ist dir wol, so bleib davon,
Das du nicht kriegest bösen lohn.

Er spricht selber, Komt ir armen,   25
Laßt mich über euch erbarmen,
Kein arzt ist dem starken not,
Sein kunst wird an im gar ein spot.

Hetstu dir was kund erwerben,
Was dürft ich denn für dich sterben?   30
Dieser tisch auch dir nicht gilt,
So du selber dir helfen wilt.

Gleubstu das von herzen grunde
Und bekennest mit dem munde,
So bistu recht wol geschickt   35
Und die speise dein seel erquickt.

Die frucht sol auch nicht außbleiben,
Deinen nechsten soltu lieben,
Das er dein genießen kan,
Wie dein Got an dir hat gethan.   40

Das lied S. Johannes Hus gebessert.
(Einblattdruck Kl. Fol. o. O. o. J. In Berlin.)
Es ist das Lied Luther's:
Jhesus Christus unser Heiland, der von. Nr. 20.

21.
Der Lobgesang: Gott sey gelobet.
D. Mart. Luther.

Gott sei gelobet und gebenedeiet,
Der uns selber hat gespeiset
Mit seinem fleische und mit seinem blute,
Das gib uns, HERR Gott, zu gute.
Kyrieleison.   5
HERR durch deinen heiligen leichnam,
Der von deiner Mutter Maria kam,
Und das heilige blut
Hilf uns HERR aus aller not.
Kyrieleison.   10

Der heilig leichnam ist für uns gegeben
Zum tod, das wir dadurch leben,
Nicht größer güte kund er uns geschenken,
Dabei wir sein soln gedenken.
Kyrieleison.   15
HERR, dein lieb so groß dich zwungen hat,
Das dein blut an uns groß wunder that
Und bezalt unser schuld,
Das uns Gott ist worden hold.
Kyrieleison.   20

Gott geb uns allen seiner gnaden segen,
Das wir gehn auf seinen wegen
In rechter lieb und brüderlicher treue,
Das uns die speis nicht gereue.
Kyrieleison.   25

---

21. Zuerst in D. 1524. — Chr. Spangenb. 3, 156. Vgl. zu Nr. 3.

HERR dein heilig Geist uns nimer laß,
Der uns geb zu halten rechte maß,
Das dein arm Christenheit
Leb in frid und einigkeit.
Kyrieleison. 30

---

125. Die Kirche oder gemeine Christen, so beyde Gestalt nicht
haben können empfahen, sind wol zu entschuldigen, als die betrogen
und verführt sind durch den Antichrist, und haben ihnen eine Ge=
stalt allein lassen geben: Denn es ist gleichwol der Glaube vest
und rein blieben in der Kirche, daß Christus im Sacrament
eingesetzt und befohlen habe, seinen Leib und Blut zu empfahen
allen Christen, wie das alles viel Lieder und Reime überzeugen,
sonderlich das gemeine Lied:

Gott sei gelobet und gebenedeiet,
Der uns selber hat gespeiset
Mit seinem Fleische und mit seinem Blute.

Und barnach:

Herr durch deinen heiligen wahren Leichnam,
Der von deiner Mutter Maria kam,
Und das heilige Blut
Hilf uns, Herr, aus aller Noth ꝛc.

Mit diesem und dergleichen Liedern, so man beim Sacrament,
ja in Procession und Kirchen gesungen, hat die Kirche öffentlich
Zeter und Mordio über den Endechrist und räubische Winkelpfaffen
geschrien; denn sie ihren Glauben hiemit öffentlich bekennet, daß
ihr Christus beyde, seinen Leib und Blut zur Speise geordnet und
gegeben habe, (Luther, Von der Winkelmesse und Pfaffenweihe.
1533. Schriften. Halle. 19, 1558.) Vgl. zu Nr. 12.

Ein Gebet.

So oft ir von diesem Brod esset und von diesem Kelch
trinket,
Solt ir des HERRN tod verkündigen, bis er komet.
Ach du lieber HErr Gott, der du uns bei diesem wunder=
barlichen Sacrament deines leidens zu gedenken und predigen be=
fohlen hast, Verleihe uns, das wir solch deines leibs und bluts
Sacrament also mügen brauchen, das wir deine erlösung in
uns teglich fruchtbarlich empfinden, Amen.

Ein ander Gebet.

Welcher unwirdig von diesem Brod isset, oder von dem Kelch des HERRN trinket
Der ist schuldig an dem leib und blut des HERRN.

Wir danken dir allmechtiger HERR Gott, das du uns durch diese heilsame gabe hast erquicket, Und bitten deine barmherzigkeit, das du uns solches gedeien lassest zu starkem glauben gegen dir und zu brunstiger liebe unter uns allen, durch Jhesum Christum deinen Son, unsern HERRN. Amen.

HERR erhör mein Gebet und gehe nicht ins gericht mit deinem knecht, denn für dir ist kein lebendiger gerecht. Psalm cxliij.

Folgen nu etliche Psalm, zu geistlichen liedern, deutsch gemacht
durch
D. Martinum Luther.

22.

Der XII. Psalm:
Salvum me fac Domine.
Deutsch gemacht durch D. Martinum Luther.

Ach Gott von himel sich darein
Und laß dich des erbarmen,
Wie wenig sind der heilgen dein,
Verlassen sind wir armen,
Dein wort man left nicht haben war,   5
Der glaub ist auch verloschen gar
Bei allen menschen kinden.

Sie leren eitel falsche list,
Was eigen witz erfindet,
Ir herz nicht eines sinnes ist   10
In Gottes wort gegründet,
Der wehlet diß, der ander das,
Sie trennen uns on alle maß
Und gleissen schön von außen.

Gott wolt ausrotten alle lahr,   15
Die falschen schein uns leren,
Darzu ir zung stolz offenbar
Spricht trotz, wer wils uns wehren?
Wir haben recht und macht allein,
Was wir setzen, das gilt gemein,   20
Wer ist, der uns sol meistern?

---

22. Zuerst in ABC. 1524. — Chr. Spangenberg 2, 1.

Darum spricht Gott, Ich muß auf sein,
Die armen sind verstöret,
Jr seufzen bringt zu mir herein,
Ich hab ir klag erhöret,   25
Mein heilsam wort sol auf den plan,
Getrost und frisch sie greifen an
Und sein die kraft der armen.

Das silber durchs feur sieben mal
Bewert wird lauter funden,   30
Am Gottes wort man warten sol
Desgleichen alle stunden,
Es wil durchs kreuz beweret sein,
Da wird sein kraft erkant und schein
Und leucht stark in die lande.   35

Das wolstu Gott bewaren rein
Für diesem argen gschlechte,
Und laß uns dir befolhen sein,
Das sichs in uns nicht flechte,
Der gottlos hauf sich umher sind, 40
Wo diese lose leute sind
In deinem volk erhaben.

--- — ·· ---

XII. Ein psalm Dauids hoch zu singen auf acht seyten.

Hilf Herr, die heyligen haben abgenomen, und der gleubigen ist wenig worden unter den menschenkindern.

Eyner redet mit dem andern unnütze ding, und reden heucheley mit uneynigem herzen.

Der Herr rotte aus alle heucheley, und die zunge die da stolz redet.

Die da sagen, unser zunge soll oberhand haben, uns gepürt zu reden, wer ist unser Herr?

---

22. 31 warten, gewärtig sein. — 34 schein, offenbar, erstchtlich.

Weyl denn die elenden verstöret sind und die armen sufzen, will ich auf, spricht der Herr, ich will eyn heyl aufrichten, das getrost daryn handeln soll.

Die rede des Herrn sind lauter, wie durchfewrt sylber ym erdenen tigel bewert siebenmal.

Du Herr wolteſt sie bewaren, und uns behüten für diesem geschlecht ewiglich.

Es sind gottlosen um und um, wenn unter den menschen kindern die losen erhöret werden.

Der Pfalter deutsch. Martinus Luther. Wittemberg 1524. 8.

23.

Der XIIII. Pfalm:

Dixit insipiens in corde suo, non est Deus.

D. Mart. Luther.

Es spricht der unweisen mund wol,
Den rechten Gott wir meinen,
Doch ist jr Herz unglaubens vol,
Mit that sie ja verneinen.
Jr wesen ist verderbet zwar,   5
Für Gott ist es ein greuel gar,
Es thut jr keiner kein gut.

Gott selbs vom himel sah herab
Auf aller menschen kinden,
Zu schauen sie er sich begab,   10
Ob er jemand würd finden,
Der sein verstand gerichtet het
Mit ernst nach Gottes worten thet
Und fragt nach seinem willen.

Da war niemand auf rechter ban,   15
Sie warn all ausgeschritten,
Ein jeder gieng nach seinem wahn
Und hielt verlorne sitten.
Es thet jr keiner doch kein gut,
Wiewol gar viel betrog der mut,   20
Jr thun solt Gott gefallen.

---

23. Zuerst in ABC 1524. — Chr. Spangenberg 2, 19.

Wie lang wollen unwissen sein,
Die solche müh aufladen,
Und fressen dafür das volk mein
Und nehren sich mit seim schaden,   25
Es steht jr trauen nicht auf Gott,
Sie rufen im nicht in der not,
Sie wölln sich selbs versorgen.

Darum ist jr hertz nimer still
Und steht allzeit in forchten,   30
Gott bei den fromen bleiben wil,
Dem sie mit glauben ghorchen,
Jr aber schmecht des armen rat
Und hönet alles was er sagt,
Das Gott sein trost ist worden.   35

Wer sol Israel dem armen
Zu Zion heil erlangen,
Gott wird sich seins volks erbarmen
Und lösen die gefangen,
Das wird er thun durch seinen son,   40
Davon wird Jacob wonne han
Und Israel sich freuen.
                        Amen.

XIIII. Ein psalm Davids hoch zu singen

Die narren[1] sprechen in ihrem herzen, es ist kein Gott,
sie sind verderbet und greulich worden in ihrem thun, da ist
keiner der guts thue.

Der Herr sahe vom himel auf der menschen kinder, das
er sehe, ob iemand verstendig were und nach Gott fraget.

Aber sie waren ausgewichen, und alle mit einander un-
tüchtig, da war keiner, der guts that, auch nicht einer.

Wöllen denn nicht erkennen die übeltheter, die mein volk
fressen, das sie nur zu essen haben, den Herrn rufen sie nicht an.

Daselbs furchten[2] sie sich, denn Gott ist bei dem geschlecht
der gerechten.

---

[1] „Narren heißt die schrift rohe lose leute die nach gott nicht fragen" (Luther).
[2] „Furchten das ist, sie machen gewissen, da keins ist, dienen Gott das er
nicht gepoten hat" (Luther).

Ihr habt verhönet des armen rat, das Gott seine zuver=
sicht ist.

Wer wird Israel zu Zion helfen? Wenn der Herr seins
volks gefenknis wenden wird, so wird Jacob frölich sein und
Israel sich freuen.

Der Psalter deutsch. Martinus Luther. Wittemberg 1524. 8.

Der xiij. Psalm.

Der vnweyß hat in seynem hertzen gerebt: es ist kayn got.
Sie seind verderbt worden, vnd zu scheihen in allem damit sie
vmbgon, es ist kainer der güts thüe. Der herr hat sich von bē
hymel genaygt über die sün der menschen, das er sehe ob ain ver=
stenbiger wäre, oder ainer der Got mit fleyß süchet. Sie habē
sich alle abgewendt, vnnd seind mitainander vnnutz worden, es ist
kayner der guts thüe, auch nit ayner. . . . Werden sie nit ain mal
witzig werden, alle die übels thünd, die mein volck essend für ain
speyß, wie das brot? Sie habend Got nit angerüfft, vn sich be=
sorgt vor forcht, da kain forcht ist gewesen. Dann der Herr ist
bey dem geschlecht der gerechten, ir habt den rat des arme für
schantlich gehalten, aber der herr ist sein Hoffnung. Wer würt
das hayl Israels geben von Sion, so der herr abstellen würt die
gesengknüß seines volcks, würt frolocken Jacob, vnd Israel sich er=
frewen.

Der Psalter des kinigs vū propheten Dauids, ain su=mari vnd kurtzer be=
grhff aller hayli=gen geschrift durch Otmaren Nachtgallen .. zu verstenbigem vnd
klarem hochteutschē gebracht .. Am Schlusse: Gedruckt zu Augspurg, durch Sim=
precht Ruffen .. Im Augustmond Anno 2c. XXIIII. 384, S. 4. S. 31 fg.

24.

Der XLVI. Psalm.

Deus noster refugium et virtus 2c.

D. Mart. Luther.

Ein feste burg ist unser Gott,
Ein gute wehr und waffen,
Er hilft uns frei aus aller not,
Die uns itzt hat betroffen.
Der alt böse feind   5
Mit ernst ers itzt meint,
Groß macht und viel list
Sein grausam rüstung ist,
Auf erd ist nicht seins gleichen.

Mit unser macht ist nichts gethan,   10
Wir sind gar bald verloren,
Es streit für uns der rechte man,
Den Gott hat selbs erkoren.
Fragstu, wer der ist?
Er heißt Jhesus Christ,   15
Der HERR Zebaoth,
Und ist kein ander Gott,
Das felt muß er behalten.

---

24. Zuerst in L. 1529. Alle Vermuthungen früherer Entstehungszeit sind Ver=
muthungen! Die neuerlich aufgestellte, daß dieser Hymnus schon in einem 1528
bei Hans Weyße in Wittenberg gedruckten Liederbuche enthalten sein könne, ist
völlig unbegründet. Man schließt auf das angebliche Buch nur aus der Aeuße=
rung Luther's, daß Weyße ein Gesangbuch drucke; es ist fraglich, ob der Druck
zu Stande kam, und fraglich auch, ob das Buch weltlichen oder geistlichen In=
halts war. — Chr. Spangenberg 2, 38. — Ausführliche Historie und Er=
klärung des Helden Liedes Lutheri Eine feste Burg ist unser GOtt! von
Peter Busch. Hanover 1731, 24 Bl. u. 238 S. 8.

Und wenn die welt vol Teufel wer
Und wolt uns gar verschlingen,   20
So fürchten wir uns nicht so sehr,
Es sol uns doch gelingen.
Der Fürst dieser welt,
Wie saur er sich stelt,
Thut er uns doch nicht.   25
Das macht, er ist gericht,
Ein wörtlin kan in fellen.

Das wort sie söllen laffen stan
Und kein danck dazu haben,
Er ist bei uns wol auf dem plan   30
Mit seinem Geist und gaben.
Nemen sie den leib,
Gut, ehr, kind und weib,
Laß faren dahin,
Sie habens kein gewin,   35
Das Reich muß uns doch bleiben.

Der Lxxx. Psalm, De profundis clamaui. ‖ Aus tieffer not schrey ich zu dir. Der xlvj. Psalm, Deus noster refugium et virtus. ‖ Ein feste Burg ist vnser Got. 4 Bl. 8. Am Schluffe: Gedruckt zu Nürnberg durch Kunegund Hergotin.

Geistliche Lieder, Gebet vnd Psalmen, die ein Erber Rath der Stadt Nürmberg, In jren Stetten vnd Flecken auff dem Landt vnd der selben newen Kirchen Ordnung dieser ferlichen jetzt zu Singen vnd zu Beten angericht haben. Gedruckt zu Nürmberg durch Christoff Gutknecht. o. J. 15 Bl. 8. (Berlin.)
         Darin Luther's Lieder:
Erhalt uns Herr bei deinem wort. Nr. 30.
Verleih uns Frieden gnediglich. Nr. 31.
Ein feste Burg ist unser Gott. Nr. 24.
Aus tiefer not schrei ich zu dir. Nr. 28. 2.

XLVI. Eyn lied der kinder Korah, von der ingent hoch zu singen.

GOtt ist unser zuversicht und sterke, Ein hülfe in den großen nöten, die uns troffen haben.

Darum furchten wir uns nicht, wenn gleich die erden ein=
fiele und die berge mitten ins meer furen.

Wenn gleich das meer tobete und auf einen haufen fure,
und die berge bebeten fur des selben ungestüm. Sela.

Der strom mit seinen bechen erfreuet die stad Gottes, die
heiligen wonungen des höhisten.

Gott ist bei ihr drinnen, darum wird sie wol bleiben, Gott
hilft mir frue.

Die heiden toben und die königreiche regen sich, Da er sich
hören leßt, zurschmilzt das erdreich.

Der HERR Zebaoth ist mit uns, Der Gott Jacob ist unser
schutz. Sela.

Komt her und schauet die werk des HERRN, Der auf erden
solch zurstören hat angericht.

Er hat die streit aufgehaben bis an der welt ende, Er hat
bogen zubrochen, spiel zuschlagen, und wagen mit feur verbrant.

Laßt ab, und erkennet, das ich Gott bin, Ich werd erhaben
sein unter den heiden, Ich werd erhaben sein auf erden.

Der HERR Zebaoth ist mit uns, Der Gott Jacob ist unser
schutz. Sela.

Der Psalter deutsch. Martinus Luther. Wittemberg 1524. 8.

Got iß vnser zůflucht vñ krafft, der helffer in trübsalen, dye
vns übergangen haben vnd gefunden. Darumb werden wir on
forcht seyn, so das erdtreich entrüst würt vnd die berg dahyn in
die mit vnd hertz des meeres gethon. . . Der herr aller krafft
ist bey vns, vnser auffenthalt ist der Got Jacobs. . . Den bogen
wurt er zerknischen, dye waffen zerbrechen, vnd die schilt verbren=
nen in dem feur. Last alle ding steen, vnd erkennet, das ich der
recht got bin, ich würd erhöcht werden vnder dē hayden vñ hoch=
gehaltē auff dem erdtreich. Der herr aller krafft ist bei vns, vnser
auffenthalt ist der got jacob.

Psalter durch Ottmaren Nachtgallen. 1524. S. 115 fg.

25.

Der LXVII. Psalm: Deus misereatur nostri ꝛc.

D. Mart. Luther.

Es wolt uns Gott genedig sein
Und seinen segen geben,
Sein antlitz uns mit hellem schein
Erleucht zum ewigen leben,
Das wir erkennen seine werk   5
Und was im liebt auf erden
Und Jhesus Christus heil und sterk
Bekant den heiden werden
Und sie zu Gott bekeren.

So danken, Gott, und loben dich   10
Die heiden über alle,
Und alle welt die freue sich
Und sing mit grossem schalle,
Das du auf erden richter bist
Und lest die sund nicht walten,   15
Dein wort die hut und weide ist,
Die alles volk erhalten,
In rechter ban zu wallen.

Es danke, Gott, und lobe dich
Das volk in guten thaten,   20
Das land bringt frucht und bessert sich,
Dein wort ist wol geraten.

_____

25. Zuerst D. 1524. — Chr. Spangenberg 2, 56.

Uns segen Bater unb der Son,
Bns segen Gott der heilig Geist,
Dem alle welt die ehre thu,   25
Für im sich fürchte allermeist,
Nu sprecht von herzen Amen.

Johannes Bulpius erzählt nach einer handschriftlichen Magde-
burger Chronik in seiner „der Haupt= unb Handel Stadt Magdeburg
Sonderbaren Herrlichkeit" (Magdeb. 1702. 4.), S. 92 fg.: „Anno
1524 am 6. May ist ein alter Mann, seines Handwercks ein Tuch=
macher, bey Kayser Otten auff dem Marckte gestanden, unb [93]
hat zum ersten geistliche Lieder feil gehalten und den Leuten vorge-
sungen, als: Aus tieffer Noth schrey ich zu dir 2c., unb:
Es woll uns Gott genädig sein 2c."

Eyn geystlich gesang, betreffend ein gantz Cristlich leben, gemacht
durch Doctor Martinum Luther, zu nutz vnd trost allen glaubigen,
welchs gesungen wirbt im anfang der Predig. Darnach volgt die
Dancksagung, welche ist der lxvj. Psalm. o. O. u. J. 4 Bl. 8.
(Berlin.)
Enthält die Lieder: Nu freut euch lieben Christen gmein, unb: Es woůt
uns Gott genebig sein.

LXVII. Ein psalm lied hoch zu singen auf seiten spielen.

Gott sei uns gnebig unb segene uns, Er laß uns sein
anblitz leuchten. Sela.
Das wir auf erben erkennen seinen weg, unter allen heiden
sein heil.
Es banken bir Gott die völker, Es banken bir alle völker.
Die völker freuen sich unb jauchzen, das du die leut recht
richtest, unb fürest die leut auf erben. Sela.
Es banken bir Gott die völker, Es banken bir alle völker.
Das land gibt sein gewechs, Es segene uns Gott, unser
Gott.
Es segene uns Gott, unb aller welt enbe fürchte ihn.

Der Psalter beutsch. Martinus Luther. Wittemberg 1524. 8.

Der lxvj. pfalm.

GOtt erbarme sich über vns vnd geb vns seinen segen, erleüchte über vns sein angesicht, vñ sey vns barmhertzig. Das wir auff dem erdtreych deinen weg erkennen, vñ bei allen hayden bein hayl. O got, es sollen dir die völcker bekennen, es sollen dir alle völcker bekennen. Die hayden sollend sich erfrewen vnd frolocken, darumb das du die völcker vrtaylest in der billichayt, vnd die hayden auff dem erdtreych auff den rechten weg weysest. Dir sollen die völcker bekennen o Gott, dir sollen alle völcker bekennen das erdtreych hat seine frucht gebē. Gott welle vns den segē verleyhen, vñ in sollend fürchten alle end der welt.

Der Psalter durch Otmaren Nachtgallen. 1524. 4. S. 160 fg.

26.

Der CXXIIII. Pſalm: Niſi quia Dominus ꝛc.

D. Mart. Luther.

Wer Gott nicht mit uns dieſe zeit,
So ſol Iſrael ſagen,
Wer Gott nicht mit uns dieſe zeit,
Wir hetten muſt verzagen,
Die ſo ein armes heuflin ſind,   5
Veracht von ſo viel menſchen kind,
Die an uns ſetzen alle.

Auf uns iſt ſo zornig ir ſin,
Wo Gott das het zugeben,
Verſchlungen hetten ſie uns hin   10
Mit ganzem leib und leben,
Wir wern als die ein flut erſeuft
Und über die groß waſſer leuft
Und mit gewalt verſchwemmet.

Gott lob und dank, der nicht zugab,   15
Das ir ſchlund uns möcht fangen,
Wie ein vogel des ſtricks komt ab,
Iſt unſer ſeel entgangen,
Strick iſt entzwei und wir ſind frei,
Des HErren namen ſteht uns bei,   20
Des Gottes himels und erden.
AMEN.

26. Zuerſt E. 1524. — Chr. Spangenberg 2, 64.

CXXIIII. Ein lied David in der höhe.

Wo der HERR nicht bei uns were, Es sage Israel also.

Wo der HERR nicht bei uns were, Wenn die menschen sich wider uns setzen.

So verschlungen sie uns lebendig, Wenn ihr zorn über uns ergrimmet.

So het uns wasser erseuft, Stromen weren über unser seele gangen.

Es weren allzu hohe wasser, Uber unsere seele gangen.

Gelobt sei der HERR, Das er uns nicht hat geben zum raub in ihre zene.

Unser seele ist entrunnen wie ein vogel dem stricke des voglers, Der strick ist zurissen und wir sind los.

Unser hülfe stehet im namen des HERRN, Der himel und erben gemacht hat.

Der Psalter deutsch. Martinus Luther. Wittemberg 1524. 8.

27.

Der CXXVIII. Psalm: Beati omnes qui timent Dominum.

D. Mart. Luther.

Wol dem der in Gottes furchte steht
Und auch auf seinem wege geht,
Dein eigen hand dich nehren sol,
So lebstu recht und geht dir wol.

Dein weib wird in deim hause sein   5
Wie ein reben vol drauben sein
Und dein kinder um deinen tisch
Wie ölpflanzen gesund und frisch.

Sih, so reich segen hangt dem an,
Wo in Gottes furchte lebt ein man,   10
Von im leßt der alt fluch und zorn,
Den menschen kindern angeborn.

Aus Sion wird Gott segen dich,
Das du wirst schauen stetiglich
Das glück der stad Jerusalem,   15
Für Gott in gnaden angenem.

Fristen wird er das leben dein
Und mit güte stets bei dir sein,
Das du sehen wirst kindes kind,
Und das Israel friede sind.   20

27. Zuerst D. 1524. — Chr. Spangenberg 2, 110.

CXXVIII. Ein lied in der höhe.

Wol dem der den HERRN furchtet, Und auf seinen wegen gehet.

Du wirst dich neeren deiner hende arbeit, Wol dir, du hasts gut.

Dein weib wird sein wie ein fruchtbar weinstock an den wenden in deinem hause, Deine kinder wie die öle zweige um deinen tisch her.

Sihe also wird gesegnet der man, Der den HERRN furchtet.

Der HERR wird dich segenen aus Zion, das du sehest das glück Jerusalem, Dein leben lang.

Und sehest deiner kinder kinder, Fride über Israel.

Der Psalter deutsch. Martinus Luther. Wittemberg 1524. 8.

––– –––––

28.

1.

Der Psalm De profundis.

Aus tiefer not schrei ich zu dir,
Herr Got erhör mein rüfen,
Dein gnedig oren ker zu mir
Und meiner pit sie öffen,
Dem so du das wilt sehen an,   5
Wie manche sünd ich hab gethan,
Wer kan, herr, für dir bleiben?

Es steet bei deiner macht allein
Die sünden zu vergeben,
Das dich fürcht beide groß und klein   10
Auch in dem besten leben,
Darum auf Got wil hoffen ich,
Mein herz auf in sol lassen sich
Ich wil seins worts erharren.

Und ob es wert biß in die nacht   15
Und wider an den morgen,
Doch sol mein herz an Gottes macht
Verzweifeln nit noch sorgen,
So thu Israel rechter art,
Der aus dem geist erzeuget warb   20
Und seines Gots erharre.

Ob bei uns ist der sünden vil,
Bei Gott ist vil mer gnaden,

Zuerst ABC 1524 ohne Namen.

Sein hand zu helfen hat kein zil,
Wie groß auch sei der schaden,   25
Er ist allein der gute hirt,
Der Israel erlösen wirt
Aus seinen sünden allen.

CXXX. Ein lied in der höhe.

Aus der tiefen, Ruf ich HERR zu dir.

HERR höre meine stim, Laß deine oren merken auf die stim meines flehens.

So du wilt acht haben auf missethat, HERR wer wird bestehen?

Denn bei dir ist vergebung, Das man dich furchte.

Ich harre des HERRN, meine seele harret, Und ich warte auf sein wort.

Meine seele wartet auf den HERRN, Von einer morgen wache bis zur andern.

Israel warte auf den HERRN, Denn guete ist bei dem HERRN, und viel erlösunge bei ihm.

Und er wird Israel erlösen, Aus aller seiner missethat.

Der Psalter deutsch. Martinus Luther. Wittemberg 1524. 8.

Ein geystlich Bitlied gezogen aus dem Psalmen, De profundis clamaui ad te dom.

Auß herzem grundt schrey ich zu dir,
Herr Gott erhör mein stymme,
Deyn ohren, Herr, neyg du zu mir
Und meine bitt offnymme;
Denn so du wilt des haben acht
Wie vil der mensch hatt sund volbracht,
Wer wil das mögen leyden?

Bey dir ist, Herr, der gnaden vill,
Die sunden zuuergeben.
Herr, dein gesatz ists rechte zyell,
Nach dem wir sollen leben,

Dein heylges wort ist allzeyt war,
Das macht, das ich gern vff dich harr,
Deins heylß wil ich erwarten.

Mein seel daruff hat tröstet sich
Und daran alzeyt gedacht,
In meiner nobt verlaß nit mich,
Dan von morgen biß zur nacht
Hoff ich in dich mit Israel
Und all mein sach zu dir gern stell
Mein wolst du nit vergessen.

Dann, Herr, bei dir, dem waren Gott,
Ist seer vill barmhertzigkeyt,
Zu helffen vns auß aller nott,
Byst du willig vnd bereyt,
Du bist alleyn das höchste gutt,
Das Israel erlösen thut
Auß seinen sunden allen.

Mich. Vehe, Gesangbüchlin. Leipzig 1537. 8°. Bl. 27, offenbar nach dem
Liede Luther's gemacht, wie schon die ungeschickte Zeile 2, 1 beweist, in der im
Widerspruch gegen Luther's Lehre „Es steht in Gottes Macht allein, die Sünden zu vergeben", Gott nur „der gnaden viel" eingeräumt werden, damit die
sonstigen Sündenvergeber am Platze bleiben.

———

28.
2.

Der CXXX. Psalm, De profundis clamavi ad te Domine.

D. Mart. Luther.

Aus tiefer not schrei ich zu dir,
HERR Gott erhör mein rufen,
Dein gnedig oren ker zu mir
Und meiner bit sie öffen,
Denn so du wilt das sehen an   5
Was sund und unrecht ist gethan,
Wer kan HERR für dir bleiben.

Bei dir gilt nichts denn gnad und gunst,
Die sunde zu vergeben,
Es ist doch unser thun um sunst   10
Auch in dem besten leben,
Für dir niemand sich rhümen kan,
Des muß dich fürchten jederman
Und deiner gnaden leben.

Darum auf Gott wil hoffen ich,   15
Auf mein verdienst nicht bauen,
Auf in mein herz sol lassen sich
Und seiner güte trauen,
Die mir zusagt sein werdes wort,
Das ist mein trost und treuer hort,   20
Des wil ich allzeit harren.

Und ob es werd bis in die nacht
Und wider an den morgen,
Doch sol mein herz an Gottes macht
Verzweiveln nicht, noch sorgen,   25
So thu Israel rechter art,
Der aus dem geist erzeuget ward
Und seines Gotts erharre.

Ob bei uns ist der sunden viel,
Bei Gott ist viel mehr gnaden,   30
Sein hand zu helfen hat kein ziel,
Wie groß auch wer der schaden,
Er ist allein der gute hirt,
Der Israel erlösen wird
Aus seinen sunden allen.   35

_____

28 (2). 13 dich vgl. S. 6, im Drucke steht: sich.

29.

Das deutsche Sanctus.

D. Mart. Luther.

Jesaia dem Propheten das geschach,
Das er im geist den HErren sitzen sach
Auf einem hohen thron in hellem glanz,
Seines kleides saum den Chor füllet ganz,
Es stunden zween Seraph bei im daran,   5
Sechs flügel sah er einen jedern han,
Mit zween verborgen sie ir antlitz klar,
Mit zween bedeckten sie die füße gar
Und mit den andern zween sie flogen frei,
Gen ander ruften sie mit großem gschrei,   10
Heilig ist Gott der HERRE Zebaoth,
Heilig ist Gott der HERRE Zebaoth,
Heilig ist Gott der HERRE Zebaoth,
Sein ehr die ganze welt erfüllet hat.
Von dem geschrei zittert schwell und balken gar, 15
Das haus auch ganz vol rauchs und nebel war.

Jesaias VI.

Des jars da der König Usia starb, sahe ich den HErrn
sitzen auff einem hohen und erhaben stuel, und sein saum füllet
den Tempel. Seraphim stunden ober jm, ein jglicher hatte

ſechs flügel, mit zween deckten ſie jr anblitz, mit zween deckten
ſie jre füſſe, vnd mit zween flogen ſie. Vnd einer rieff zum an=
dern, vnd ſprach, Heilig, Heilig, Heilig iſt der HERR Zebaoth,
Alle land ſind ſeiner ehren vol. Das die vberſchwellen bebeten,
von der ſtim jres ruffens, vnd dasas ¹ Haus ward vol rauchs.

Die Propheten alle Deudſch. D. Mart. Luth. Gedruckt zu Wittemberg.
M. D. XXXV. Fol. Bl. III ᵇ.

---

¹ Dasas, Druckfehler für das.

30.

Ein kinderlied,
zu singen wider die zween Erzfeinde Christi und seiner heiligen Kirchen, den Bapst und Türken ꝛc.

Erhalt uns HERR bei deinem wort
Und steur des Bapsts und Türken mord,
Die Jhesum Christum deinen Son
Wölten stürzen von deinem thron.

Beweis dein macht HERR Jhesu Christ,   5
Der du HERR aller Herren bist,
Beschirm dein arme Christenheit,
Das sie dich lob in ewigkeit.

Gott heilger Geist, du tröster werd,
Gib deim volk einerlei sinn auf erd,   10
Steh bei uns in der letzten not,
Gleit uns ins leben aus dem tod.

––––––––

„Wie nun Gott seine Macht" (sagt Cyriacus Spangenberg in seiner Cithara Lutheri. 4, 22 Erffordt 1572), an unsern und seinen Feinden beweisen solle, verkleren die zween Vers, so der Ehrwirdige und Christliche Lehrer Doctor Justus Jonas, der Elter, zu diesem Psalmlin Lutheri gemachet hat, Vnd man bißweilen auch darein oder darauff singet, Welche gar wol gestalt sind und also lauten:

––––––––

30. (Ohne Namen.) — Zuerst K 1543. — Chr. Spangenberg 4, 8. — Mich. Julius, Sechs Predigten über das Kinderlied: Erhalt uns Herr. Erfurt 1589. 8. — Joh. Krohn, Armatura Christianorum optima aus dem Kirchengesange: Erhalt uns Herr. Hanover 1664. 8. — Vgl. zu Nr. 24.

Ihr anschleg, HErr, zu nichte mach,
Laß sie treffen die böse sach
Und stürz sie in die grub hinein,
Die sie machen den Christen dein.

So werden sie erkennen doch,
Das du unser Gott lebest noch
Und hilfst gewaltig deiner schar,
Die sich auff dich verlesset gar.

Diese wort sind genommen aus dem siebenden Psalm Davids."

„Das Lied Erhalt uns Herr bei deinem Wort muß, ob es sich gleich in dem Ao. 1542 zu Leipzig gedruckten Gesang-Buche nicht findet, dennoch schon in selbigem Jahre von Luthero herausgegeben und bekannt gewesen sein, welches ich aus dem Abbruck des Liedes, den Conradus Cordatus, Prediger zu Zwickau, ediret hat, füglich schliesse. Denn von diesem Abbruck des Liedes genauere Nachricht zu geben, so stehet auf der einen Seite ein Lied nach dem 139. Psalm: Im Nahmen Gottes heb ich an, von 11 Strophen, auf der andern Seite stehet folgendes: Ursache, warum ich Conradus Cordatus jetzt und nie in die Gemein aus wollen schreiben, an meine liebe Herren von Zwickau. Davon nur den summarischen Inhalt anzeigen will, welcher dieser ist. Weil auf Chur-Fürsten Johannis Befehl in Zwickau jederman den Soldaten wider den Türken an die Hand zu ihrer Nothdurft gehen solte, als welche sich dort versammlen würden, so habe er auch nicht müssig sein und gute Ermahnungen für die Soldaten im Türken-Kriege schreiben wollen. Darauf folget dieser Gesang sub. tit.: Ein Kinder-Lied: Erhalt uns HERR bey deinem Wort 2c. Beweiß dein Macht 2c. GOtt heilger Geist 2c. Verleih uns Frieden ... alleine. Und stehet unter solchem Abbrucke: Gedruckt zu Wittenberg Ao. 1542." (Ausführliche Historie und Vertheidigung des Allgemeinen Evangelischen Kirchen-Liedes: Erhalt uns Herr .. von Petro Busch. Wolffenb. 1735. 12 Bl. u. 228 S. 8. S. 9—10. Göttingen de ritib. 56ᵇ.)

Aufer a nobis Domine Verdeutschet, Nim von uns lieber HERR 2c. Der Hymnus O Lux beata verdeutschet, Ein Kinderlied, zu singen wider die zween Ertzfeinde Christi, den Bapst und Türcken 2c. Mit zweien Gesetzen Verbessert. o. O. u. J. 4 Bl. 8. (Göttingen Poet 2601.)

Darin von Luther:
Der du bist drei in einigkeit. Nr. 63.
Erhalt uns Herr. Nr. 30 mit Jonas' beiden Strophen.
Verleih uns Frieden gnediglich. Nr. 31 (nur die eine Nr.) mit dem angehängten Gebet.
Herr Gott, himlischer Vater, der du nicht lust hast (Gebet hinter der Litanei).

Ein kurtze außlegung deß heyligen Vatter vnfers, Wie solchs der Ehrwirdig vnnd wolgelert Herr Magister Johañ Langer, Pfarr-herr vnd Superattendens zu Coburgk, nach außgang aller seyner Sontag vnnd Feyertagsprebigten, mit der Christlichen verfamlung dafelbst zu beten pflegt 2c. Ein Geystlich gefang nach dem Gebet zu fingen D. M. Luther. Erhalt vns Herr bei deinem Wort. Am Schlusse: In der Fürstlichen Stadt Coburgk, truckts Ciriacus Schnauß Apotecker. 1546. 8 Bl. 8. (Jena.)

Darin Luther's Lieder:
Erhalt uns Herr bei deinem Wort. Nr. 30.
Verleih uns frieden gnebiglich. Nr. 31.

31.

Da pacem Domine, Deutsch.

Verleih uns frieden gnediglich,
HERR Gott zu unsern zeiten,
Es ist ja doch kein ander nicht,
Der ·für uns künde streiten,
Denn du unser Gott alleine.   5

Ein gebet.

Gott gib frieb in beinem lanbe,
Glück unb heil zu allem stanbe.

HERR Gott himlischer Vater, der˷ du heiligen mut, guten
rat unb rechte werke schaffest, Gib beinen bienern friebe, welchen
bie welt nicht kan geben, auf bas unser herze an beinen ge=
boten hange unb wir unser zeit burch beinen schutz stille unb
sicher für feinben leben, Durch Jhesum Christ beinen Son,
unsern HERRN. Amen.

---

32. (Ohne Ramen). Zuerst Nr. 1531. — Chr. Spangenberg 4, 34. — Vgl.
zu Nr. 24 unb 30.

32.

Ein Danklied,
für die höchsten wolthaten, so uns Gott in Christo erzeigt hat.

D. Mart. Luther.

Nu freud euch lieben Christen gmein
Und laßt uns frölich springen,
Das wir getrost und all in ein
Mit lust und liebe singen
Was Gott an uns gewendet hat   5
Und seine süße wunderthat,
Gar theur hat ers erworben.

   Dem Teufel ich gefangen lag,
Im tod war ich verloren,
Mein sund mich quelet nacht und tag,   10
Darin ich war geboren,
Ich fiel auch imer tiefer drein
Es war kein guts am leben mein,
Die sund hat mich besessen.

   Mein gute werk die golten nicht,   15
Es war mit in verdorben,
Der frei will hasset Gotts gericht,
Er war zum gut erstorben,
Die angst mich zu verzweiveln treib,
Das nichts denn sterben bei mir bleib,   20
Zur hellen must ich sinken.

---

32. Zuerst ABC 1524. — Chr. Spangenberg 1, 97. — Abrah. Suarin, Freuden-Brunn aus Jesu Christi Leiden entspringende und gefasset in den Gesang: Nun freuet euch rc. Leipzig 1611. 8. Vgl. zu Nr. 25.

Da jamerts Gott in ewigkeit,
Mein elend übermaßen,
Er dacht an sein barmherzigkeit
Er wolt mir helfen laſſen,   25
Er wand zu mir das Vater herz,
Es war bei im fürwar kein scherz,
Er ließ sein beſtes koſten.

Er ſprach zu ſeinem lieben Son,
Die zeit iſt hie zurbarmen,   30
Far hin, meins herzen werde kron
Und ſei das heil dem armen
Und hilf im aus der ſünden not,
Erwürg für in den bittern tod
Und laß in mit dir leben.   35

Der Son dem Vater ghorſam ward,
Er kam zu mir auf erden
Von einer Jungfrau rein und zart,
Er ſolt mein bruder werden,
Gar heimlich furt er ſein gewalt,   40
Er gieng in meiner armen gſtalt,
Den Teufel wolt er fangen.

Er ſprach zu mir, halt dich an mich
Es ſol dir itzt gelingen,
Ich geb mich ſelber ganz für dich,   45
Da wil ich für dich ringen,
Denn ich bin dein und du biſt mein,
Und wo ich bleib, da ſoltu ſein,
Uns ſol der feind nicht ſcheiden.

Vergießen wird er mir mein blut,   50
Dazu mein leben rauben,
Das leid ich alles dir zu gut,
Das halt mit feſtem glauben,
Den tod verſchlingt das leben mein,
Mein unſchuld tregt die ſunde dein,   55
Da biſtu ſelig worden.

---

32. 22 **jamerts** ſteht bei B. **Babſt** und ſo auch in den ſpätern Druden dieſer Officin. — 28 **ließ,** ließ es. — 29 **koſten,** koſtes B.

Gen himel zu dem vater mein
Far ich von diesem leben,
Da wil ich sein der meister dein,
Den geist wil ich dir geben,   60
Der dich in trübnis trösten sol
Und leren mich erkennen wol
Und in der warheit leiten.

Was ich gethan hab und gelert,
Das soltu thun und leren,   65
Damit das reich Gotts werd gemehrt
Zu lob und seinen ehren,
Und hüt dich für der menschen gsatz,
Davon verdirbt der edle schatz,
Das laß ich dir zu letze.   70
AMEN.

Der in Heidelberg befindliche Einblattdruck (Wilken 793, Bl. 82) enthält das Lied: Nun freut euch lieben Christen gemein, oben die Melodie wie in B Strophe 4, Zeile 7. Es ließ sein bestes kosten, und darunter: 1524. Martinus Luther. Es scheint ein Einzeldruck nach A, nicht ein älterer Druck zu sein.

33.
Ein ander melodei.

(Die erste Strophe in gleichem Texte wie 32 unter Noten.)

34.
Ein lied von der heiligen Christlichen Kirchen,
Aus dem xij. Cap. Apocalypsis.

D. Mart. Luther.

Sie ist mir lieb die werde Magt
Und kan ir nicht vergessen,
Lob ehr und zucht man von ir sagt,
Sie hat mein herz besessen,
Ich bin ir holt,   5
Und wenn ich solt
Groß unglück han,
Da ligt nicht an,
Sie wil mich des ergetzen
Mit irer liebe und treu an mir,   10
Die sie zu mir wil setzen
Und thun all mein begir.

Sie tregt von gold so rein ein kron,
Da leuchten inn zwelf sterne,
Ir kleid ist wie die sonne schon,   15
Das glenzet hell und ferne,
Und auf dem mon
Ir füße ston,
Sie ist die braut,
Dem HERRN vertraut,   20
Ir ist weh und muß geberen
Ein schönes kind, den eblen Son
Und aller welt ein HERren,
Dem sie ist unterthon.

---

34. Zuerst S. 1535.
34. 4 besessen, in Besitz genommen.

Das thut dem alten drachen zorn   25
Und wil das kind verschlingen,
Sein toben ist doch ganz verlorn,
Es kan im nicht gelingen,
Das kind ist doch
Gen himel hoch   30
Genomen hin
Und lesset in
Auf erden fast sehr wüten,
Die mutter muß gar sein allein,
Doch wil sie Gott behüten   35
Und der recht Vater sein.

Die offenbarung Johannis. Das zwelfft Capitel ... Vn̄ es erscheyn eyn groß zeychen ym hymel, Eyn weyb mit der sonnen bekleydet, vnd der mond vnder yhren fussen, vn̄ auff yhrem hewbt eyn kron von zwelff sternen, vnd sie war schwanger vnd schrey, vnnd war ynn kindsnoten vnd gequelet das sie gepure, Vnnd es erscheyn eyn ander zeychen ym hymel, vn̄ sihe, eyn grosser rotter drach, der hatte sieben hewbter vnd zehen horner, vnnd auff seynen hewbten sieben krone, vnd seyn schwantz zoch den dritten teyl der sternen, vn̄ warff sie auff die erden.

Vnd der drach trat fur das weyb, die geperen solt, auff das, wenn sie geporn hette, er yhr kind fresse, vn̄ sie gepar eynen son eyn menlin[1], der alle heyden sollt weyden mit der eysern ruthen, vnd yhr kind ward entruckt zu Gott vnd zu[2] seynem stuel, vnnd das weyb entflohe ynn die wusten, da sie hat eynen ort bereyt von Got, das sie da selbs erneeret wurd tausent zwehundert vnd sechtzig tage.

Vnd es erhub sich eyn krieg[3] ym hymel, Michael vnd seyne Engel strytten mit dem drachen, vnd der drach streyt vnd seyne Engel, vn̄ vermochten[4] nicht, ward auch yhr stet[5] nicht mehr funden yhm hymel, vn̄ der groß drach, die alte schlang, die da heyst der teuffel vn̄ Satanas, ward ausworffen[6], der die gantze

---

[1] Kneblin. B (d. i. das Newe Testament. D. Mart. Luth. Wittemberg. D. M. XXXVIII. Fol. Bl. 182ᵇ). — [2] zu fehlt B. — [3] streit B. — [4] siegeten B. — [5] Auch ward jre Stete B. — [6] ausgeworffen B.

wellt verfuret, vnnd ward worffen ¹ auff die erden, vnd seyne
Engel wurden auch worffen. ²

Vnd ich horet eyn grosse stym ³, die sprach ym hymel, Nu
ist das heyl vnd die krafft vnd das reych ⁴ vnsers Gottis
worden ⁵, vnd die macht seynes Christis, weyll der verworffen
ist, der sie verklaget tag vnd nacht fur Gott, vnd sie haben
yhn vberwunden durch des lambs blut vnd durch das wort
yhrer zeugnis, vnd haben yhre ⁶ leben nicht geliebt ⁷ bis an
den todt, Darumb frewet euch yhr hymel vn̄ die drynnen wonen,
weh denen die auff erden wonen vnd auff dem meer, denn der
teuffel kompt ⁸ zu euch hynab, vnd hat eynen grossen zorn,
vnnd weys, das er kleyne ⁹ zeyt hat. (Das Newe Testament
Deutzsch. Wittemberg. Am Schluß: Gedruckt zu Wittenberg durch
Mel=|chior Lotther yhm tausent funff=|hundert zwey vnnd|zwentzig=
sten|Jar. Fol., die s. g. Decemberausgabe. Bl. LXXXIIIᵃ des
zweiten Theiles.)

---

¹ u. ² geworffen B. — ³ stimme B. — ⁴ Reich vnd die Macht B. — ⁵ Gottes
seines Christus worden B. — ⁶ jr B. — ⁷ geliebet B. — ⁸ kömpt B. —
⁹ wenig B.

35.
Mitten wir im leben sind ꝛc.
D. Mart. Luther.

Mitten wir im leben sind
Mit dem tod umfangen,
Wen such wir, der hülfe thu,
Das wir gnad erlangen?
Das bistu HERR alleine   5
Uns reuet unser missethat,
Die dich, HERR, erzürnet hat,
Heiliger HERRE Gott,
Heiliger starker Gott,
Heiliger barmherziger Heiland,   10
Du ewiger Gott,
Laß uns nicht versinken
In des bittern todes not.
Kyrieleison.

Mitten in dem tod anficht   15
Uns der hellen rachen,
Wer wil uns aus solcher not
Frei und lebig machen?
Das thustu, HERR, alleine,
Es jamert dein barmherzigkeit   20
Unser sund und großes leid,
Heiliger HERRE Gott,
Heiliger starker Gott,
Heiliger barmherziger Heiland,

35. Zuerst D. 1524. — Cyr. Spangenberg 4, 43. — Vgl. zu Nr. 7.

Du ewiger Gott,   25
Laß uns nicht verzagen
Für der tiefen hellen glut.
    Kyrieleison.

Mitten in der hellen angst
Unser sund uns treiben,   30
Wo sollen wir denn fliehen hin,
Da wir mügen bleiben?
Zu dir HERR Christ alleine,
Vergoßen ist dein theures blut,
Das gnug für die sunde thut,   35
Heiliger HERRE Gott,
Heiliger starker Gott,
Heiliger barmherziger Heiland,
Du ewiger Gott,
Laß uns nicht entfallen   40
Von des rechten glaubens trost.
    Kyrieleison.

Antiphona de morte.

Media vita in morte sumus.
Quem quaerimus adiutorem,
Nisi te, domine?
Qui pro peccatis nostris
Iuste irasceris.
Sancte deus, sancte fortis,
Sancte et misericors salvator,
Amarae morti ne tradas nos.

Die Antiphone ist von Notker Balbulus, der 912 starb.

Im Baseler Plenarium 1514 Rückseite des Titelblattes steht
eine Uebersetzung der Antiphona Notker's:

    JN mittel vnsers lebens zeyt
    im tob seind wir vmbfangen,
    wen suchen wir der vnß hilffe geyt,
    von dem wir huld erlangen,

Dañ dich herr alleine,
der du vmb vnſer miſſetat
rechtlichen zürnen thuſt,
Heiliger herre gott,
Heiliger ſtarcker gott,
Heiliger vñ barmhertziger heiler
ewiger got,
laß vnß nit gewalt thun des bitterñ tods not.*

Auch dieſe Strophe nahm das Behe'ſche Geſangbüchlin 1537.
Bl. 59, nicht aus dem Plenarium, ſondern wörtlich von Luther auf
und ſtoppelte zwei Strophen daran, deren Reimſtellung zu der der
erſten nicht paßt. Die erſte dieſer beiden hinzugefügten Strophen
lautet bei Behe Bl. 59 ᵇ:

Mitten in dem byttern tobt,
ſchrecket ans dein vrtheyll,
Wer will vns auß ſolcher nobt,
helffen zu der ſelen heyl,
O Herr du biſts alleyne,
der auß großer güttickeyt
vns beyſtandt thut alle zeyt,
Heyliger Herre Gott,
Heyliger ſtarcker Gott,
Heyliger barmhertziger Heylland,
du ewiger Gott
Laß vns nit verzagen,
ſo vns die Sünd thut nagen,
Kyrieeleyſon.

— — —

Ich wil den HERRN loben und anrufen, ſo werde ich von
meinen feinden erlöſet. Pſalm ꝛviij.

— — —

* Die Ausgabe des Plenariums von 1516 fol. (beide in Göttingen Theol.
past. 324 ᵇ) ſtimmt mit dem obigen Texte bis auf das Wort heiler überein,
ſtatt deſſen ſie heylmacher gibt und ewiger ausläßt.

36.
Der lobsang: Te Deum landamus.

Durch D. Mart. Luther verdeutscht.

Der erste Chor.

HERR Gott dich loben wir,

Der ander Chor.

HERR Gott wir danken dir,
Dich Vater in ewigkeit   5
  Ehrt die welt weit und breit.
All Engel und himels heer,
  Und was dienet deiner ehr.
Auch Cherubin und Seraphin,
  Singen imer mit hoher stim   10
Heilig ist unser Gott
  Heilig ist unser Gott

Beide Chor zusamen.

Heilig ist unser got
Der Herre Zebaoth.   15

Der erste Chor.

Dein Göttlich macht und herrligkeit

Der ander Chor.

Geht über himel und erden weit.
Der heiligen zwelfpoten zal   20

---

36. Zuerst in Nr. 1531. (Die eingerückten Verse gehören dem zweiten Chor.)

7*

Und die lieben Propheten all,
Die theuren mertrer all zumal
    Loben dich Herr mit großem schal.
Die ganze werde Christenheit
    Rhümt dich auf erden alle zeit.   25
Dich Gott Vater im höchsten thron,
    Deinen rechten und einigen Son,
Den heiligen Geist und tröster werd
    Mit rechtem dienst sie lobt und ehrt.
Du könig der ehren Jhesu Christ   30
    Gott Vaters ewiger Son du bist,
Der Jungfrau leib nicht hast verschmecht,
    Zurlösen das menschlich geschlecht.
Du hast dem tod zerstört sein macht
    Und all Christen zum himel bracht,   35
Du sitzt zur rechten Gottes gleich
    Mit aller ehr ins Vaters reich.
Ein richter du zukünftig bist
    Alles, das tod und lebend ist
Nu hilf uns Herr den dienern dein,   40
    Die mit deim teurn blut erlöset sein
Laß uns im himel haben teil
    Mit den Heiligen in ewigem heil,
Hilf deinem volk, Herr Jhesu Christ
    Und segen das dein erbteil ist   45
Wart und pfleg ir zu aller zeit
    Und heb sie hoch in ewigkeit,
Teglich Herr Gott wir loben dich
    Und ehren dein namen stetiglich
Behüt uns heut; o treuer Gott,   50
    Für aller sund und missethat,
Sei uns gnedig, O Herre Gott,
    Sei uns gnedig in aller not.
Zeig uns deine barmherzigkeit,
    Wie unser hofnung zu dir steht.   55
Auf dich hoffen wir lieber Herr,
    In schanden laß uns nimermehr.
            AMEN.

──────────

Symbolum Ambrosij vnd Augustini.

Das Dritt Symbolum sol S. Augustini vnd Ambrosij, vnd
nach S. Augustini Tauffe gesungen sey[n], Das sey also oder
nicht, so ists on schaden, ob mans gleube oder nicht. Es ist
gleich wol ein fein Symbolum oder bekentnis (wer auch der
Meister ist) in sanges weise gemacht, nicht allein den rechten
Glauben zu bekennen, sondern auch derinn Gott zu loben vnd
dancken, vnd lautet also.

GOtt dich loben wir, HErr dich preisen wir.
Dich ewigen Vater, ehret die gantze welt.
Alle Engel, Himel vnd alle gewaltigen.
Cherubim vnd Seraphim singen dir laut on vnterlas.
Heilig, Heilig, Heilig ist Gott der HERR Zebaoth.
Himel vnd Erden ist vol deiner herrlichen maiestet.
Dich lobt die herrliche samlung der Apostel.
Vnd der löbliche hauffe der Propheten.
Auch der reinen Marterer schar.
Dich preiset die heilige Kirche in aller welt.
Dich Vater der du bist vnmeßlicher maiestet.
Ehret auch deinen rechten einigen Son.
Vnd den Tröster den Heiligen Geist.
DV bist, O Christe, König der Ehren.
Du bist der ewige Son des Vaters.
Du hast nicht geschewet der jungfrawen leib Das du Mensch
würdest vnd vns erlösest.
Du hast des Todes stachel vberwunden, Vnd den Gleubigen
das Himelreich auffgethan.
Du sitzest zur rechten Gottes, In der herrligkeit des Vaters.
Vnd wirst komen ein Richter, wie der Glaube hoffet.
So bitten wir dich, kom zu hülff deinen dienern, die du
mit deinem theuren blut erlöset hast.
Hilff das wir sampt deinen heiligen, Mit der ewigen
herrligkeit begabt werden.
Hilff deinem Volck HERR, vnd segene dein Erbe.
Leite sie vnd erhebe sie ewiglich, Wir loben dich teglich.
Wir preisen deinen Namen jmer vnd ewiglich.
Du wollest vns HERR, diesen tag für Sünden gnediglich
behüten.
Erbarm dich vnser, HERR, vnser erbarme dich.
Las deine güte vber vns walten, wie wir auff dich hoffen.

Wir hoffen auff dich HERR, Laß vns nimer mehr zu
schanden werden,   AMEN.

Die Heubtar= | tikel des Christlichen | Glaubens, Wider: | den Babst, vnd
der Hel= | len Pforten zu erhalten. . ‖ D. Mart. Luth. | Wittemberg. | 1545 . 8.
Bl. O a —Dij b (Göttingen. Autogr. Luth., S. 108.)

Te Deum laudamus, durch D. Martin Luther verteutscht.
HERR Gott dich loben wir. Ein ander geistlich Lied, von dem
leyden vnsers Herrn, O Jesu Christ, dein nam der ist. Am
Schlusse: Gedruckt zu Nürnberg durch Kunegund Hergotin. o. J.
4 Bl. 8. (Berlin.)

Das erste Lied ist Luther's: Herr Gott, dich loben wir. Nr. 36. Das
andere Lied ist von unbekanntem Verfasser.

Ein Gebet
aufs Te Deum laudamus.

Danket dem HERRN, denn er ist freundlich
Und seine güte weret ewiglich.

HERR Gott, himlischer Vater, von dem wir on unterlaß
allerlei guts gar überflüssig empfahen und teglich für allem
übel ganz gnediglich behütet werden, Wir bitten dich, gib uns
durch deinen Geist sölches alles mit ganzem herzen in rechtem
glauben zu erkennen, auf das wir deiner milden güte und
barmherzigkeit hie und bort ewiglich danken und loben, durch
Jhesum Christ, deinen Son, unsern HErrn. Amen.

Ein ander Gebet.

HERR ich wil dich teglich loben
Und deinen namen rhümen imer und ewiglich.

Almechtiger Gott, der du bist ein beschützer aller, die auf
dich hoffen, on welches gnad niemand ichts [1] vermag, noch etwas
für dir gilt, Lasse deine barmherzigkeit uns reichlich widerfaren,
auf das wir durch dein heiliges eingeben denken, was recht ist,
und durch deine wirkung auch dasselbige volbringen, Um Jhesus
Christus, deines Sons, unsers HErren willen. Amen.

----

[1] ichts, etwas.

37.
Die deutsche Litanei.

Der erste Chor.

Kyrie, Christe, Kyrie, Christe.

Der ander Chor.

Eleison, Eleison, Eleison, Erhöre uns.
Herr Gott Vater im himel,
Herr Gott Son der welt heiland,
Herr Gott heiliger Geist
    Erbarm dich über uns.
Sei uns gnedig
    Verschon uns lieber Herre Gott.
Sei uns gnedig
    Hilf uns lieber Herre Gott.
Für allen sunden,
Für allem irsal,
Für allem übel,
    Behüt uns lieber Herre Gott.
Für des Teufels trug und list
Für bösem schnellen tod
Für pestilenz und theuer zeit
Für krieg und blut
Für aufrhur und zwitracht
    Behüt unser lieber Herre Gott.
Für hagel und ungewitter
Für dem ewigen tod

---

37. Zuerst N. 1531. (Die eingerückten Zeilen gehören dem zweiten Chor.)

Behüt uns lieber Herre Gott.
Durch dein heilig geburt,
Durch deinen todkampf und blutigen schweiß
Durch dein creuz und tod,
Hilf uns lieber Herre Gott
Durch dein heiliges auferstehn und himelfart,
In unser letzten not,
Am Jüngsten gericht
Hilf uns lieber Herre Gott.
Wir armen sunder bitten,
Du wolst uns erhören lieber Herre Gott
Und deine heilige Christliche Kirchen regieren und füren.
Erhör uns lieber Herre Gott
Alle Bischove, Pfarher und Kirchendiener im heilsamen wort
und heiligen leben behalten.
Allen rotten und ergernissen wehren.
Alle irrige und verfürte wider bringen.
Den Satan unter unser füße treten,
Treue erbeiter in deine ernte senden,
Dein geist und kraft zum wort geben,
Allen betrübten und blöden helfen und tröften,
Allen königen und fürsten fried und eintracht geben,
Unserm kaiser steten sieg wider seine feinde gönnen.
Unsern landherren mit allen seinen gewaltigen leiten und schützen.
Unsern Rat und gemeine segenen und behüten.
Allen, so in not und fahr sind, mit hülf erscheinen.
Erhör uns lieber Herre Gott.
Allen schwangern und seugern fröliche frucht und gedeien geben.
Aller kinder und kranken pflegen und warten.
Alle gefangene los und lebig laffen.
Alle widwen und waisen verteidigen und versorgen,
Aller menschen dich erbarmen,
Unsern feinden, verfolgern und lesterern vergeben und sie bekeren.
Die früchte auf dem lande geben und bewaren,
Und uns gnediglich erhören.
Erhör uns lieber Herre Gott.
O Jhesu Christ, Gottes Son
Erhör uns lieber Herre Gott.
O du Gottes Lam, das der welt sunde tregt
Erbarm dich über uns
O du Gottes Lam, das der welt sunde tregt

Erbarm dich über uns
O du Gottes Lam, das der welt sunde tregt
Verleih uns steten fried
Christe, Kyrie, Christe,
Erhöre uns. Eleison. Eleison.

Beide Chöre zusamen.

Kyrie, Eleison. AMEN.

(Ohne Namen.)

––––––––

Teütsche Letaney, vmb alles anligen der Cristenlichen gemayn.
Am Schlusse: Jobst Gutknecht. 8 Bl. 8. (Wackernagel, Kirchenlied 1, 391 fg., Nr. 38.)

––––––––

Ruf mich an in der not, so wil ich dich erretten, so soltu
mich preisen. Psalm l.

Ein Gebet
auf die Litanei.

Herr handel nicht mit uns nach unser sunden
Und vergelte uns nicht nach unser missethat.

Ober

Wir haben gesundiget mit unsern Vetern.
Wir haben misgehandelt und sind Gottlos gewesen.

HERR Gott, himlischer Vater, der du nicht lust hast an
der armen sunder tod, lessest sie auch nicht gern verderben,
sondern wilt, das sie bekeret werden und leben, Wir bitten dich
herzlich, du woltest die wol verdiente strafe unser sunde gnediglich abwenden und uns hinfurt zu bessern beine barmherzigkeit
mildiglich verleihen, Um Jhesus Christus unsers HERRN willen.
Amen.

Ein ander gebet.

HERR gehe nicht ins gericht mit deinem knecht,
Denn für dir wird kein lebendiger rechtfertig sein.

Ein ander Gebet.

Hilf uns Gott unsers heils um deines namens willen.
Errette uns und vergib uns unser sunden um deines na=
mens willen.

Almechtiger ewiger Gott, der du durch deinen heiligen Geist
die ganze Christenheit heiligest und regierest, Erhör unser bitte
und gib gnediglich, das sie[1] mit allen iren gliedern in reinem
glauben durch deine gnade dir diene, Durch Jhesum Christum,
deinen Son, unsern HErren. Amen.

---

[1] sie, die Christenheit.

38.
Latina Litania correcta.
Text unter Noten und vier lateinische Gebete.

39.

Ein lied von den zween Merterern Christi, zu Brüssel von den Sophisten zu Löwen verbrant. Geschehen im jar D. M. xxij.

D. Mart. Luther.

Ein neues lied wir heben an,
Das walt Gott unser HERRE;
Zu singen, was Gott hat gethan
Zu seinem lob und ehre:
Zu Brüssel in dem Niderland   5
Wol durch zween junge knaben
Hat er sein wunder macht bekant,
Die er mit seinen gaben
So reichlich hat gezieret.

Der erst recht wol Johannes heißt,   10
So reich an Gottes hulden,
Sein bruder Heinrich, nach dem geist
Ein rechter Christ on schulden,
Von dieser welt gescheiden sind,
Sie han die kron erworben,   15
Recht wie die fromen Gottes kind.
Für sein wort sind gestorben,
Sein mertrer sind sie worden.

Der alte feind sie fangen ließ,
Erschreckt sie lang mit dreuen,   20

Das wort Gotts man sie leuken hieß,
Mit list auch wolt sie teuben.
Von Löwen der Sophisten viel,
Mit irer kunst verloren,
Versamlet er zu diesem spiel.   25
Der geist sie macht zu thoren,
Sie kunden nichts gewinnen.

Sie sungen süß, sie sungen saur,
Versuchten manche listen,
Die knaben stunden wie ein maur,   30
Verachten die Sophisten.
Den alten feind das sehr verdroß,
Das er war überwunden
Von solchen jungen, er so groß!
Er ward vol zorn von stunden,   35
Gedacht sie zu verbrennen.

Sie raubten in das klosterkleid,
Die weih sie in auch namen;
Die knaben waren das bereit,
Sie sprachen frölich Amen;   40
Sie dankten irem Vater Gott,
Das sie los solten werden
Des Teufels larven spiel und spot,
Darin durch falsche berden
Die welt er gar betreuget.   45

Da schickt Gott durch sein gnab also,
Das sie recht Priester worden,
Sich selbs im musten opfern da
Und gehn im Christen orden,
Der welt ganz abgestorben sein,   50
Die heuchelei ablegen,
Zum himel komen frei und rein,
Die Müncherei ausfegen
Und menschen tand hie lassen.

---

39. 21 leuken, verleugnen. — 22 teuben, taub, toll machen. — 35
von stunden, von Stund an, alsbald. — 44 berden, Gestalt, äußeres Ansehen.

Man schreib in für ein brieflein klein,   55
Das hieß man sie selbs lesen,
Die stück sie zeichten all darein,
Was ir glaub war gewesen;
Der höchste irtum dieser war:
Man muß allein Gott gleuben   60
Der mensch leugt und treugt imerdar
Dem sol man nichts vertrauen.
Des musten sie verbrennen.

Zwei große feur sie zündten an,
Die knaben sie her brachten,   65
Es nam groß wunder jederman,
Das sie solch pein verachten;
Mit freuden sie sich gaben drein,
Mit Gottes lob und singen;
Der mut ward den Sophisten klein   70
Für diesen neuen dingen,
Das sich Gott ließ so merken.

Der schimpf sie nu gereuet hat,
Sie woltens gern schön machen,
Sie thürn nicht rhümen sich der that,   75
Sie bergen fast die sachen;
Die schand im herzen beißet sie
Und klagens irn genossen,
Doch kan der geist nicht schweigen hie:
Des Habels blut vergossen,   80
Es muß den Kain melden.

Die aschen wil nicht lassen ab,
Sie steubt in allen landen,
Hie hilft kein bach, loch, grub noch grab,
Sie macht den feind zu schanden;   85
Die er im leben durch den mord
Zu schweigen hat gedrungen,
Die muß er tot an allem ort
Mit aller stim und zungen
Gar frölich lassen singen.   90

---

39. 63 des, deshalb. — 73 schimpf, Scherz, Spiel; sprichwörtlich.
75 thürn, wagen. — 76 fast, sehr.

Noch laſſen ſie ir lügen nicht;
Den großen mord zu ſchmücken,
Sie geben für ein falſch geticht,
Jr gwiſſen thut ſie drücken,
Die heiligen Gotts auch nach dem tod   95
Von in geleſtert werden,
Sie ſagen, in der letzten not
Die knaben noch auf erden
Sich ſolln haben umkeret.

Die laß man liegen imer hin,   100
Sie habens keinen fromen.
Wir ſollen danken Gott darin,
Sein wort iſt wider komen;
Der Somer iſt hart für der thür,
Der winter iſt vergangen,   105
Die zarten blümlein gehn erfür,
Der das hat angefangen,
Der wird es wol volenden.
        AMEN.

Verbrennung
der drei Auguſtiner zu Brüſſel.
1. Juli 1523.

Es ſeind von den münchen Auguſtiner ordens, ſo zu Antorf
vertrieben ſein, drei der ſelbigen in vil orten gefangen geweſt, um
chriſtlicher warheit willen, inen etliche artikel fürgeworfen, die zu
widerrufen, aber in keiner das ze thun bewilligt. Nun haben andere
münche und geiſtliche ſo vil durchs gelt mit den Regenten gehandelt, auch geben dem Bapſt, das ein mandat von Rom komen
iſt, darin der Bapſt alle die, ſo auf dieſer meinung ſeien, ver-
urteilt hat, die ſelben zu verprennen. Auf ſölichs haben die am
Hof zu Bruſſel die münch für recht laſſen bringen und inen für-
gehalten etlich artikel, die ſie widerrufen ſöllen, unter dieſen zwar
am meiſten berürt, das der Bapſt nicht macht hab, einem ſeine ſünd
zu vergeben, zu pinden oder entpinden, ſonder allein Gott. Dann

---

39. 93 getich t, Erdichtung. — 100 liegen, lügen. — 104 hart, nahe.
Nicht vom Sommer des damaligen Jahres, ſondern allgemein zu verſtehen. —
107 Der, Gott.

der Bapst sei als·wol ein sündlich mensch als andere menschen und
hab nit mer macht als ein ander priester. Und sunst die ander
evangelisch artikel haben sie alle söllen widerrufen. Do seind sie
gestanden und haben gesagt, Nein, sie wöllen Gottes wort nit ver=
laugnen, sonder sie wöllen vil lieber um christliches glaubens willen
sterben. Da hat man inen gesagt, sie müssen verprennen. Des
seind sie ganz willig gewest und gesagt, sie sein fro, das inen Got
die Gnad geben hab, das sie um christliches glaubens willen ster=
ben söllen. Da ist einer under den dreien geweft, hat iiij. tag frist
gebeten, sich zu bedenken zu widerrufen oder nit. Den hat man
wider in die gefengnus gefürt.

Die zwen haben sie genomen und inen alle kleider, als sölten
sie meß gehalten haben, angelegt und allda einen altar aufgericht,
dabei seind bischof und· ander geistlich prälaten geweft, haben da
den zweien münchen die weihe abgenomen und inen andere kleider,
dem jüngsten einen gelben, dem andern einen schwarzen rock ange=
than und darnach dem gericht zu Brüssel überantwort, darnach die=
selben frauen Margareten ¹ räten überantwort, die habens ² genomen
und dem henker an stricken geben. Da seind vier beichtveter mit
inen gangen, das seind geweft der ketzermeister ³ von Cöln, prediger
ordens, und ein frauenbrüder mönch von Bruffel, und sunst ander
zwen münch, diese vier seind neben inen gangen, inen vil zugeredt,
sie söllens widerrufen. Sagten sie vnd lobten Gott, das er inen
die gnad geben hat, um seines worts willen zu sterben. Als sie
nun zum fenr komen sein, haben die vier beichtveter geweinet,
da haben diese zwen gesagt, sie dürfen nit um sie weinen, sonder
über ire sünd. Sagten weiter, Weinet über das groß unrecht, so
ir die götliche gerechtigkeit also vervolgt. Und sind damit ganz
frölich mit lachendem mund ins feur gangen. Da man inen die
röck hat ausgezogen, hat einer den andern faft wol getröft,· und
seind mit einander ins feur gangen. Da haben die beichtveter sie
noch eins gefragt, ob sie noch nit in den christlichen glauben wölten.
Sagten sie, Wir glauben in Gott, auch in ein christliche kirch, aber
euer kirch glauben wir nit. Und seind also wol ein halbe ftund
im holz gestanden, bis man das hat angezündt. Die weil haben
sie stetigs gesagt, sie wöllen in dem namen Christi sterben. Da
haben die vier beichtveter inen zugeschrieen, sie sölten sich bekeren,
aber ⁴ sie faren zum teufel und sie werden in des teufels namen
sterben. Da sagten die zwen, sie wölten um der evangelischen war=
heit willen sterben als frome Christen. Darnach hat man das feur
angezündt, haben sie anders nit geschrieen, Domine, Domine, o ein

---

¹ Margareten, Statthalterin der Niederlande. — ² habens, haben sie.
— ³ ketzermeister, Hoogstraten. — ⁴ aber, im andern Fall.

sun David, erbarm dich unser. Unb die strick um ire leib sein e
verbrant, e sie erstickt sein. Do ist der ein aller erst im feuer auf
die knie gefallen, die henb zusamen gelegt und geschrieen, Herre
Jesu, ein sun David, erbarme dich unser. Darnach sein sie beide
verschiden und gar zu pulver verprant. Dieser Actus hat bei vier
stunden gewert.

Darnach auf ben dritten tag hat man ben dritten münch, der
im ein bebacht genomen hat, auch verprent und mit ihm gehan=
belt wie mit den andern. Der ist fast ein gelert man gewest, hat
er bei dem holzhaufen eine lange prebig gethan. Unb ba sie bas
feuer angezünbt haben, hat er noch geprebigt, bis bas feuer unb
flamen über in ausgeschlagen hat, unb ist also seiglichen in Gott
verschiden.

Der Actus vnnd hendlung | der Degrabation vnd verpren= | nung b' Christ=
lichen breyen | Ritter vnb Merterer, | Augustiner orbis | geschehen zu | Brus=
sel. | Anno M. D. XIij. | Prima Julij. 4 Bl. 4. — Auf der britten Seite die
Ueberschrift: Wie die Christliche brey Ritter vn Mär= | terer. Augustiner ordens,
haben vmb | der Euägelischen warhayt willen | jämerlichen (boch frölich vnb |
willig) mit großen Dancksagungen, Gott jren gahst auffge= | ben. rc. — Der
Actus vnnb | Hendlung der De= | grabation vnb verprennung ber | Christlichen
breyen Ritter vnb | Merterer. Augustiner orbus, ge= | schehen zu Brüssel || Anno
M. D. XXiij. | Prima Julij. 2 Bl. 4 (Göttingen, Autogr. Luth., S. 43).

Wenn mir angst ist, so rufe ich den HERRN an unb
schreie zu meinem Gott, so erhöret er mich. Psalm xviij.

Nu folgen anbere, ber unsern lieber, Unb erstlich,

40. Der CXXIIII. Psalm. D. Justus Jonas. Wo Gott
ber Herr nicht bei uns helt.

41. Ein anber melobei.

42. Der LI. Psalm, Miserere mei Deus. Erharbus Hegen=
walt. Erbarm bich mein o Herre Gott.

43. Ein geistlich lieb, Vom fall unb erlösung bes mensch=
lichen geschlechts. Lazarus Spengeler. Durch Abams fahl ist
ganz verberbt.

44. Ein geistlich lieb, Pauli Sperati, Wie wir für Gott ge=
recht werben. Es ist bas heil uns komen her.

45. Der Christliche glaube, in gesangsweis gebracht, burch
Paulum Speratum. In Got gleub ich.

46. Ein anber geiftlich lieb Pauli Sperati. Hilf Gott, wie
ift der menfchen art.
47. Ein geiftlich lieb von Chrifto. Herr Chrift der einig
Gottes fon [ohne Namen.]
48. Ein ausbermaffen fchön Chriftlich und künftlich Lieb,
Darin ein gefprech ift bes funders mit Chrifto, und wie enb=
lich der funder von Chrifto gnab erlangt. Aufs erfte fehet ber
Sünder an und klaget fein not, Chriftus antwortet barauf ꝛc. O
Gott Bater du haft gewalt [ohne Namen; von Hans Sachs.]
49. Ach hilf mich leib. Geiftlich. Abam von Fulba.
50. Ein anber geiftlich Lieb. O Herre Gott, dein göttlich
wort [ohne Namen; Berf. unbekannt.]
51. Der CCXVIII. Pfalm. Nisi Dominus aedificaverit
domum. Wo Gott zum haus nicht gibt fein gunft [ohne
Namen; Berf. Joh. Kolros].

Nu folgen etliche geiftliche Lieber von fromen Chriften ge=
macht, fo vor unfer zeit gewefen find.

Diefe alten Lieber, die hernach folgen, haben wir auch mit
aufgerafft, zum zeugnis etlicher fromen Chriften, fo vor uns
geweft find in dem großen finfternis ber falfchen lehre, auf das
man ja fehen müge, wie dennoch allezeit leute gewefen find,
die Chriftum recht erkant haben, doch gar wünderlich in dem
felbigen erkentnis durch Gottes gnabe erhalten.

Da die zeit erfüllet warb, fandte Gott feinen Son, geborn
von eim weib, und unter das Gefetz gethan. Galat. iiij.

-----

52. Dies est leticiae [in ortu 4 Str.]
53. Der tag der ift fo freubenreich.
54. Resonet in laudibus [4 Str., nicht 5, wie Wacker=
nagel Kirchenlied 1, 213 Nr. 352 irrig angibt; die bei ihm
3. Strophe fehlt hier.]
55. Nunc angelorum gloria [4 Str.]

56. In dulci iubilo, Nu finget unb feib fro [4 Str.].

57. Ein alt geiftlich lieb, von ber geburt unfers HErrn unb heilanbs Jhefu Chrifti. Puer natus in Bethlehem [10 lat., 8 beutfche Str.].

58. Der Hymnus, Chrifte qui lux 2c. Chrifte, ber bu bift tag unb liecht (7 Str.).

Nu aber ift Chriftus auferftanben, Unb ber erftling worben unter benen, bie ba fchlafen. j. Cor. xv.

59.
Der Lobgefang, Chrift ift erftanben.

Chrift ift erftanben
Von ber marter alle,
Des föllen wir alle fro fein,
Chrift wil vnfer troft fein,
Kyrioleis. 5

Wer er nicht erftanben,
So wer bie welt vergangen,
Sint bas er erftanben ift,
So lobn wir ben Vater Jhefu Chrift,
Kyrioleis. 10

Haleluia, Haleluia, Haleluia,

Des follen wir alle fro fein,
Chrift wil vnfer troft fein,
Kyrioleis.

----

59. Alter Gefang, urfprünglich wol nur bie erfte Strophe allein. Auch in Vehe's Gefangbüchlin 1537, Bl. 31 fg., wo V. 3 ftatt wil fteht foll, V. 6 nit ftatt nicht, 7: bie welt bie wer zergangen. 9: ben Herren Jefum Chr. 13: foll ftatt wil. Es folgen bann noch brei Strophen. — 8 Sint, ba, weil.

60. **Kyrie Paschale, deutsch.** Kyrie, Gott aller welt schöpfer und Vater, Eleyson. [von Johann Spangenberg.]

61. **Gloria in excelsis des 2c.** All ehr und lob sol Gottes sein, Er ist und heißt der höchst allein (5 Str.).

Du bist in die höhe gefaren und hast das gefengnis gefangen, Du hast gaben empfangen für die menschen 2c. Psalm lxviij.

---

62. **Ein Lied von der himelfart Christi.** Christ fuhr gen himel, Da sand er uns ernieder den tröster, den heiligen Geist, Zu trost der armen Christenheit. Kyrioleis.

63.

Hymnus: O lux beata.

Verdeutscht durch D. Mart. Luther.

Der du bist drei in einigkeit,
Ein warer Gott von ewigkeit,
Die sonn mit dem tag von uns weicht,
Laß leuchten uns dein Göttlich liecht.

Des morgens, Gott, dich loben wir,   5
Des abends auch beten für dir,
Unser armes lied rhümet dich
Itzund, imer und ewiglich.

Gott Vater, dem sei ewig ehr,
Gott Son, der ist der einig HERR,   10
Und dem tröster heiligen Geist
Von nu an bis in ewigkeit.
                AMEN.

Sabbato.

O lux beata, trinitas
Et principalis unitas,
Jam sol recedit igneus,
Infunde lumen cordibus.

---

63. Zuerst in X. 1543. — Vgl. zu Nr. 30.

Te mane laudum carmine,
Te deprecemus vespere,
Te supplex nostra gloria
Per cuncta laudet saecula.

Deo patri sit gloria
Ejusque soli filio
Cum spiritu paraclito
Et nunc et in perpetuum.

(Jac. Wimpheling) **Hymni de tempore et de sanctis.** 1513. 4⁰. Fol. 11 ᵇ.

Wir haben auch zu gutem Exempel in das büchlein ge=
ſetzet die heiligen Lieder aus der heiligen ſchrift, ſo die lieben
Patriarchen und Propheten vor zeiten gemacht und geſungen
haben, auf das wir nicht als neue meiſter allein angeſehen
werden in dieſem werk, ſondern für uns aller Heiligen Exempel
anzeigen können. Darum ein iglicher Chriſt wol ſehen wird,
wie die ſelbigen (gleich wie wir thun) auch allein Gottes gnade
und nicht menſchen werk preiſen. Welche man doch nicht ſo
thar verdammen, als uns, ob man ſie gleichwol verachtet,
als uns.

Allermeiſt aber darum, das wir ſolche Lieder oder Pſalmen
gerne wolten mit ernſt und andacht, mit herz und verſtand ge=
ſungen haben, nicht wie man ſie in den Stiften und klöſtern
mit großem miſſebrauch und Abgötterei noch heutiges tages
blöket und heulet, da man nichts daraus verſtehet, noch zuver=
ſtehen willen oder vleiß hat, ſchweige denn mit andacht und
mit furcht ſingen ſolt. Darum auch Gott mehr damit erzürnet,
denn verſünet wird.

---

64. Moſes vnd die kinder Jſrael haben dis nachfolgende liede
dem HERRN geſungen, da er inen half von der Egypter hand.
Wie im andern buch Moſi geſchrieben ſtehet, Am xv. Capitel.

Durch den glauben giengen ſie durchs rot meer, als durch
trocken land, welches die Egypter auch verſuchten und erſoffen.
Ebre. xj.

---

65. Moſes hat geredt alle wort dieſes nachfolgenden liedes für den oren der ganzen gemeine Iſrael, wie geſchrieben ſtehet im fünften buch Moſe, am xxxij Capitel [1—43].

66. Debora und Barak ſungen dem HERRN dis liede wie folget, da er inen Siſſera, den feldheubtman, Jabin, den Cananiter könig, in ire hende gab mit ſeinen wagen und großem heer, wie im buch der Richter am fünften Capitel geſchrieben ſtehet [1—31].

67. Hanna, Elkana weib, die unfruchbare, hat gebetet zum Herrn wie folget, da er ſie erhörete und gab ir Samuel, iren ſon, welchen ſie dem HErrn bracht, nach dem ſie in entwenet hatte. Wie im erſten buch Samuelis am andern Capitel ge-ſchrieben ſtehet [1—10].

68. Folget ein Lobgeſang des Propheten Jeſaia, darinnen er anzeiget, welches die predigt und der Gottes dienſt ſein wird des volts im neuen Teſtament, nemlich Gott danken, loben, ſeinen namen predigen und bekennen [Cap. 12, 1—6].

69. Folget ein ander Lobgeſang des Propheten Jeſaia am xxvj. Capitel [1—21] von Chriſto und ſeiner Chriſtenheit, was ſie für ein volt ſei, nemlich ein gerecht und friedſam volk, das ſich auf ſeinen König verleſſet und luſt hat an ſeinem wort, dem er auch beiſtehet und aus allerlei anfechtung, geiſtlich und leiblich, errettet.

70. Dis iſt die ſchrift Hiskia, des Königes Juda, da er krank geweſen und von der krankheit geſund worden war. Jeſaia am xxxviij Capitel [10—20].

71. Ein ander Liede, darinne der Prophet Jeſaia in der per-ſon der ganzen Chriſtenheit Gott lobet und danket für ſein teures wort, das den glauben und unausſprechliche güter mit ſich bringet und großen nuz ſchaffet. Jeſaie am lxj Capitel [10—11].

72. Ein ander Lied, darinne der Prophet die gleubigen, ſeinem exempel nach, unterweiſet, wie ſie ſich in anfechtungen und trübſalen halten ſollen, nemlich das ſie gedenken an die ver-gangen wolthaten, welche Gott von anbegin, beide, durch wort und werk den gleubigen erzeiget hat, ſie zu tröſten und zu er-löſen. Daneben, wie man on unterlaß mit gebet zu Gott an-

halten solle, das er solches fort an thun wolte 2c.   Jesaia am
lriiij. Capitel [1—19 und 1—12].

73. Und Jona betet zu dem HERRN, seinem Gott, im leibe
des fisches und sprach, wie geschrieben stehet Jone am andern
Capitel [1—10].

74. Dis ist das Gebet des Propheten Habacuc für die un=
schuldigen, Wie geschrieben stehet Habacuc am vierden Capitel
[2—19].

75.
Der Lobgesang Marie der werden Mutter Gottes, Nemlich das Magnificat. Luc. am j.

Aufs erste singet sie mit frölichem herzen von der gnade und wolthat, die ir der barmherzig Gott an irer eigen person erzeiget hat, lobet und danket im dafür.

Zum andern singet sie von der wolthat und dem großen wunderwerk, das Gott on unterlaß übet durch und durch allen menschen in der ganzen welt, nemlich, das er barmherzigkeit erzeiget den furchtsamen und elenden, die niebrigen erhebet und die armen reich macht.

Widerum, das er der stolzen und vermessenen weisheit zu nichte machet, stürzet vom stuel die großen Hansen, die sich auf ir gewalt und macht verlassen, und machet die reichen zu betlern.

Zum britten singet sie von dem sonderlichen und allerhöch= sten werk, nemlich, das Gott Israel heimgesucht und erlöset hat durch seinen einigen Son, Jhesum Christum.

Und es begab sich, als Elisabeth den gruß Maria hörete, hupfet das kind in irem leibe, und Elisabeth ward des heiligen Geists vol. Luce j.

[Luc. 1, 46—55.]

----

76. Der Lobgesang Zacharie, Johannis des teufers Vater, daraus lerne, seinem exempel nach, Gott dankbar sein für sein heiliges werdes Euangelion, das ein wort der gnaden und des lebens ist. Lu. 1 [67 bis 79 mit angehängtem] Lob und preis sei Gott dem Vater und dem Son und dem heiligen Geist. Wie es war von anfang, itzt und imerdar, und von ewigkeit zu ewigkeit. Amen.

77.

Folget Simeonis des lieben heiligen Erzvaters Lobgesang. Luce am andern Capitel (29—32).

HERR, nu lessestu beinen biener im friede faren, Wie bu gesaget hast.

Denn meine augen, Haben beinen Heiland gesehen.

Welchen bu bereitet hast, Für allen völkern.

Ein liecht zu erleuchten bie heiben, Und zum preis beines volks Israel.

78. Der Engel Lobgesang Luce am andern Capitel [14].

Preis sei Gott in der höhe, und frieb auf erden, und den menschen ein wolgefallen.

Laßt uns dem HERRN singen, denn er hat ein herrliche that gethan, man und roß hat er ins meer gestürzet. Exob. xv.

79. Der CXIIII. Psalm, In exitu Israel de Egypto. [Pf. 114 und 115 ganz.]

80.

Ein fein Christlich Lied
zu singen, zum begrebnis der verstorbenen,
durch D. Mart. Luth.

Nu last uns den leib begraben,
Daran gar kein zweivel haben,
Er werd am Jüngsten tag aufstehn
Und unverweslich herfür gehn.

Erd ist er, und von der erben,   5
Wird auch zu erd wider werden
Und von der erd wider aufstehn,
Wenn Gottes Posaun wird angehn.

Sein seel lebet ewig in Gott,
Der sie alhie aus lauter gnab   10
Von aller sund und missethat
Durch seinen Son erlöset hat.

Sein jamer, trübsal und elend
Ist komen zu eim selgen end,
Er hat getragen Christus joch,   15
Ist gestorben und lebet doch noch.

---

80. Zuerst in W. 1540. Bl. 189 mit Luther's Namen, dem in diesem GBuche freilich auch Bl. 87ᵃ Spengler's Lied: „Vergebens ist all müh vnd kost", beigelegt ist, was W. Thilo („Luther oder Spengler? d. i. Wer ist Verfasser des Liedes: »Vergebens« rc.». Ein Sendschreiben an einen Freund. Als Handschrift gedruckt." Berlin 1860; 8.) als richtig zu erweisen suchte. Vergebens ist all Müh und kost! — Vgl. zu Nr. 7.

Die seel lebet on alle klag,
Der leib schleft bis an Jüngsten tag,
An welchem Gott in verkleren
Und ewiger freud wird geweren.   20

Hie ist er in angst gewesen,
Dort aber wird er genesen,
In ewiger freud und wonne
Leuchten wie die helle Sonne.

Nu lassen wir in hie schlafen   25
Und gehn all heim unser straßen,
Schicken uns auch mit allem vleiß,
Denn der tod kömt uns gleicher weis.

Das helf uns Christus unser trost,
Der uns durch sein blut hat erlost   30
Vons Teufels gwalt und ewiger pein,
Im sei lob preis und ehr allein.
          AMEN.

————————

Beim grabe.

Nu last uns den leib begraben,
Bei dem wir keine zweifel haben,
Er werd am letzten tag aufstehn
Und unverrücklich erfür gehn.

Erd ist er und von der erden,
Wird auch zu erd wider werden
Und von erden wider aufstehn,
Wenn gottes posaun wird angehn.

Seine seel lebt ewig in got,
Der sie alhie aus seiner gnad
Von aller sünd und missetat
Durch seinen bund geseget hat.

Sein arbeit, trübsal und elend
Ist komen zu eim guten end,

Er hat getragen christi joch,
Ist gestorben und lebet noch.

Die seele lebt on alle klag,
Der leib schleft bis ann letzten tag,
An welchem in got verkleren
Und der freuden wirt geweren.

Hie ist er in angst gewesen,
Dort aber wirt er genesen,
In ewiger freud und wonne
Leuchten wie die schöne sonne.

Nu lassen wir in hie schlafen
Und gehn alsamt unser straßen,
Schicken uns auch mit allem fleiß,
Denn der tod kömt uns gleicher weis.

(Ein New Gesang buchlen. Jungen Buntzel. 1531. Mv.)

Das Gebet Manasse, des Königs Juda, da er gefangen war zu Babilon.

Ein Gebet wider den Türken des Christlichen namens Erbfeinde.

Himlischer vater, wir habens ja wol verdienet, das du uns strafest, aber strafe du uns selbs nach deiner gnaden und nicht nach deinem grim. Es ist uns besser in deiner hende staupe uns geben, denn in der menschen oder des feindes hende, wie David auch bat, denn groß ist deine barmherzigkeit. Wir haben dir gesundiget und deine gebot nicht gehalten.

Aber du weissest, Allmechtiger Gott Vater, das wir dem Teufel, Bapst, Türken nichts gesundiget haben, sie auch kein recht noch macht[1] haben, uns zu strafen, sondern du kanst und magst ir brauchen als deiner grimmigen ruten wider uns, die wir an dir gesundiget und alles unglück verdienet haben.

---

[1] macht, Vollmacht, Auftrag.

Ja, lieber Gott, himelischer Vater, wir haben keine sunde wider sie gethan, darum sie rechte hetten uns zu strafen, sondern viel lieber wolten sie, das wir samt inen aufs greulichst wider dich sunbigten. Denn sie fragen darnach nicht, ob wir dir ungehorsam weren, dich lesterten, allerlei abgötterei trieben (wie sie thun) mit falscher lere, glauben[1] und lügen umgiengen, ehebruch, unzucht, morb, biebstal, reuberei, zeuberei und alles übel wider dich theten.

Sondern das ist unser sunde wider sie, das wir dich, Gott Vater, den rechten einigen Gott, und beinen lieben Sohn, unsern HERRN Jhesum Christum, und den heiligen Geist, einen einigen Gott predigen, gleuben und bekennen. Ja, das ist die sunde, die wir wider sie thun. Aber wo wir dich verleugneten, würde uns der Teufel, welt, Bapst und Türk wol zufriden lassen, wie dein lieber Son spricht, Weret ir von der welt, so hette die welt das ire lieb.

Hie sihe nu brein, du barmherziger Vater über uns und ernster richter über unser feinde, denn sie sind deine feinde mehr denn unser feinde. Darum wenn sie uns verfolgen und schlagen, so verfolgen sie dich selber, denn das wort so wir predigen, gleuben und bekennen, ist nicht unser, sondern dein und alles deines heiligen Geists werk in uns.

Der Teufel wil solchs nicht leiden, sondern an deiner stat unser Gott sein, an beines worts stat lügen in uns stiften.

Der Türk wil seinen Machmet an deines lieben Sons Jhesu Christi stat setzen, denn er lestert in und spricht, er sei kein rechter Gott, sein Machmet sei höher und besser, denn er ist.

Ists nu sunde, das wir dich, den Vater, und deinen Son und den heiligen Geist für den rechten einigen Gott halten, bekennen und rhümen, So bistu selbs der sunder, der du solchs in uns wirkest, heißest und haben wilst. Darum so hassen, schlahen und strafen sie dich selbs, wenn sie uns solcher sachen willen hassen, schlahen und strafen.

Darum wach auf, lieber HErr Gott, und heilige deinen namen, den sie schenden, sterke dein reich, das sie in uns zerstören, und schaffe deinen willen, den sie in uns bempfen wollen; und lasse dich nicht um unser sunde willen also mit füßen treten von benen, die nicht unser sunde in uns strafen, sondern dein heiliges wort, namen und werk in uns tilgen wollen, das

---

[1] glauben, aus falscher lere ist falschem zu ergänzen.

du kein Gott fein follest und kein volk haben, das dich predige, gleube und bekenne. Solch unfer gebet wolteftu gnediglich er=hören und thun, wie wir gleuben und trauen, durch deinen lieben Son unfern HERRN Jhefum Chrift, der mit dir und dem hei=ligen Geift lebet und herrfchet in ewigkeit. AMEN.

Nu folgen
Chriftliche Gefeng, Lateinifch und Deutfch,
zum Begrebnis.

Dem Chriftlichen lefer.

D. Mart. Luther.

S. Paulus fchreibt denen zu Theffalonich, das fie über den todten fich nicht follen betrüben, wie die andern, fo keine hoff=nung haben, fondern fich tröften durch Gottes wort, als die gewiffe hoffnung haben des Lebens und der todten auferftehung.

Denn das die fich betrüben, fo keine hoffnung haben, ift nicht wunder, finds auch nicht zu verdenken, nachdem fie außer dem glauben Chrifti find, entweder allein bis zeitlich leben achten und lieb haben müffen und daffelb ungern verlieren, oder fich nach diefem leben des ewigen tods und zorn Gottes in der helle verfehen müffen und dafelbs ungern hinfaren.

Wir Chriften aber, fo von dem allen durch das theure blut des Sons Gottes erlöfet find, follen uns üben und gewehnen im glauben, den tod zu verachten und als einen tiefen, ftarken, füßen fchlaf anzufehen. Den Sark nicht anders denn als un=fers HERRN Chrifti fchoß oder Paradis, das grab nicht an=ders denn als ein fanft faul= oder rugebette zu halten. Wie es denn für Gott in der warheit alfo ift, wie er fpricht Joh. rj. Lazarus unfer freund fchleft. Matth. ir. Das Meidlin ift nicht tod, fondern es fchlefet.

Alfo thut auch S. Paulus j. Corinth. rv. Setzt aus den augen alle heßliche anblick des todes in unferm fterbenden leibe und zeucht erfür eitel holdfelige und frölice anblick des lebens, da er fpricht: Es wird gefeet verweslich und wird auferftehen unverweslich. Es wird gefeet in unehre (das ift heßlicher fchend=licher geftalt) und wird auferftehen in herrligkeit. Es wird ge=

seet in schwacheit und wird auferstehen in kraft. Es wird geseet ein natürlicher leib und wird auferstehen ein geistlicher leib.

Dem nach haben wir in unsern kirchen die Bepstlichen greuel, als Vigilien, Seelmessen, Begegnis, Fegfeur und alles ander gaukelwerk für die todten getrieben, abgethan und rein ausgefegt und wollen unser kirchen nicht mehr lassen klagheuser oder leideftete sein, sondern wie es die alten Veter auch gennenet Coemiteria, das ist, für schlafheuser und rugestete halten.

Singen auch kein trauerlied noch leidegesang bei unsern todten und grebern, sondern tröstliche lieder von vergebung der sunden, leben und auferstehung der verstorbenen Christen, damit unser glaub gesterkt und die leute zu rechter anbacht gereizt werden.

Denn es auch billich und recht ist, das man die begrebnis ehrlich halte und volbringe, zu lob und ehr dem frölichen Ar= tikel unsers glaubens, nemlich von der auferstehung der todten, und zu trotz dem schrecklichen feinde, dem tode, der uns so schendlich dahin frisset on unterlaß, mit allerlei scheuslicher ge= stalt und weise.

Also haben (wie wir lesen) die heiligen Patriarchen, Abra= ham, Isaac, Jacob, Joseph zc. ire begrebnis herrlich gehalten und mit großem vleiß befohlen. Hernach die Könige Juda groß geprenge getrieben über den Leichen mit köstlichem reuch= werg allerlei guter edler gewürz, Alles darum, den stinkenden schendlichen tod zu dempfen und die auferstehung des todten zu preisen und bekennen, damit die schwachgleubigen und traurigen zu trösten.

Dahin auch gehört was die Christen bisher und noch thun an den Leichen und grebern, das man sie herrlich tregt, schmückt, besinget und mit grabzeichen zieret. Es ist alles zu thun um diesen Artikel von der auferstehung, das er feste in uns ge= gründet werde, denn er ist unser endlicher, seliger, ewiger trost und freude wider den tod, helle, Teufel und alle traurigkeit.

Zu dem haben wir auch zum guten Exempel die schönen Musica oder gesenge, so im Babstum in Vigilien, Seelmessen und begrebnis gebraucht sind, genomen, der etlich in dis büch= lin drücken lassen und wollen mit der zeit der selben mehr nemen, oder wer es besser vermag denn wir, doch andere text darunter gesetzt, damit unsern Artikel der auferstehung zu schmücken, nicht das fegfeur mit seiner pein und genugthuung, dafür ire verstorbene nicht schlafen noch rugen können. Der gesang und die noten sind köstlich, schade wer es, das sie solten untergehen, aber unchristlich und ungereimt sind die text oder wort, die solten untergehen.

Gleich wie auch in allen andern stücken thun sie es uns weit zuvor, haben die schönsten Gottesdienst, schöne herrliche stifte und klöster, aber das predigen und leren, das sie drinnen üben, dienet das mehrer teil dem Teufel und lestert Gott. Denn er ist der welt Fürst und Gott, darum muß er auch das nieblichste, beste und schönste haben.

Auch haben sie köstliche güldene, silberne Monstranzen und bilder, mit kleinoten und edelsteinen gezieret, aber inwendig sind todten bein, so schier von schintleichen als anderswo her. Item sie haben köstliche kirchenkleider, Caseln, mantel, röck, hüte, infulen. Aber wer ist darunter oder damit gekleidet? Faule beuche, böse wölfe, Gottlose seue, die Gottes wort verfolgen und lestern.

Also haben sie auch warlich viel treffliche schöne Musica oder gesang, sonderlich in den Stiften und Pfarrhen, aber viel unfletiger abgöttischer text damit geziert. Darum wir solche abgöttische todte und toll text entkleidet und inen die schöne Musica abgestreift und dem lebendigen heiligen Gottes wort angezogen, daffelb damit zu singen, zu loben und zu ehren, das also solcher schöner schmuck der Musica in rechtem brauch irem lieben schöpfer und seinen Christen diene, das er gelobt und geehret, wir aber durch sein heiliges wort mit süßem gesang ins herz getrieben, gebeffert und gesterkt werden im glauben. Das helfe uns Gott der Vater mit Son und heiligem Geist. Amen.

Doch ist nicht bis unser meinung, das bise noten so eben müsten in allen kirchen gesungen werden. Ein igliche kirche halte ire noten nach irem buch und brauch. Denn ich selbs auch nicht gerne höre, wo in einem Responsorio oder gesang die noten verruckt, anders gesungen werden bei uns, weder ich der in meiner jugent gewonet bin. Es ist um verenderung des texts und nicht der noten zu thun.

WEnn man auch sonst die greber wolt ehren, were es fein, an die wende, wo sie da sind, gute Epitaphia oder sprüche aus der Schrift drüber zu malen oder zu schreiben, das sie für augen weren denen, so zur Leiche oder auf den kirchhof giengen, nemlich also oder dergleichen

Er ist entschlafen mit seinen Vetern und zu seinem volk versamlet.

Luther. 9

Ich weiß, das mein Erlöſer lebet, und er wird mich aus
der erden aufwecken, und werde mit meiner haut umgeben wer=
den und werde in meinem fleiſch Gott ſehen. Hiob xix.[1]

Solche ſprüche und grabeſchrift ziereten die kirchhof beſſer,
denn ſonſt andere weltliche zeichen, ſchild, helm ꝛc.[2]

Wo aber jemand tüchtig und luſtig were, ſolche ſprüche in
gute feine reime zu ſtellen, das were dazu gut, das ſie deſto
leichter behalten und deſto lieber geleſen würden. Denn reyme
oder vers machen gute ſentenz oder ſprichwort, die man lieber
braucht, denn ſonſt ſchlechte[3] rede.

Luce ij.

Im fried bin ich dahin gefarn,
Denn mein augen geſehen haben
Dein Heiland, HErr, von dir bereit
Zum liecht der ganzen Chriſtenheit.
In des rug ich in dieſer gruft   5
Bis auf meines HErren widerkunft.

Luce ij.

Mit fried und freud in guter ru,
Frölich thet ich mein augen zu
Und legt mich ſchlafen in mein grab,
Weil ich dein Heiland gſehen hab,
Den du für uns all haſt bereit   5
Zum heil der ganzen Chriſtenheit,
Das er das ewig liecht ſolt ſein,
Den heiden zum ſeligen ſchein,
Und das auch Iſrael darob
Hab herrligkeit und ewigs lob.   10

Joh. xj.

Chriſt iſt die warheit und das leben.
Die auferſtehung wil er geben.

---

[1] Es folgen einige Seiten mit Bibelſprüchen, die ſich für den Zweck eignen.
— [2] Es folgen Bibelſtellen, lateiniſch, unter Noten. Ein Lied von Pruden=
tius u. dgl. Nr. 81—89; ferner Luther's Lieder Nr. 28, 2. 35. 16. 7. 80. 12. —
[3] ſchlechte, einfache.

Wer an in gleubt, das leben wirbt,
Ob er gleich hie auch leiblich stirbt.
Wer lobt und gleubt, thut ihm die ehr,   5
Wird gwislich sterben nimermehr.

___

Hiob rir.

In meinem elend war bis mein trost,
Ich sprach, Er lebt, der mich erlost,
Auf den ich in der not vertraut,
Wird mich wider mit meiner haut
Umgeben, das ich aus der erd   5
Vom tod wider erwecket werd.
In meinem fleisch werd ich Got sehen,
Ist gewislich war und wird geschehen.

___

So spricht der HErr, Sihe, Ich wil eure greber aufthun
und wil euch, mein volf, aus den selben heraus holen ꝛc.
Ezech. rrroij.

___

Gedruckt zu

Leipzig

durch Valentin Babst

in der Ritterstraffen.

1 5 4 5.

___

[Es folgen dann als besonderes Buch und mit neuer Signatur, A bis K.:]

Psalmen vnd | Geistliche lieder, welche | von fromen Chri=sten | gemacht vnd zu | samen gelesen | sind. Leipzig. (Am Ende: Gedruckt zu Leipzig, | durch Valentin Babst, | in der Ritter | strassen. M. D. XLV.).

1. Der hundert und sieben und dreißigst Psalm. An wasser=flüssen Babylon (von Wolfgang Dachstein).

2. Der 127. Psalm. Vergebens ist all mühe und kost (Lazarus Spengler) [vgl. zu Nr. 80].

3. Der 117. Psalm. Frölich wöllen wir Haleluia singen (Johann Agricola).

4. Der 15. Psalm. Herr wer wird won in deiner hütt (Hans Sachs).

5. Der 2. Psalm. Hilf Gott wie geht das imer zu (Andreas Knöpken).

6. Der 7. Psalm. Auf dich Herr ist mein trauen stet (Ludwig Öler).

7. Der 23. Psalm. Der Herr ist mein treuer hirt. (Un=bekannter Verfasser.)

8. Der 31. Psalm. In dich hab ich gehoffet, Herr (Adam Reußner).

9. Der 85. Psalm. Bis gnedig, o herr, deinem land: (Un=bekannter Verfasser, hier zuerst.)

Nu folgen andere Geistliche lieder von fromen Christen ge=macht.

10. Matth. 11. Komt her zu mir, spricht Gottes Son. (Unbekannter Verfasser.)

11. O reicher Gott im throne (Unbek. Verf.).

12. Marggraff Casimirus Lied. Capitan, Herr Gott Vater mein.

13. Marggraff Georgen Lied. Genad mir Herr, ewiger Gott.

14. Hilf Gott, das mir gelinge (Heinrich Muler von Zutphen.

15. O Gott, verleih uns deine gnad (Johann Sanskörfer).

16. Ich ruf zu dir, Herr Jhesu Christ (Joh. Agricola).

17. Mag ich unglück nicht widerstan (Für Königin Maria von Ungarn).

18. Ich dank dir, lieber Herre (Joh. Koloros).

19. Es geht daher des tages schein (Mich. Weisse).

20. Der 51. Pf. O Herre Gott begnabe mich (M. Greiter).

21. Allein zu bir, Herr Jhesu Christ. (Joh. Schnesing).

22. Weltlich ehr und zeitlich gut (Mich. Weisse).

23. Mein zung erkling (Unbekannter Verfasser).

24. Nu höret zu, ir Christenleut (Hs. Witzstabt).

25. Vom verlornen Son (Ker um, ker um du junger Son (Mich. Weisse).

26. Die deutsche Litania, reimweiß in ein lied gebracht, das auch einzelne personen, bie lieb und anbacht bazu haben, singen mügen, sonderlich an orten, ba nicht schulen sinb. Gott Vater in bem himelreich. (17 Strophen, von Joh. Freber.)

27. Ein anber geistlich lied. Als Christus mit seiner lehr versamlet ein kleines heer. (12 Strophen, von Michael Weisse.)

28. Mitten wir im leben sinb. Wir waren in großem leib in Abam all gestorben. (4 Strophen, von Michael Weisse.)

29. Ein anber geistlich lied. Barmherziger ewiger Gott, sih an unser elenb, angst und not. (15 Strophen, von Michael Weisse.)

30. Ein schön lied von der geburt Christi. Lobsinget Gott und schweiget nicht, Denn er hats sehr wol ausgericht. (14 Strophen, von Michael Weisse.)

31. Ein anber lied von der menschwerbung Christi. Veni redemptor gentium. Von Abam her, so lange zeit war unser fleisch vermalebeit. (12 Strophen, von Michael Weisse.)

32. Ein anber geistlich lied von der geburt Christi. Lobet Gott, o lieben Christen, singet ihm mit dem Psalmisten. (12 Strophen, nebst 4 Responsorien, von Michael Weisse.)

33. Ein anber schön geistlich lied. Sehr groß ist Gottes gütigkeit, denn er schuf uns zur seligkeit. (13 Strophen, von Michael Weisse.)

34. Ein schön lied von dem leiden und tod unsers Herrn Jhesu Christ. Die Propheten han propheceit und geschrieben vor langer zeit. (11 Strophen, von Michael Weisse.)

35. Ein geistlich lied von dem reichen man und dem armen Lazaro. Es was ein mal ein reicher man, mit sammet und seiden angethan. (17 neunzeilige Strophen, von unbekanntem Verfasser; hier zuerst.)

36. Ein schön lied von dem Jüngsten tage. Es wirb schier der letzte tag herkomen, denn die bosheit hat sehr zugenomen. (19 Strophen, von Michael Weisse.)

37. Ein geistlich lied vom preis Göttlichs worts durch
Exempel des alten und neuen Testaments, gemehret und ge=
beſſert. Freud euch, freud euch in dieſer zeit, ihr werden Chri=
ſten alle. (18 Strophen, von unbekanntem Verfaſſer.)

38. Das Benedicite vor dem tiſche. Allmechtiger gütiger
Gott, du ewiger Herr Zebaoth. (6 Strophen, von Joh. Horn.)

39. Nach dem tiſch, ein Dankſagung. Danket dem Herren,
denn er iſt ſehr freundlich, Denn ſeine güte und warheit bleibt
ewiglich. (6 Strophen, von Joh. Horn).

40. Ein ſchön neu Vater unſer in geſang weiſe. Vater
unſer, der du biſt, Kyrieleiſon, Gib uns zur kennen Jheſum
Chriſt, Vater mein. (9 Strophen, von unbekanntem Verfaſſer;
hier zuerſt.)

II.

Sprüche und Lieder.

1.

Von dem Neuen Testamentbuch.

Das Testament ist ein edels buch,
groß kunst, weisheit es leren thut.
Wol dem, der sich auch helt darnach,
dem wird Gott segnen all sein sach.
Denn Gottes wort bleibt ewiglich   5
und teilt uns mit das himelrich.
Wir müssen doch von dieser welt,
alsdenn das wort fest bei uns helt
und sterket uns in sterbens not
und hilft uns aus dem ewigen tod.   10

2.

Grabschrift Magdalenchin Luthers,
D. Martini Luthers Töchterlin, vom Vater selber.

Dormio .cum sanctis hic Magdalena, Lutheri
  Filia, et hoc strato tecta quiesco meo.
Filia mortis eram, peccati semine nata,
  Sanguine sed vivo, Christe, redempta tuo.

---

1. J. Aurifaber, Tischreden Oder Colloqvia Doct. Mart. Luthers. Eis=
leben 1566. Fol. Bl. 20[b].
2. Aurifaber, Luther's Tischreden. 1556. Bl. 495[b]. Das Kind starb,
14 Jahre alt, am Mittwoch des 17. Sonntags nach Trinitatis 1542 (4. Oct.).

Hie schlaf ich Lenichn, D. Luthers töchterlein   5
Rug mit alln heilgn in mein bettlein;
Die ich in sünden war geborn,
Hett ewig müssen sein verlorn,
Aber ich leb nun und habs gut,
Herr Christe, erlöst mit deinem blut.   10

3.
Der arme Judas.

D. M. L.

Unser große sünde und missethat,
Die Christum, den waren Gott von art,
Ans kreuz geschlagen hat,
Darum wir dich armen Juda, darzu die Judenschar
Nicht billich dürfen schelten, die schuld ist unser gar.   5

4.
Rätsel.

D. Luther erzelet einmal vom wörtlein Golt dies aenigma:

Ich weiß ein wort, das hat ein L;
Wer das sieht, der begert es schnell;
Wenn aber das L weg und ab ist,
Nichts bessers im himel und erden ist.

---

3. J. Aurifaber, Tischreden Luther's. Eisleben 1566. Fol. Bl. 420ᵃ.
  4. J. Aurifaber, Tischreden Luther's. Eisleben 1566. Fol. Bl. 624ᵃ.
(Golt, Got.)

5.
Bibellesen.

Das man die Bibel fleißig lesen solle, darvon sagete Doctor Martinus Luther einmal diesen reim:

> Wie einer liset in der Bibel,
> So stehet am hause sein gibel.

6.
Reim.

> Christus leßt wol sinken,
> Aber nicht vertrinken.

7.
Spruch.

Ein Christ sehet auch hie in dieser zeit das ewige Leben an. Das macht Christus Gottes son, an welches wort er gleubet. Ein Christ solte in diesem Reim:

> Ich lebe und weiß nicht wie lang,
> Ich muß sterben, weiß auch nicht wann,
> Ich far von dann, weiß nicht wohin,
> Mich wundert, das ich so frölich bin —

die letzten zwei vers endern und mit frölichem mund und herzen so reimen:

> Ich far und weiß Gott lob wohin,
> Mich wundert, das ich so traurig bin.
> Mart. Luth.

---

5. J. Aurifaber, Tischreden Luther's. Eisl. 1566. Fol. Bl. 626ª.
6. J. Aurifaber, Tischreden Luther's. Eisl. 1566. Fol. Bl. 615ª.
7. Vieler schönen Sprüch außlegung. 1547. 4. Bl. X. 4ª. Luthers Bücher. Wittemberg. 1558. 9, 516ᵇ.

8.

Beati omnes qui timent Dominum.

Dies wort gewißlich bleibet war,
Wiewol es hat so manche fahr,
Noch sols nicht feilen um ein har,
Es wird erfüllet ganz und gar,
Und solns nicht wehrn der hellen schar;　　5
Verzeuhts sich dies und etlich jar,
Gar bald die zeit wird komen dar,
Die es wird machen offenbar
Und alle ding so zeigen klar,
Das man davon frei reden tar,　　10
Denn wird man ja bekennen zwar,
Das Gott erhelt sein wort und lar,
Dem feind zuletzt die rach nicht spar.

9.

[Pflichttreue.]

Ein jeder lern seine lection,
So wird es wol im hause ston.

10.

Veterliche vermanung zur furcht Gottes.

Liebes kind höre gerne Gottes wort
Und beiner eltern warnung und gebot,
Weil du bist frisch und jung,
Das ist dir hie und dort ewiglich gesund.

8. J. Aurifaber, Tischreden Luther's. Eisl. 1566. Fol. Bl. 20ᵇ. Vieler
schönen Sprüche auslegung 1547. 4ᵒ. Bl. C. 4ᵇ, wo B. 13 steht, den Aurifaber nicht mittheilt, der aber auch in Luthers Büchern, Wittemb. 9, 484
überliefert ist.
9. Luther's Schriften. Jena 1600. 8, 353ᵇ.
10. Aurifaber, Luther's Tischreden. 1556. Bl. 458ᵃ.

Item Doctor Martinus Luther sagte einmal über tische,
daß ein vater seine kinder vermanet hette, vleißig zu stubiren,
und hette diese zwene vers inen fürgesaget, die sie ja wol be=
halten solten, nemlich:

Liebes kind, lernestu wol,
So wirstu guter hüner vol,
Lernestu aber übel,
So mustu mit den sauen essen aus dem kübel.

11.

Warnung
für Peter Barbirer.

So scharf wird nicht werden ein man,
Der den Teufel gnug kennen kan,
Er hengt im doch ein schlappen an
Und wird in nicht zu frieden lan,
Es sei denn Christus bei der hand,   5
Der hat das spiel im gar gewand,
Sonst ists mit uns fürwar verlorn,
Wie viel wir menschen sind geborn.
Er macht sich zu dick und zu breit
Und weiß zuvor das alls bereit,   10
Was meister Peter itzt gedenkt
Und hart sich wider ihn bekrenkt,
Das er ein buch wil schreiben groß
Und den Teufel nicht lassen los.
ER denkt, „Ich fürcht mich nicht so sehr   15
Dis mal für solcher neuen mer,
Ich habs wol ehe so sauer gesehn,
Für im wil ich auch noch bestehn,
Ich bleibe doch ein fürst der welt,
Obs gleich euch Christen nicht gefelt.   20
Der große haufe bei mir steht,
Nach eurem willen wenig geht.

---

11. Der Neundt Teil der Bücher Lutheri. Wittemberg 1558. Fol. Bl. 515.

Und wer da wil, der zeig mir an,
Ob etwa sei geweft ein man,
Wie heilig, klug und groß der sei,   25
Der für mir möchte leben frei
Und on schaden entlaufen mir,
Es wer denn einer oder vier,
Der keiner meister Peter heißt.
Was gilts, mein reich behelt das meift."   30
So trotzig gar der Teufel ift,
Vol arger schalkheit, tück und lift,
Das meifter Peter auch wol darf
Zufehen in der fachen fcharf,
Das er im nicht zeig einen tück   35
Und bring in auch in groß unglück.
Er hats viel mehr leuten gethan,
Denn jemand einer zelen kan.
Darum so ift hie betens zeit.
Der Teufel ift vol grim und neit.   40

                              Mart. Luther.

Diefe warnung D. Mart. Luth. in reime gefaßt, famt der aus=
legung des fpruchs Joh. 8, 44: Ihr thut eures vaters, des Teufels,
werk, hat D. M. Luther feliger einem fromen, gottfürchtigen man,
Peter Barbirer, der gerne Gottes wort hörete und davon redete
und viel um den Doctor war, mit feiner hand in ein buch ge=
fchrieben zum gedechtnis, auf welchs vleißig anfuchen er auch das
feine nützliche büchlin, mit dem titel: Ein einfeltige weife zu be=
ten 2c. hat laffen ausgehen. — Derfelbe man pflegte viel und oft
von des Teufels lift und gewalt zu reden und fagte imer, er wolte
ein groß buch damider fchreiben, damit fich ein jeder wüfte dafur
zu hüten 2c. — Darauf gehet des fpruchs auslegung und die reime.
Und warlich (das fich wol zu wundern) wie die warnung laut, fo
ifts mit diefem barbirer ergangen.   Denn nicht viel über ein jar
ernach hat in der Teufel in ein großen jamer gefürt (wie viel leu=
ten hie zu Wittemberg bewuft) das er feiner leiblichen tochter man
erftochen hat, ift doch endlich an einem fremden ort[1] wol und
chriftlich geftorben. (Luther's Bücher. Wittemb. 1558. 9, 514[b].)

[1] Zu Torgau. Chr. Spangenberg, Cithara Lutheri 1571. 2, 45[b], wo V. 1—8
und 31—40 angeführt find.

12.

Vermanung
zu zucht und ehren und der buße,
ein summarium des buchs Salomonis.

Hüt dich, hüt dich, mein liebes kind!
Gar viel der bösen buben sind
Die leben wie ein sau und rind
Und bleiben in den sünden blind;
Doch bald sie Gottes strafe sind   5
Und machet sie des teufels gsind.

Hüt dich für in und folg in nicht,
Gedenk an Gott, der alles sicht,
Auch alles straft was böses gschicht,
Fürwar nicht scherzt mit seinem gricht,   10
Wie uns die heilig schrift vergicht,
Obgleich ein bub im selber ticht,

Es hab noch lang mit im kein not
Und fraget nichts nach Gotts gebot,
Helt auch der eltern wort für spot;   15
Mein aug der viel gesehen hot,
Den es ist worden all zu spot,
Ubereilet das sie hat der tot.

Darum mein kind und lieber sohn,
Hör zu dem könig Salomon;   20
Der gibt dir viel der leren schon,
Die Gott gefellt ins himels thron
Und dir wird geben reichen lohn,
Wenn du mit fleiß dis hast gethon.

                       D. M. L.

12. Joach. Camerarius, Capita pietatis et religionis. Lips 1546. 8. Dj[ab]
D. M. L. unterzeichnet; Lips. 1576. S. 4. fg., daraus mitgetheilt von K. J.
Schröer im Anzeiger für Kunde der deutschen Vorzeit. 1871. Sp. 375 fg., unterz.:
D. Mart. Luther; Lips. 1582. C 8, unterz. Doct. Mart. Luther; Lips. 1598 C 8.
unterz. D. Martin Luther. Auch in Luther's Büchern. Wittemberg, 9, 497[a].
12. 6 gsind, kind. Wittemb. 9, 497. — 9 fehlt Wittemb. 9, 497. — 10.
nicht scherzet sein gericht. das. — 11 vergicht, aussagt. — 16—17. fehlt Wittemb. 9, 497. — 22 im himels. Wittenb. — 24. dis, das Wittbg. 9, 497.

13.
Neidhart.

Wie man im Reim spricht:

Neidhart, eigen nutz, junger rat
Jerusalem, Troia, Rom verstöret hat.

14.
Hofleben.

Cantio de aulis, im ton, Ein leppisch man.

D. M. L.

Wer sich nimt an
Unds reblein kan
Hübschs auf der ban
Lan umher gan
Und schmeicheln schon,   5
Find jederman
Ein feil und wan,
Ist jetzt im korb der beste han.

Denn wer gedecht,
Zu leben schlecht,   10
Ganz from und grecht
Die warheit brecht,
Der wird durchecht
Und gar geschwecht,
Gehönt und gschmecht   15
Und bleibt allzeit der andern knecht.

---

13. Der CI. Psalm, durch D. Mart. Luth. Ausgelegt. Wittemberg.
M. D. XXXIIII. 4. Bl. Bj^b.
14. Luthers Schriften. Eisleben 1565. Th. II, 501 (daraus in J. Chr.
Olearius, Jubilirende Lieberfreude. 1717. 8. letzte Seite). Luthers Schr.
Altenburg. Thl. V. 1662. Fol. S. 804—805, mit der Randbemerkung:
„Zuvor nicht gedruckt." Herber, Volkslieder (Werke, zur schönen Liter. u. Kunst.
8, 198 fg.). — 8 vel: der geht zu hof jetzt oben an, vel: der ist zu hof am
besten dran.

Beim schmeichelstab
Gwinnt mancher knab
Groß gut und hab,
Gelt, gunst und gab,   20
Preis ehr und lob,
Stößt andre rab,
Daß er hoch trab;
So geht die welt jetzt auf und ab.

Wer solchs nicht kan   25
Zu hofe than,
Thu sich davon,
Ihm wird zu lohn
Nur spott und hohn,
Denn heuchelman   30
Und spötterzahn
Ist jetzt zu hof am besten dran.

15.

(Frauenliebe.)

Nichts liebers ist auf erden,
Denn frauenlieb, wem sie kan werden.

16.

Haussprnch.

Es ist gewis ein fromer man,
Der sich um sein weib nimet an;

---

15. Sprüche Salomonis 31, 10 in Luther's Uebersetzung des A. T. Theil 3 Bl. 80ᵇ der Ausgabe Wittenb. Hans Luft 1535 (und 1546, Bl. 343ᵇ, hier V. 2: wems kan werden), als Randglosse zu Salomo: „Wem ein tugentsam weib be= scheret ist, die ist viel edler, denn die köstlichsten perlen."
16. Jo. Manlius, Locorum communium Collectanea (1563). Basil. 1590. 8. S. 210, V. 1—20. V. 1—12 stehen in Luthers Werken an anderer Stelle, als 13—20, z. B. in der jenaer Ausg. 1600. 8, 346, während daselbst V. 13—20 auf S. 345 stehen.

Es ist gewis ein fromes weib
Wo sie bei einem manne bleibt.
Ein ehman sol gedültig sein,   5
Ein weib nicht halten als ein schwein.
Ein hausfrau sol vernünftig sein,
Des mannes weise lernen fein.
Da wird Gott geben gnad dazu,
Das in die ehe gar sanfte thu,   10
Und wird dem Teufel wehren wol,
Das er sein list nicht enden sol.
Der man muß selber sein der knecht,
Wil ers im hause finden recht;
Die frau muß selber sein die magd   15
Wil sie im hause schaffen rat,
Gesinde nimermehr bedenkt,
Was nuß und schad im hause brengt,
Es ist in nicht gelegen dran,
Weil sie es nicht für eigen han.   20

17.

Priamel.

Doctor Martinus Luther erzelete einmal diese reim über
tisch:

Herschaft ohne schuß,
Reichtum ohne nuß,
Richter ohne recht,
Lotter und spißknecht,

----

16. 10 (19) in, ihnen. — 13—20. Vieler schonen Sprüch auslegung. 1547.
4. Bl. f^a Luthers Bücher. Wittemberg 1558. 9, 535. Keßlers Neueste
Reise. Hannov. 1740. 1, 797 „nach Luthers Handschrift". J. G. Müller
(Reliquien alter Zeiten. Leipzig 1806. 4, 17) gibt diese Verse 13—20 „aus
einem N. T., in welches sie Luther mit seiner Namensunterschrift geschrieben
hatte." Daraus wiederholt in der Neuen Leipz. Lit.-Ztg. 1810. Intell.-Bl.
Nr. 12, Sp. 190. — 18 b r e n g t, bringt; auch ohne Reim braucht Luther e n
für i n.
17. J. Aurifaber, Tischreden Luthers. Eisleben 1566. Fol. Bl. 613—
614. — 4 l o t t e r, Lotterbuben. s p i ß k n e c h t, Spitzbuben.

Beume ohne frucht, 5
Frauen ohne zucht,
Abel ohne tugent,
Unverschemte jugent,
Hochmütige pfaffen,
Buben, die unnütz klaffen, 10
Böse eigensinnige kind,
Leute, die niemand nütze sind,
Neidische mönche,
Geizige platten,
Mag man auf erden wol geraten. 15

18.
Reim.

D. Mart. Luther hat einmal diese reim über tisch erzelet:

Gleub keinem wolf auf wilder heid,
Auch keinem Jüden auf sein eid;
Glaub keinem Bapst auf sein gewissen,
Du wirst von allen dreien beschissen.

19.
Gedult.

Epictetus, der weise griechische Heide, hat sehr wol ge=
sagt: Leide und meide. Wie auch die Ebreer in ihrer sprach
mit guten worten sagen:

Gleube nicht alles was du hörest,
Sage nicht alles was du weißt,
Thue nicht alles was du magst.

17. 15 geraten, entrathen, entbehren.
18. J. Aurifaber, Tischreden Luthers. Eisleben 1566. Fol. Bl. 623[b].
19. J. Aurifaber, Tischreden Luthers. Eisleben 1566. Fol. Bl. 203[b].

20.
D. M. Luther's Reim einer.

In luctu gaudium,	In trauren freud,
In gaudio luctus,	In freuben trauren,
Gaudendum in domino,	Frölich im Herrn,
Lugendum in nobis,	Traurig in uns sein.

21.

Lügen thun mir nicht,
Wahrheit scheu ich nicht.

22.
Lutheri Reim.

Es ift auf erden kein beffer lift,
Denn wer feiner zungen ein meifter ift.
Viel wiffen und wenig fagen,
Nicht antworten auf alle fragen.
Rede wenig und machs war;   5
Was du borgeft, bezale bar.
Laß einen jeden fein, wer er ift,
So bleibftu auch wol, wer du bift.

23.
Proverb. 30, 21—23.

Es ift itzt in der welt kein größer herr, denn knecht und
magd; darum faget auch Salomo: brei bing machen die welt
rege und das vierde kan fie nicht leiden.

---

20. J. Aurifaber, Tifchreden Luthers. Eisleben 1566. Fol. Bl. 204b.
21. Antwort beutfch Mart. Luthers auff König Henrichs von Engelland
buch. 1522. 4. Titelfeite.
22. J. Aurifaber, Tifchreden Luthers. Eisleben 1566. Fol. Bl. 623b.
23. J. Aurifaber, Tifchreden Luthers. Eisleben 1566. Fol. Bl. 416a.

Wenn der baur herr wird,
Wenn der narr voll wird,
Wenn die magd frau wird
Und die frau herr wird,

denn wenn da die laus in grind kömt, so wird sie stolz.

24.

Ueber den spruch des psalms, Befihle deinen weg dem
Herrn, und hoffe auf ihn, machte Doctor Martinus Luther
diesen Vers.

Schweig, leid, meid und vertrag,
Dein Nöt allein Gott klag.
An Gott je nicht verzag,
Dein glück kömet alle tag.

25.

Doctor Martini Luthers Reim.

Wer was weiß, der schweig.
Wem wol ist, der bleib.
Wer was hat, der behalde.
Unglück das kömet balde.

----

24. J. Aurifaber, Tischreden Luther's. Eisleben 1566. Fol. Bl. 204ᵃ.
J. Mathesius, Historien Luther's. Nürnberg 1566. 4⁰. Bl. 150ᵃ zum Jahre
1540, Intell.-Bl. d. K. Leipz. Lit.-Ztg. 1810, Sp. 191. — 4 glück, hülfe.
Mathes. u. Lpz. L.-Ztg.
25. Aurifaber, Luthers Tischreden. 1566. Bl. 611ᵃ.

26.

Reime.

D. M. Luther saget auch gern gute deutsche Reim über tische und auf der kanzel, wie ich aus seinem Psalterlein etliche ausgeschrieben:

> Weißt du was, so schweig,
> Ist dir wol, so bleib,
> Hastu was, so halt,
> Unglück mit seinem breiten fuß komt bald.

> Iß was gar ist,
> Trink was klar ist,
> Red was war ist.

27.

Wie man alt werde.

> Wilt du alt werden, so werde balde alt.
> Behalt den kragen warm
> Fülle nicht zu sehr den Darm
> Mache dich der Greten nicht zu nah
> Also wirst du langsam gra.   5

28.

Reime.

Auf ein ander zeit hat D. M. Luther diese reim gesaget:

> Virtus ist geschlagen tot,
> Justitia leidt große not,

26. J. Mathesius, Historien von Luthers Anfang u. s. w. Nürnberg 1566.
4°. Bl. 150ª zum J. 1540. Intell. Bl. der N. Leipz. Lit.-Ztg. 1810. Sp. 191.
27. J. Aurifaber, Tischreden Luthers. Eisl. 1566. Fol. Bl. 76ª.
28. J. Aurifaber, Tischreden Luthers. Eisleben 1566. Fol. Bl. 623ᵇ.

Temperantia ist gebunden,
Veritas beißen die hunde,
Fides gehet auf stelzen,   5
Nequitia ist nicht seltzam.

29.
Was geld für gewalt in der welt hat.

Qui non habet in nummis,
Den hilft nicht, das er frum ist;
Qui dat pecuniam summis,
Der machet wol schlecht, was krum ist.

30.
Reim.

Doctor Martin Luther erzelete diese reim:

Hüte dich für der Alchimisten süple,
Und für der Juristen codice,
Für der Medicorum recipe,
Für der Pfaffen praesta quaesumus domine,
Wiltu mit einem vollen beutel zu markt gehn.

31.
Ein scharf urteil D. M. Luth. von Erasmo Rotterodam, an seinen son mit eigener hand auf einen zeddel lateinisch geschrieben. Anno 1533.

Erasmus ist ein feind aller religion und ein sonderlicher feind und widersacher Christi, ein volkomen conterfeit und

---

29. J. Aurifaber, Tischreden Luthers. Eisleben 1566. Fol. Bl. 624ᵃ.
30. J. Aurifaber, Tischreden Luthers. Eisleben 1566. Fol. Bl. 615.
31. J. Aurifaber, Tischreden Luthers. Eisl. 1566. Fol. Bl. 413ᵃ.

ebenbild des Epicuri und Luciani. Dies hab ich Mart. Luther mit meiner eigenen hand geschrieben dir, mein lieber son Johannes, und durch dich allen meinen kindern und der heiligen christlichen kirchen.

Sensibus haec imis, res est non parva, reponas.

> Dies faß, mein son, je wol zu herz
> Und laß es dir sein gar kein scherz,
> Denn es ist nicht ein kleine sache,
> Die man verachten mög und lache.

32.
Wucher.

Der Doctor sagete von wucherern, das man itzt spreche in Sachsen:

> Wer segt, dat wucher sünde si,
> Die hefft kein geld, dat gleube fri.

Aber ich Doctor Luther sage dagegen:

> Wer sagt, dat wucher kein sünd si,
> Die hefft kein Gott, dat gleube nur fri.

33.
Wittenberg.
1545.

> Wie Gott das gering nicht veracht,
> Sondern etwas groß daraus macht,

---

32. J. Aurifaber, Tischreden Luthers. Eisl. 1566. Fol. Bl. 75ᵃ.
33. Holzschnitt: Wahrhafftige Contrafet der Churfürstlichen Stadt Wittenberg im J. M. D. X L V. Großes Blatt; darauf die Verse Luthers; wiederholt in der Samlung von Alt und Neuem. Leipzig 1733, S. 363 fg.

Ist alle welt exempel voll,
Auch lert uns solches die schrift wol.
Was ist groß worden auf erden,   5
Das nicht zuvor klein muste werden?
Jerusalem, die heilig stadt,
Wie der pfalter verkündigt hat,   Pf. 42
Ein kleiner berg dazumal war,
Hat nun die welt begriffen gar   10
In ringmaur und grenze wendet,   Pf. 19
Da die weite welt sich endet.
Alle völker drin geboren werden,   Pf. 87
Wie sie heißen hie auf erden.
Wittenberg, die kleine arme stadt,   15
Einen großen namen itzund hat
Von Gottes wort, das herausleucht
Und viel seelen zum himel zeucht,
Damit sie ein glied wird genant
Der stadt Jerusalem verwant.   20
Gott geb ir, das sie dankbar sei
Und ewiglich bleibe dabei
Und so genung thu irem namen,
Das sie selig werde. Amen.

Martinus Luther, Doctor.

34.

Glim glam gloriam.

Einer vom adel, ein tumherr, las in einer lection glam
für gloriam. Daher haben die alten gesungen:

Glim glam gloriam,
Die sau die hat ein chorrock an.

----

34. J. Aurifaber, Tischreden Luthers. (Eisleben 1566. Fol. Bl. 553ᵃ.

35.

Das Judaslied
auf Heinzen also gedeutet.

Ah du arger Heinze, was hastu gethan,
Das du viel fromer menschen durchs feur hast morden lan?
Du wirst in der helle leiden große pein,
Lucibers geselle mustu ewig sein.
                    Kyrieleison.

Ah verlorn Papisten, was habt ir gethan,
Das ir die rechten Christen nicht kundet leben lan?
Des habt die großen schande, die ewig bleiben sol,
Sie geht durch alle lande, und solt ir werden tol.
                    Kyrieleison.

Wenn ich dis Lieblein ein mal vol mache, wil ich dem zu
Meinz seine leisen auch finden.

36.

Ein Lied vom Babst.
D. M. Luther.

Nun treiben wir den Babst hinaus,
Aus Christus kirch und Gottes haus,
Darin er mörtlich hat regiert,
Unzehlich viel seelen verfürt.

Troll dich aus, du verdamter son,   5
Du rote braut von Babylon,
Du bist der greul und Antichrist,
Voll lügen, mords und arger list.

------

35. Wider Hans Worst [Heinrich den Jüngern von Wolfenbüttel]. Wittemberg 1541. 4°. Bl. Qij.
36. Fol. Bl. 1546. Samlung von Alt und Neuem 1732. S. 545 fg.

Dein ablaßbrief, bull und decret
Leit nun versigelt im secret,   10
Damit stalst du der welt ir gut
Und schendst dardurch auch Christus blut.

Der römisch göh ist ausgethan,
Den rechten Babst wir nemen an,
Das ist Gott Son, der fels und Christ,   15
Auf dem sein kirch erbauet ist.

Der ist der rechte priester zart,
Vom kreuz er aufgeopfert ward,
Sein blut vor unser sünd vergoß,
Recht ablaß aus sein wunden floß.   20

Sein kirch er durch sein wort regiert,
Gott vater selbs, der in vestiert,
Er ist das haupt der Christenheit,
Dem sei lob, preis in ewigkeit.

Es geht ein frischer sommer herzu,   25
Verleih uns, Christus, freud und ru;
Bescher uns, Herr, ein selig jar,
Vor Babst und Türken uns bewar.

Diß jar [1545] besucht ich Doctor Luther zum letzten und bracht im das lied mit, darinn unser kinder zu Mitterfasten den Antichrist austreiben, wie man etwan den tod und die alten Römer iren bilden und Argeis[1] teten, die sie auch ins wasser warffen. Diß lied gab er in Druck und macht selbs die unterschrift Ex montibus et vallibus, ex sylvis et campestribus.

J. Mathesius, Historien von Luthers Anfang u. s. w. Nürnb. (1565) 1580. 4°. Bl. 168b.

---

36. 22 vestiert, kleidet, einsetzt; in Alt u. N.: verstört.
[1] Argei waren Menschenbilder, die alljährlich im Mai zu Rom in die Tiber geworfen wurden (Ovid, Fasten 5, 621), als Erinnerung an frühere Menschenopfer.

37.
Abbildung des Bapstum durch Mart. Luther D.
Wittemberg 1545.

1.

Monstrum Romae inventum mortuum in Tiberi Anno 1496.

Was Gott selbst vom Bapstum helt
Zeigt dis schrecklich bild hie gestelt:
Dafür jederman grauen solt,
Wenn ers zu herzen nemen wolt.

Mart. Luth. D.

2.

Ortus et origo Papae.

Hie wird geboren der Widerchrist,
Megera sein Seugamme ist,
Alecto sein Kindermeidlin,
Tisiphone die gengelt in.

Mart. Luth. D. 1545.

3.

Regnum Satanae et Papae.

In aller Teuffel namen sitzt
Alhie der Bapst, offenbart itzt,
Das er sei der rechte widerchrist,
So in der schrift verkündigt ist.

Mart. Luth. D.

4.

Hic Papa obediens S. Petro honorificat regem.

Hie zeigt der Bapst mit der that frei,
Das er Gottes und menschen feind sei,
Was Gott schafft und wil geehret han,
Mit füßen tritt der heiligst man.

M. Luth. D.

5.

Papa agit gratias Caesaribus pro immensis beneficiis.

Groß gut die keiser han gethan
Dem Bapst und übel gelegt an,
Dafür in der Bapst gedankt hat,
Wie dis bild[1] dir die warheit sagt.
M. Luth. D. 1545.

6.

Papa dat Concilium in Germania.

Sau, du must dich lassen reiten
Und wol sporn zu beiden seiten.
Du wilt han ein Concilium,
Ja dafür hab dir mein merdum.[2]
Mart. Luth. D. 1545.

7.

Papa doctor theologiae et magister fidei.

Der Bapst kan allein auslegen
Die schrift und irtum ausfegen,
Wie der esel allein pfeifen
Kan und die noten recht greifen.
M. Luther. D.

8.

Digna merces Papae Satanisimi et Cardinalium suorum.

Wenn zeitlich gestraft solt werden
Bapst und Cardinel auf erden,
Jr lesterung verdienet het,
Wie ir recht hie gemalet seht.
M. Luther. D. 1545.

---

[1] Der Holzschnitt stellt Conradin dar vor dem Pabst Clemens, der ein Schwert zückt. — [2] Beide Drucke haben: merdrum.

9.

Hic oscula pedibus Papae figuntur.

Nicht, Bapst, nicht schreck uns mit deim bann
Und sei nicht so zorniger man,
Wir thun sonst ein gegenwere
Und zeigen dirs Belvedere.
                          Mart. Luth. D.

10.

Adoratur Papa Deus terrenus.

Bapst hat dem reich Christi gethan,
Wie man hie handelt seine kron,
Machts ir zwiefeltig, spricht der geist,
Schenkt getrost ein, Gott ists ders heißt.
                          Mart. Luth. D. 1545.

Abbildung | des | Bapstum | durch | Mart. Luth. D. | Wittem=
berg. 1545. 4 Bl. 4°. (Göttingen, Autogr. Luth. S. 107, nur
Nr. 2. 1. 3. 9. 10. 6 in dieser Reihenfolge als I—VI bezeichnet.
Der Text, den ich gebe, ist in Naumann's Serapeum 1841, Nr. 3,
S. 33—40, nach einem in Halle befindlichen Exemplare gedruckt.

III.

Fabeln, Parabeln, Scherze.

1.

Jotham.

Jotham gieng hyn vnd tratt auff die höhe des bergis Grisim, vnd hub auff seyne stym, rieff vnd sprach, Horet mich yhr menner zu Sichem, das euch Gott auch höre. Die bewme giengen hyn das sie eynen könig vber sich salbeten vnd spra= chen zum ölebaum, sey vnser könig. Aber der ölebaum ant= wortet yhn, Soll ich meine fettikeyt lassen, die beyde Gott vnd menschen an myr preysen, vnd hyn gehen das ich schwebe vber die bewme? Da sprachen die bewme zum feygebaum, kom du vnd sey eyn könig vber vns. Aber der feygebaum sprach zu yhn. Soll ich meyne süssikeyt vnd meyne gutte fruchte lassen, vñ hyn gehē, das ich vber den bewme schwebe? Da sprachen die bewme zum weynstock, kom du vnd sey vnser könig. Aber der weynstock sprach zu yhnen. Soll ich meynen most lassen der gott vnd menschen frolich macht, vnd hyn gehen das ich vber den bewmen schwebe? Da sprachē alle bewme zum dornpusch, kom du vñ sey könig vber vns. Vnd der dornpusch sprach zu den bewmē, Ists war, das yhr mich zum könige salbet vber euch, so kompt vnd vertrawet euch vnter meynen schatten. Wo nicht, so gehe feur aus dem dornpusch vnd verzehre die cedern Libanon.

---

1. Luther's Ueberseßung des Alten Testaments (Buittemberg 1524. Fol.). Buch der Richter, Bl. XXIXᵇ (Cap. 9, 7—15).

Luther.

2.
Esopus.

Wie künte man ein feiner buch in weltlicher heidnischer weisheit machen, denn das gemeine, albere kinderbuch ist, so Esopus heißt? Ja weil es die kinder lernen und so gar gemein ist, muß[1] nicht gelten, und left sich iber dünken wol vier doctor werd, der noch[2] nie eine fabel drinnen verstanden hat.

3.
Ein newe fabel Esopi, newlich verdeutscht gefunden, vom Lawen vnd Esel.

Der alte lawe ward krank vnd fobbert alle thier zu sich, seinen letzten reichstag zuhalten, vnd seinen erben den jungen lawen an seine stat zum könige zusetzen. Die thier kamen gehorsamlich, namen des alten lawen letzten willen an, Als aber der alte lewe starb, vnd herrlich bestattet ward, wie sichs eim könige gebürt, thetten sich etlich vntrew falsche rethe des alten königs erfür, welchen doch der alte könig viel guts gethan vnd zu grossen ehren geholffen hatte, die suchten nu ein freyes leben zuhaben vnd nach yhrem gefallen ym reich zu regieren, vnd wolten keinen lewen mehr zum könige haben, vnd sprachen auch, Nolumus hunc regnare super nos, zeigten an, wie ein grawsam regiment die lewen bisher gefürt hetten, wie sie die vnschüldigen thier zurissen vnd fressen, das niemand sicher für yhn sein künte, wie es denn zugeschehen pflegt, das man alles guten schweigt, vnd allein das ergest redet von den öberherrn.

Es ward aus solcher rede ein gros gemürmel vnter allen stenden des reichs, etliche wolten den jungen lewen behalten, Aber das mehrerteil, wolten ein andern auch versuchen, Zuletzt

---

2. Der CI Psalm, durch D. Mar. Luth. Ausgelegt. Wittemberg M.D.XXXIIII. 4°. Bl. Nij^a. — 1 muß, muß es. — 2 noch, dennoch.

fobbert man sie zusamen, das man nach der meisten volwort
welen solt vnd die sachen stillen, Da hatten die falschen
vntrew rethe den fuchs zum redener gemacht, der das wort
thun solt fur des reichs stenden, vnd seine instruction vnd
vnterricht gegeben, wie er solt den Esel furschlagen, Es war
zum ersten zwar dem fuchs selbs lecherlich, das ein esel solt
könig sein, Aber da er höret yhr bedencke, wie frey sie künd=
ten vnter dem Esel leben, vnd möchten yhn regieren wie sie
wolte, lies yhm der schalck solchs gefallen, vnd halff trewlich
dazu, fasset die sache, wie er sie wolt hübsch fürbringen.

Vnd trat auff fur des reichs stenden, rüspert sich, vnd hies
stilschweigen, fieng an zu reden von des reichs not vnd schweren
sachen, treyb aber die gantze rede dahin, das der könige schuld
gewest were, vnd macht das lewen geschlecht so zu nicht, das
der hauffe gantz abfiel, Da aber ein grosser zweifel ward,
welches thier zuwelen sein solt, hies er abermal schweigen vnd
hören, vnd gab des esels geschlecht für, vnd bracht wol eine
stunde zu vber dem esel loben, wie der esel nicht stoltz noch
tyrannisch were, thet viel erbeit, were gedültig, vnd demütig,
lies ein ander thier auch etwas sein, vnd stünde nicht viel zu=
halten, were auch nicht grawsam, fresse die thier nicht, lies
yhm an geringer ehre vnd zinse begnügen, Als nu der fuchs
mercket, das solchs den pöfel kützelt vnd wol gefiel, da thet er
den rechten zusatz, vnd sprach, Vber das, lieben herrn, haben
wir zubedencken, das er villeicht auch von Gott dazu verordnet
vnd geschaffen sey, das künd man wol daran mercken, das er
ein creutz ewiglich auff dem rücken tregt.

Da der fuchs des creutzs gedacht, entsatzten sich dafur alle
stende des reichs, fielen zu mit grossem schall, Nu haben wir
den rechten könig funden, welcher kan beide weltlich vnd geist=
lich regiment verwesen, da preiset ein iglicher etwas am esel,
Einer sprach, Er hette feine lange ohren, die weren gut zum
beicht höre, Der ander sagt, Er hette auch eine gute stymme,
die wol töchte ynn die kirchen zu predigen vnd zu singen, Da
war nichts am gantzen esel, das nicht königlicher vnd Bepst=
licher ehren werd were, Aber fur allen andern tügenden, leuchtet
das creutze auff dem rücken, Also ward der esel zum könige
vnter den thieren erwelet.

Der arme iunge lewe gieng elende vnd betrübt, als ein
verstossen wayse aus seinem erblichen reich, Bis das sich etliche
alte trew frome rethe, den solcher handel leyd war, sein

erbarmeten, Vnd besprachen sich, wie es ein lesterliche vn=
tugent were, das man den iungen könig so schendlich solte
lassen verstossen sein, Sein vater hette solchs nicht vmb sie ver=
dienet, Es muste auch nicht gehen ym reich, wie der fuchs vnd
seine gesellen wolten, die yhren mutwillen vn̄ nicht des reichs
ehre suchten, Sie ermanneten sich, vnd baten die reichsstende
zusamen, sie hetten etwas nötigs furzubringen, da trat der
eltest auff, das war ein alter Hund, ein trewer rad des alten
lewens, vnd erzelet mit schöner rede, wie solche wahl des
Esels were zu iach vnd vbereilet, vnd dem lewen grosses vn=
recht geschehen. Es müste nicht alles golt sein was gleisset,
Der Esel ob er schon das creutz auff dem rücken trüge, kündte
wol ein schein vnd nichts dahinden sein, wie alle welt durchs
gleissen vnd guten schein betrogen wird, Der lewe hette seiner
tugent viel mit der that beweiset, Darümb sie solten wol zu=
sehen, das sie nicht einen könig erweleten, der nicht mehr denn
ein geschnitzt bilde were, welchs auch wol ein creutz tragen
kündte, Vnd wo ein krieg sich erhübe, wüsten sie nicht was sie
das eitel creutz helffen künd, wo nicht mehr dahinden were.

Solche ernste dapffer rede des hundes, bewegte Er omnes,
Dem fuchs vnd den vntrewen rheten ward bange, gaben fur,
Was ym reich beschlossen were, solt bleiben, Aber es bewegt
gleich wol den hauffen, das der Esel nie nichts mit der that
beweiset hette, vnd möcht das creutz sie wol betrogen haben,
vnd kundten doch mit der walh nicht zurücke, Endlich da der
hund auff die that vnd auff den falschen schein des creutzs so
hart drang, ward durch seinen furschlag, bewilligt, das der esel
solte mit dem lewen vmb das reich kempffen, Welcher gewünne
der solt könig sein. Sie kundtens ytzt nicht anders machen,
weil die walh ym reich geschehen were, Da kreig der iunge
lewe widder ein Hertz, vnd alle frome vntterthan grosse hoff=
nung, Aber der fuchs hieng den schwantz mit seinen gesellen,
versahen sich nicht viel ritterlichs kampffs zu yhrem newen
könige, Es wolte denn mit fartzens gelten, oder mit distel
fressens, Der kampfftag ward bestympt, vnd kamen alle thier
auff den platz, Der fuchs hielt fest bey dem Esel, der hund
bey dem lawen.

Den kampff lies der esel den lewen welen, Der lawe
sprach, Wolan, Es gilt, wer vber diesen bach springet, das er
keinen fus nass machet, der sol gewonnen haben, Es war
aber ein grosser bach, Der lewe holet aus, sprang vberhin,

wie ein vogel oberhin flöge, Der esel vnd fuchs dachten,
Wolan wir sind zuvor auch nicht könige gewest, Wogen ge=
winnet, wogen verleuret, Er must springen, Vnd sprang,
platzsch mitten ynn den bach, wie ein bloch hinein fiele, Da
sprang der lewe herümb am vfer, vnd sprach, Ich meyne ia
der fuss sey nass. Aber nu sihe doch, was glück vnd list
vermag, Dem Esel hatte sich ein klein fischlein ym ohre vnter
dem wasser verwirret vnd verfangen, Als nu der Esel aus
dem bach kroch, vnd die thier sich des sprungs wol zulacht
hatten, sihet der fuchs, das der Esel den fisch aus dem ohre
schüttelt, vnd hebt an vnd spricht, Nu schweigt vnd höret.

Wo sind sie nu, die das creutze verachten, das es keine
that künne beweisen? Mein herr könig Esel spricht, Er hette
auch wol wollen vber den bach springen, Aber das were yhm
eine schlechte kunst gewest, seins creutzs tugent zu beweisen, so
es der lewe vnd ander thier wol on creutze thun, Sondern er
sahe ym sprunge ein fischlein ym bach, da spranck er nach,
vnd das seins creutzs wunder beste grösser were, wolt ers nicht
mit dem maul oder pfoten, sondern mit den ohren fahen,
Solches last den lewen auch thun, vnd sey darnach könig,
Aber ich halt, er solt mit maul vnd allen vieren klawen, nicht
einen fisch fahen, wenn er gleich darnach gienge, schweige denn
wenn er sprünge, Der fuchs macht mit solchem geschwetz aber=
mal ein getümel, vnd das Creutz wolt schlecht gewinnen. Den
hund verdros das glück vbel, aber viel mehr das der falsche
fuchs mit seinem fuchsschwentzen, den hauffen also narrete,
fieng an zu bellen, es were schlumps also geraten vnd kein
wunder, Damit aber nicht ein auffrur wurde, durch das ge=
beysse des fuchs vnd hunds, wards fur gut angesehen, das
der lewe vnd esel alleine an einen ort giengen vnd daselbst
kempffeten.

Sie zogen hin, zu einem holtz, yns reichs geleit vnd fride.
Es gilt, sprach der lawe, Welcher das behendeste thier fehet.
Vnd er lieff zum holtze hinein vnd iagt, bis er einen hasen
fehet, Der faule Esel dacht, Es wil mich das reich zuviel
mühe kosten, solt wol keinen fride haben mit der weise, legt
sich auff den platz nidder ynn der sonnen, vnd lechet mit der
zungen eraus fur grosser hitze, So kömpt ein rabe, vnd
meynet Es sey ein ass, setzt sich auff seine lippen, vnd wil
essen, Da schnapt der Esel zu, vnd fehet den raben, Da nu
der lewe kömpt frölich gelauffen mit seinem hasen, findet er

den raben vns efels maul, vnd erschrickt, kurtz, Es war ver=
loren, vnd begynnet yhm nu selbs zu grawen fur dem creutz
des Esels, doch verlies er das reich nicht gerne, vnd sprach,
Lieber Esel, Es gilt noch eines vmb guter gesellen willen,
aller guten ding sollen drey sein, Der Esel thets wol die
helfft aus furcht, weil er allein mit yhm war, vnd nam es an.

Der lewe sprach, Jenfid dem berge ligt eine müle, Wer
am ersten dahin kömpt, sol gewonnen haben, Wiltu vnten
hin, odder vber den berg lauffen? Der Esel sprach, lauff du
vber den berg, Der law, als ym letzten kampff, lieff was er
leibs lauffen kundte, Der Esel bleyb still stehen vnd dacht,
Ich werde doch zum spot, und mache mir müde beyne so ich
lauffe, so merck ich wol, der lewe günnet mir doch der ehre
nicht, so wil ich auch nicht vmb sonst erbeiten, Als der lewe
vber den berg kömpt, so sihet er einen Esel für der müllen
stehen, Ey (spricht er) hat dich der Teuffel bereit her gefüret,
Wolan noch ein mal zurück an vnsern ort, Da er aber widder
über kömpt, sihet er den Esel aber da stehen, Zum dritten
mal auch (sprach er) Widder zur mülen, Da sihet er zum
dritten mal den Esel da stehen, vnd muß dem Esel gewonnen
geben, vnd bekennen, das mit dem creutz nicht zu schertzen ist,
Also bleyb der Esel könig, vnd regieret sein geschlecht bis auff
diesen tag gewaltiglich ynn der welt vnter den thieren.

EJn newe | fabel Esopi | Newlich verdeutscht gefunden, | Vom Lawen vnd
Esel. o. O. u. J. 6 Bl. 4°. (Göttingen H E E. 104g¹². Auf dem Titel bei=
geschrieben: Anno M.XXVIII Wittenbergae.)

4.

Etliche Fabeln aus Esopo:

von D M. L. verdeutscht, samt einer schönen Vorrede von rech=
tem nutz und brauch desselben buchs, jederman, wes standes er
auch ist, lüstig und dienlich zu lesen.
Anno MDXXX.

Dies buch von den fabeln oder merlin ist ein hochberümet
buch gewesen bei den allergelertesten auf erden, sonderlich unter

---

4. Der Neundte Teil der Bücher Lutheri. Wittemberg. Hans Lufft. 1558.
Fol. Bl. 454ᵇ fg.

den heiden. Wiewol auch noch jtzund die warheit zu sagen
von eusserlichem leben in der welt zu reden, wüßte ich, außer
der heiligen Schrift, nicht viel bücher, die diesem überlegen
sein solten, so man nutz, kunst und weisheit und nicht hoch=
bedechtig geschrei wolt ansehen, denn man darin unter schlechten
worten und einfeltigen fabeln, die allerfeineste lere, warnung
und unterricht findet (wer sie zu gebrauchen weiß) wie man
sich im haushalten in und gegen der oberkeit und unterthanen
schicken sol auf das man klüglich und friedlich unter den bösen
leuten, in der falschen argen welt, leben möge.

Das mans aber dem Esopo zuschreibet ist, meins achtens,
ein geticht, und vielleicht nie kein mensch auf erden, Esopus
geheissen, sondern ich halte, es sey etwa durch viel weiser leute
zuthun mit der zeit stück nach stück zu haufen bracht und end=
lich etwa durch einen gelerten in solche ordnung gestellet, wie
jetzt in deutscher sprach etliche möchten die fabel und sprüche,
so bey uns im brauch sind, samlen und darnach jemand ordent=
lich in ein buch fassen, denn solche feine fabeln in diesem buch
vermöcht jtzt alle welt nicht, schweig denn ein mensch, erfinden.

Darum ist gleublicher, das etliche dieser fabeln fast alt,
etliche noch elter, etliche aber neu gewesen sind zu der zeit, da
diß büchlein gesamlet ist, wie denn solche fabeln pflegen von
jar zu jar zu wachsen und sich mehren, darnach einer von seinen
vorfaren und eltern höret und samlet.

Und Quintilianus der große scharfe meister über bücher zu
urtheilen helts auch dafür, das nicht Esopus, sondern der aller=
gelertesten einer in griechischer sprach, als Hesiodus, oder des=
gleichen, dieses buches meister sey, denn es dünkt ihm, wie auch
billich, unmüglich sein, das solcher tölpel, wie man Esopum
malet und beschreibet, solte solch witz und kunst vermügen, die
in diesem buch und fabeln funden wird und bleibt also diß
buch eines unbekanten und unbenanten meisters und zwar es
lobet und preiset sich selbs hoher, denn es keines meisters
name preisen künte.

Doch mügen die, so den Esopum zum meister ertichtet haben
und sein leben dermaßen gestellet, vieleicht ursach gnug gehabt
haben, nemlich, das sie als die weisen leute, solch buch um
gemeines nutzes willen, gern hetten jederman gemein gemacht
(denn wir sehen, das die jungen kinder und jungen leute mit
fabeln und merlin leichtlich bewegt) und also mit lust und
liebe zur kunst und weisheit gefürt würden, welche lust und

liebe beste größer wird, wenn ein Esopus oder dergleichen larva
oder fastnachtputz fürgestellet wird, der solche kunst ausrede
oder fürbringe, das sie beste mehr drauf merken und gleich
mit lachen annemen und behalten. Nicht allein aber die kin=
der, sondern auch die großen fürsten und herrn, kan man
nicht das betriegen zur warheit und zu ihrem nutz, denn das
man ihnen lasse die narren die warheit sagen, dieselbigen kön=
nen sie leiden und hören, sonst wollen oder können sie von
keinem weisen die warheit leiden, ja alle welt hasset die war=
heit, wenn sie einen trifft.

Darum haben solche weise hohe leute die fabeln ertcht
und lassen ein thier mit dem andern reden, als solten sie
sagen, wolan es wil niemand die warheit hören noch leiden
und man kan doch die warheit nicht entberen, so wollen wir
sie schmücken, und unter einer lustigen lügenfarbe und lieb=
lichen fabeln kleiden und weil man sie nicht wil hören durch
menschen mund, das man sie doch höre durch thiere und bestien
mund.

So geschiets denn, wenn man die fabeln liset, das ein
thier dem andern, ein wolf dem andern die warheit sagt, ja
zuweilen der gemalete wolf oder beer, oder lewe im buch dem
rechten zweifüssigen wolf oder lewen einen guten text heimlich
liset, den ihm sonst kein prediger, freund noch feind lesen
dürfte. Also auch ein gemalter fuchs im buch, so man die
fabeln liset, sol wol einen fuchs über tisch also ansprechen
das ihm der schweis möchte ausbrechen und solte wol den
Esopum gern wollen erstechen und verbrennen. Wie denn der
tichter des Esopi anzeigt, das auch Esopus um der warheit
willen ertödtet sey und ihn nicht geholfen hat, das er in fabeln=
weise als ein narr, dazu ein ertichter Esopus, solche warheit
die thier hat reden lassen. Denn die warheit ist das unleid=
lichste ding auf erden.

Aus der ursachen haben wir uns das buch furgenommen
zu fegen und ihm ein wenig besser gestalt zu geben, denn es
bisher gehabt, allermeist um der jugend willen, das sie solche
feine lere und warnung unter der lieblichen gestalt der fabeln
gleich wie in einer mummerei oder spiel, beste lieber lerne
und fester behalte. Denn wir gesehen haben, welch ein un=
geschickt buch aus dem Esop gemacht haben, die den deutschen
Esopum, der furhanden ist, an tag geben haben, welche wol
werd weren einer grossen strafe, als die nicht allein solch fein

nüßlich buch zu schanden und unnüß gemacht, sondern auch
viel zusaß aus ihrem kopf hinzu gethan, wiewol das noch zu
leiden were.

Darüber so schendliche, unzüchtige bubenstück darein ge=
mischt, das kein züchtig, from mensch leiden, zuvor kein jung
mensch, one schaden lesen oder hören kan, gerad als hetten sie
ein buch in das gemein frauenhaus, oder sonst unter lose
buben gemacht, denn sie nicht den nuß und kunst in den
fabeln gesucht, sondern allein ein kurzweil und gelechter daraus
gemacht, gerade als hetten die hochweisen leute ihren treuen
großen fleiß dahin gericht, das solche leichtfertige leute solten
ein geschweß und narrenwerk aus ihrer weisheit machen. Es
sind seu und bleiben seu, fur die man ja nicht solt berlen
werfen.

Darum so bitten wir alle frome herzen, wollen denselbigen
deutschen schendlichen Esopum ausrotten und diesen an seine
stat gebrauchen. Man kan dennoch wol frölich sein, und sol=
cher fabel eine des abends über tisch mit kindern und gesind
nüßlich und lustiglich handeln, das man nicht darf so schampar
und unvernünftig sein wie in den unzüchtigen tabernen und
wirtsheusern, denn wir vleis gethan haben eitel feine reine
nußliche fabeln in ein buch zu bringen dazu die legend
Esopi.

Was sonst nüß= und nicht schedliche fabeln sind, wollen wir
mit der zeit auch, so Gott wil, leutern und fegen, damit es
ein lustiger und lieblicher, doch erbarlicher und züchtiger und
nüßlicher Esopus werde, des man one sünde lachen und ge=
brauchen künde, kinder und gesinde zu warnen und unterweisen
auf ihr zukünftiges leben und wandel, daher er denn von an=
fang ertichtet und gemacht ist.

Und das ich ein exempel gebe der fabeln wol zu ge=
brauchen. Wenn ein hausvater über tisch wil kurzweil haben,
die nüßlich ist, kan er sein weib, kind, gesind fragen, was
bedeut diese oder diese fabel? und beide sie und sich darin
üben.

Als die fünfte fabel von hund mit dem stück fleisch im
maul bedeutet, wenn einem knecht oder magd zu wol ist und
wils bessern, so gehets ihm wie dem hund, das sie das gute
verlieren und jenes bessere nicht kriegen. Item wenn sich ein
knecht an den andern hengt und sich verfüren leßt, das ihm
gehe wie dem frosch an der `maus gebunden, in der britten

fabel, die der weihe alle beide fraß, und so fortan in den andern fabeln mit lieb, mit leid mit dreuen und locken, wie man vermag, one das wir müssen das unser bei ihnen thun.

I. Torheit.

Vom han und perlen.

Ein han scharret auf der misten und fand eine köstliche perlen. Als er dieselbigen im kot ligen sahe, sprach er, sihe du feines dinglin, ligstu hie so jemerlich, wenn dich ein kaufman fünde, der würde dein fro und du würdest zu großen ehren komen, aber du bist mir und ich dir kein nutze, ich neme ein körnlin oder wörmlin und lies eim alle perlen, · magst bleiben wie du ligst.

Lere.

Diese fabel leret, das dis buchlin bei bauren und groben leuten unwerd ist, wie denn alle kunst und weisheit bei denselbigen veracht ist, wie man spricht, kunst gehet nach brot. Sie warnet aber, das man die lere nicht verachten sol.

*   *   *

II. Haß.

Vom wolf und lemlin.

Ein wolf und lemlin kamen ongefehr beide an einem bach zu trinken, der wolf trank oben am bach, das lemlin aber fern unten. Da der wolf des lemlins gewar ward, lief er zu ihm und sprach, warum trubestu mir das wasser, das ich nicht trinken kan? Das lemlin anwortet, wie kan ich dirs wasser truben, trinkestu doch über mir und möchtest es mir wol truben? Der wolf sprach, wie? fluchestu mir noch dazu, das lemlin antwortet ich fluche dir nicht. Der wolf sprach, ja dein vater thet mir vor sechs monden auch ein solchs, du wilt dich vetern [1].

II. [1] vetern, wie der Vater handeln.

Das lemlin antwortet, bin ich doch dazumal nicht geborn geweft, wie fol ich meins vaters entgelten? Der wolf fprach, fo haftu mir aber mein wiefen und ecker abgenaget und verberbet. Das lemlin antwortet, wie ift das müglich, hab ich doch noch kein zeene? Ei fprach der wolf, und wenn du gleich viel ausreden und fchwetzen kanft, wil ich dennoch heint nicht ungefreffen bleiben, und würget alfo das unfchulbig lemlin und fraß es.

Lere.

Der welt lauf ift, wer from fein wil, der mus leiden, folt man eine fache vom alten zaun brechen, denn gewalt gehet für recht. Wenn man dem hunde zu wil, fo hat er das lebber gefreffen. Wenn der wolf wil, fo ift das lam unrecht.

* * *

III. Bon Untreu.

Vom frofch und der maus.

Eine maus were gern über ein waffer geweft und kundte nicht und bat einen frofch um rat und hülfe. Der frofch war ein fchalk und fprach zur maus, binde deinen fuß an meinen fuß, fo wil ich fchwimmen und dich hinüberzihen. Da fie aber aufs waffer kamen, tauchet der frofch hinuntern, und wolt die maus ertrenken. Indem aber die maus fich wehret und erbeitet, fleuget ein weihe daher und erhafchet die maus, zeucht den frofch auch mit heraus und friffet fie beibe.

Lere.

Sihe dich fur mit wem du handleft, die welt ift falfch und untreu vol, denn welcher freund den andern vermag, der fteckt in in den fack. Doch fchlegt untreu allzeit ihren eigen herrn, wie dem frofch hie gefchiet.

* * *

IV. Reid.

Vom hunde und schaf.

Der hund sprach ein schaf fur gericht an um brot, das er ihm gelihen hette. Da aber das schaf leugnet, berief sich der hund auf zeugen, die muste man zulassen. Der erste zeuge war der wolf, der sprach, ich weis das der hund dem schaf brot gelihen hat. Der weihe sprach, ich bin dabei gewest. Der geir sprach zum schaf, wie tharstu das so unverschamt leugnen? Also verlor das schaf seine sache und muste mit schaden zur uneben zeit seine wolle angreifen, damit es das brot bezalete, des es nicht schuldig worden war.

Lere.

Hüt dich fur bösen nachbarn, oder schicke dich auf gebult wiltu bey leuten wonen, denn es günnet niemand dem andern was guts, das ist der welt lauf.

*   *   *

V. Geiz.

Vom hunde im wasser.

Es lief ein hund durch einen wasserstrom und hatte ein stück fleisch im maule. Als er aber den schemen vom fleisch im wasser sihet, wehnet er, es were auch fleisch und schnappet gierig darnach. Da er aber das maul aufthet empfiel ihm das stück fleisch und das wasser fürets weg. Also verlor er beide, das fleisch und schemen.

Lere.

Man sol sich benügen lassen an dem, das Gott gibt. Wer das wenige verschmahet, dem wird das größer nicht. Wer zu viel haben wil, der behelt zuletzt nichts. Mancher verleuret das gewisse über dem ungewissen.

*   *   *

VI. Frevel. Gewalt.

Es geselleten sich ein rind, ziegen und schaf zum lewen
und zogen mit einander auf die jaget in einen forst. Da sie
nun einen hirß gefangen und in vier theil gleich geteilet hatten,
sprach der lewe, ihr wisset, das ein teil mein ist, als euers
gesellen, das ander gebürt mir als eim könige unter den thieren,
das dritte wil ich haben, darum, das ich sterker bin und mehr
darnach gelaufen und geerbeitet habe, den ihr alle drey. Wer
aber das vierde haben wil, der muß mirs mit gewalt nemen.
Also musten die drei fur ihre mühe das nachsehen und den
schaden zu lohn haben.

Lere.

Fare nicht hoch, halt dich zu deines gleichen, Dulcis inex-
pertis cultura potentis Amici. Es ist mit herrn nicht gut
kirschen essen, sie werfen einen mit den stielen. Vlpia. L. Si
non fuerint. Das ist ein geselschaft mit dem lewen, wo einer
allein den genieß, der ander allein den schaden hat.

* * *

VII. Diese fabel ist auf ein ander weise also gestellet.

Ein lewe, fuchs und esel jagten mit einander und fiengen
einen hirß, da hieß der lewe den esel das wilpret teilen. Der
esel macht drey teil, des ward der lewe zornig und reiß dem
esel die haut über den kopf das er blutrüstig da stund und hieß
den fuchs das wilpret teilen. Der fuchs stieß die drey teil
zusamen und gab sie dem lewen gar. Des lachet der lewe und
sprach, wer hat dich so leren teilen? Der fuchs zeiget auf den
esel und sprach, der doctor da im rotten parret.

Diese fabel leret zwei stücke.

Das erste, herrn wollen vorteil haben und man sol mit
herrn nicht kirschen essen, sie werfen einen mit den stielen. Das
ander, Felix quem faciunt aliena pericula cautum, das
ist ein weiser man, der sich an eines andern unfal bessern kan.

VIII. Bom biebe.

Es freiet eins mals ein bieb und seine nachbarn waren frölich auf seiner hochzeit, denn sie hoffeten, er würde hinfurt from werden. Da kam ein kluger man dazu und als er sie in freuden sahe, sprach er, sehet zu, seid nicht alzu frölich. Die sonn wolt auch einmal freien, des erschrak alle welt und warb so ungedulbig das sie auch in den himel fluchet und schalt. Es fragt Jupiter aus dem himel, was das fluchen bedeutet? Da sprach alle welt, wir haben jtzt ein einige sonne und die thut uns mit ihrer hitze so viel zu leide, das wir schier alle verderben, was wil werden, wenn die sonne mehr sonnen zeugen wird?

Diese fabel zeigt der welt:
Man darf den teufel über die thur nicht malen.

Gris schlecht gern nach gramen[1],
Ein bieb zeugt den andern.
Hilf frome leute mehren,
Der bösen ist sonst zuviel.

Mancher schalk wird durch frome leute gefördert, der darnach seines gleichen an sich zeucht, landen und leuten sehr schedlich ist, darum sihe dich fur, wem du raten oder helfen solt. An fremben kindern und hunden (spricht man) ist das brot verloren.

*   *
*

IX. Bom kranich und wolfe.

Da der wolf einsmals ein schaf geiziglich fraß bleib ihm ein bein im halse über zwerch stecken, davon er große not und angst hatte und erbot sich gros lohn und geschenk zu geben, wer im hülfe. Da kam der kranich und sties seinen langen kragen dem wolf in den rachen und zog das bein heraus. Da er aber das verheißen lohn fobbert, sprach der wolf, wiltu noch lohn haben? danke du gott, das ich dir den hals nicht abgebissen habe, du soltest mir schenken, das du lebenbig aus meinem rachen kommen bist.

VIII. [1] Gris, Greis; gramen, brummen, sprichwörtlich: das Alter ist leicht mürrisch.

Diese fabel zeigt an:

Wer den leuten in der welt wil wol thun, der mus sich erwegen undank zu verdienen. Die welt lohnet nicht anders denn mit undank, wie man spricht. Wer einen vom galgen erlöset, dem hilft derselbige gern dran.

* * *

X. Vom hund und der hündin.

Ein schwangere hündin bat mit demütigen worten einen hund, das er ihr wolt sein heuslin gönnen, bis sie geworfen hette, das that der hund gerne. Da nu die jungen hündlin erwuchsen begert der hund sein heuslin wieder, aber die hündin wolte nicht, zuletzt dreuet ihr der hund und hies sie das heuslin reumen. Da ward die hündin zornig und sprach, bistu böse, so beis uns hinaus.

Diese fabel zeigt, wenn die laus in grind komet, so macht sie sich beschissen, sihe wie du des bösen los werdest, wenns überhand krigt. Der teufel ist gut zu gast bitten, aber man kan sein nicht wol los werden.

* * *

XII. Vom esel und lewen.

Der esel ward auch einmal baurkünig und als er einem lewen begegnet, grüßet er ihn hönisch und sprach, ich grüße dich bruder. Den lewen verdros der hönische grus, dacht aber bey sich, was sol ich mich an dem schelmen rechen, ich schelte oder zureiße ihn, so lege ich kein ehre ein, ich wil den narren lassen faren.

Lere.

Hoc scio pro certo, quod si cum stercore certo
Vinco uel uincor, semper ego maculor.

Wer mit eim dreck rammelt,
Er gewinne oder verliere, so gehet er beschissen davon.

* * *

XIII.

Ein ſtadmauß gieng·ſpacieren und kam zu einer feldmauß,
die thet ihr gütlich mit eicheln, gerſten, nüſſen und womit ſie
kund. Aber die ſtadmauß ſprach, du biſt ein arme mauß, was
wiltu hie in armut leben, kome mit mir ich wil dir und mir
gnug ſchaffen von allerlei köſtlicher ſpeiſe. Die feldmauß zog
mit ihr hin in ein herrlich ſchön hauß darin die ſtadmauß
wonet und giengen in die kemnoten [1], da war vol auf von brot,
fleiſch, ſpeck, würſte, keſe und alles, da ſprach die ſtadmauß,
nu iß und ſey guter ding, ſolcher ſpeiſe hab ich teglig überflüſſig.

In des kömet der kelner und rumpelt mit den ſchlüſſeln
an der thür, die meuſe erſchraken und liefen davon, die ſtad=
mauß fand bald ihr loch, aber die feldmauß wuſte nirgend hin,
lief die wand auf und ab und hatte ſich ihres lebens erwegen.

Da der kelner wider hinauß war, ſprach die ſtadmauß, es
hat nun kein not, laß uns guter ding ſein. Die feldmauß ant=
wortet, du haſt gut ſagen, du wuſteſt dein loch fein zu.treffen,
biweil bin ich ſchier für angſt geſtorben. Ich wil dir ſagen
was die meinung iſt, bleibe du eine reiche ſtadmauß und fris
würſte und ſpeck, ich wil ein armes feldmeußlin bleiben und
mein eicheln eſſen, du biſt kein augenblick ſicher für dem kelner,
für den katzen, für ſo viel meuſefallen und iſt dir das ganze
hauß feind, ſolchs alles bin ich frei und ſicher in meinem
armen feldlöchlin.

In großen waſſern ſehet man große fiſche.
Aber in kleinen waſſern ſehet man gute fiſchlein.

Wer reich iſt hat viel } Neider,
Sorge,
Fahr.

*　*　*

XVI. Bom raben und fuchſe.

Ein rab hatte einen keſe geſtolen und ſatzte ſich auf einen
hohen baum und wolte zeren. Als er aber ſeiner art nach
nicht ſchweigen kan, wenn er iſſet, höret ihn ein fuchs·über

---

[1] kemnote, Zimmer.

dem kese kecken und lief zu und sprach, o rab, nu hab ich mein
lebtag nicht schöner vogel gesehen von feddern und gestalt, denn
du bist, und wenn du auch so eine schöne stimme hettest zu
singen, so solt man dich zum könige krönen über alle vögel.

Den raben kützelt solch lob und schmeicheln, fing an, wolt
sein schönen gesang hören lassen und als er den schnabel auf=
thet empfiel ihm der kese, den nam der fuchs behend, fras ihn
und lachet des thörichten rabens.

Hüt dich wenn der fuchs den raben lobt,
Hüt dich für schmeichlern, so schinden und schaben ꝛc.

5.
Ameisen und grillen.

Also haben die alten poeten und weisen gespielet von den
grillen oder heuschrecken, die kamen im winter, da sie nicht
mehr zu essen funden, zu den ameisen und baten, das sie inen
auch etwas mitteileten, was sie gesammelt hetten, und da diese
sprachen, Was habt ir denn im sommer gethan, das ir nicht
auch habt eingetragen? Wir haben gesungen, sprachen sie. Da
musten sie wider hören, Habt ir des sommers gesungen, so tanzt
nun dafür des winters. Also sol man solchen narren antworten,
die da nicht wollen weise werden, noch verstehen lernen, was
Gottes wille ist.

6.
Affe holz spaltend.

Der affe wil alle ding nachthun, aber es gehet im, wie
im buch der weisen stehet, da er einen bauren hatte sehen ein

---

5. Luthers Schriften, herausg. von Walch. Halle. 4º. 12, 1225 Aus=
legung der Epistel am 20. nach Trinit.
6. Der CI. Psalm, durch D. Mar. Luth. Ausgelegt. Wittemberg 1534.
4º. Bl. D 4ᵇ. C. J. Corvé, Luthers Sermon für alle Christliche Oberigkeit.
Halle 1850. S. 14.

groß holz spalten, gehet er hin und setzt sich auch reitlings
darauf und spaltet mit der axt. Er hette aber kein babhemd
an und die geilen fielen im in die spalten, und vergisset einen
keil einzuschlagen. So zeucht er die axt aus, klemmet und
zuquitzscht die geilen, das er sein lebtag ein ongeil oder eunuchus
bleiben muste. Er hatte dennoch dem baur nachgefolget. Also
gehets auch allen seines gleichen unzeitigen nachfolgern.

7.
Adler und fuchs.

Doctor Luther erzelete eine hübsche fabel und sprach, Es
war einmal ein adeler, der machte freundschaft mit einem fuchse,
und vereinigten sich, beieinander zu wonen. Als nun der fuchs
sich aller freundschaft versahe, da hatte er seine jungen unter
dem baume, darauf der adeler seine jungen adeler hatte. Aber
die freundschaft werete nicht lange, denn alsbald der adeler
seinen jungen nicht hatte essen zu bringen und der fuchs nicht
bei seinen jungen war, da flohe der adeler herunter und nam
dem fuchs seine jungen und fürete sie in sein nest und ließ
sie die jungen adeler fressen. Da nu der fuchs wider kam, sahe
er, das seine jungen hinweg genomen waren, klagets derhalben
dem obersten gott Jovi, das er jus violati hospitii rechen
und diese injuriam strafen wolte. Nicht lange darnach, da
der adeler widerum seinen jungen nichts zu essen zu geben hatte,
sahe er, das man an einem orte im felde dem Jovi sacrificierte.
Derhalben flohe er dahin und nam flugs einen braten vom
altar hinweg und brachte denselben den jungen adelern ins nest
und flog wider hinweg und wolte mehr speise holen. Es ware
aber am braten eine glüende kole behangen blieben, dieselbige,
als sie ins nest gefallen war, da zundet sie das nest an, und
als die jungen adler nicht fliegen konten, da verbranten sie
mit dem nest und fielen auf die erde. Und sagete Doctor
Luther darauf, das es pflege also zu gehen denen, so die geist=
lichen güter zu sich reißen, die doch zu Gottes ehren und zu

----

7. Aurifaber, Luthers Tischreden. 1566. Bl. 84. Kurz erwähnt bei
Mathesius, Historien Luthers (1565). Nürnb. 1580. 4°. Bl. 100ᵃ.

erhaltung des predigamts und Gottesdienst gegeben sind, die=
selbigen müssen ir nest und jungen, das ist, ire rittergüter und
andere weltliche güter verlieren und noch wol schaden an leib
und seele dazu leiden.

8.
Die fliege.

Es sagte Doctor Martinus Luther eine feine fabel, so da
gehört auf hoffärtige, ehrgeizige prediger und naseweise ladünkel[1],
und sprach, Es saß eine fliege auf einem fuber heu, und da
mans einfurte und ablude, staub es sehr. Da sprach die fliege,
Ei der teufel, wie einen staub kan eine fliege verrichten! Und
saget ferner von solchen hoffertigen naseweisen leuten, das sie
sich dünken ließen, als theten sie mit irem schreiben ime, dem
Luther, und andern großen schaden und leid. Aber die theten
gleich wie jener floch, der sprach, als er von einem kamel fiel,
Ei, ich meine du hasts gefühlet, was dich fur eine last gedruckt hat!

9.
Der frosch.

Arm hofart, ob sie wol fast drücket, so kan sie doch nichts
machen, denn sie hat nichts im bauche. Davon sagt Esopus,
wie der frosch sich aufbleset und wil so groß sein als der ochse.
Aber das junge fröschlin sagt, Nein, liebe mutter, wenn du
dich gleich zurissest und börstest.

---

8. Aurifaber, Luthers Tischreden. 1566. Bl. 273b. — [1] ladünkel, der
sich etwas dünken läßt, dünkelhaft.
9. Der CI. Psalm, durch D. Mar. Luth. Ausgelegt. Wittemberg
M.D.XXXIIII. 4°. Bl. Bij a.

10.
Kätzlein Adulatio.

Wenn einer alle feinde um und um überwunden hat, wie Hercules, so kan er doch zuletzt den hausteufel, den einheimischen feind nicht überwinden, sondern das traute freulin Omphale mit irem schönen angesicht und glatten zungen setzet dem teuren[1] Herculi den schleier auf und heißet in spinnen. Da sitzt dann der hohe siegman, der alle leuen zurissen, den hellischen hund gefangen, die Centauros und Lapithas geschlagen, den drachen erwürget und was sie mehr von im wunder schreiben, da sitzt er nun, sag ich, und leßt seine keule fallen, nimt die spindel in die hand, und seine schöne Omphale drauet im mit der ruten, wo er nicht recht spinnet. Damit haben die poeten das schöne ketzlin, genant Adulatio, gemalet zu hofe, das den fürsten und herrn auf dem maule trumpelt und heißt sie thun, was sie wil haben, doch mit solcher schönen gestalt und mit solchen lieb= lichen reden, das der liebe Hercules meinet, es sei der engel Gottes und er selbs nicht wert, solch schön freulin zu haben, und wird ir williger unterteniger diener.

11.
Die sau beim mahle.

Der lewe hatte alle tier zu gaste gebeten und ein köstlich herlich mal lassen zu richten und auch die sau dazu geladen. Als man nu die köstlichen gerichte auftruge und den gesten fürsetzte, sprach die sau, Sind auch kleien da? — Also sind itzt unser Epicurer auch. Wir prediger setzen inen in unsern kirchen die allerbeste und herlichste speise für, als ewige seligkeit, ver= gebung der sünde und Gottes gnade, so werfen sie die rüssel auf, scharren nach talern, und was sol der ku muscaten, die isset wol haberstro.

10. Der CI. Psalm, durch Mar. Luth. Ausgelegt. Wittemberg M.D.XXXIIII. 4⁰. O. 2ᵇ fg. — 1 teuer, tapfer.
11. Aurifaber, Luthers Tischreden. 1566. Bl. 5ᵃ.

12.

Teilung.

Doctor Martinus Luther redete zu Eisleben kurz vor seinem tode davon, wie die welt das predigtamt unterhalte, und sprach, Man teilet itzt wunderlich mit den armen predigern, denn haben sie itzt bei iren pfarren ein fleck holz, schönen wiesenwachs, ackerbau oder weinberge, so zwackt man es inen ab. Man teilet mit inen gleich wie jener in der fabulis Esopi · mit dem Mercurio einen pact machte, das er alles, was er funde, dem Mercurio die helfte geben wolte. Als er nun einen sack mit tatteln und mandeln fand, fur er zu und schelete die mandeln und leget die schalen von mandeln auf eine seite samt den kernen aus den tatteln, und thet die mandelkern und tattelkern auf eine seite, gab also die helfte der schalen und tattelkern dem Mercurio, aber die kern von mandeln und die tatteln behielt er für sich. Also ist auch das teil, das die bauren den armen predigern und pfarrherrn geben, nichts andres, denn ledige schalen, spreu, raben und solch gering ding.

13.

Des beren haut.

D. M. Luther erzelete eine fabel, das einer hette eine haut von einem bern gekauft und bezalet gehabt, eher denn der ber gestochen und gefangen gewesen. Darauf sagete er, man solte den alten rock nicht eher wegwerfen, man habe denn einen neuen.

14.

Nicht allzeit alles sagen.

Der lewe hatte viel tier zu sich in die höhle oder in sein loch oder wonung erfodert, darinnen es ganz übel roch und

---

12. Aurifaber, Luthers Tischreden. 1566. Bl. 16ᵃ.
13. Aurifaber, Luthers Tischreden. 1566. Bl. 623ᵃ.
14. Aurifaber, Luthers Tischreden. 1566. Bl. 622 fg.

stunke. Als er nun den wolf fragte, wie es im gefiele in seinem
königlichen hause. oder hoflager, da sprach der wolf, O es stinkt
übel hierinnen. Da fur der lewe zu und zerreiß den wolf.
Darnach als er den esel fragete, wie es im gefiele, und der
arme esel sehr erschrocken war über des wolfs tob und mort,
da wolt er aus furcht heucheln und sprach, O herr könig es
reucht wol alhier. Aber der lewe fur über inen [1] her und zureiß
in auch. Als er nu den fuchs auch fragete, wie es im gefiele
und wie es röche in seiner höhle, da sprach der fuchs, O ich
hab itzt den schnuppen, ich kan nichts riechen. Als solt er sagen,
es wils nicht thun, das man alle ding nachredet, und wurde
mit anderer leute schaben klug, das er sein maul hielt.

15.
Nicht leichtlich gleuben.

Die alten haben einen feinen apologum gemacht, das ein
haushan auf einem baum gesessen war, zu dem hatte ein fuchs,
so ungeferlich für über geloffen, gesagt, er solte herab vom
baum steigen, denn es were ein landfried ausgeschrien, wie
alle zwietracht, widerwillen und uneinigkeit unter menschen und
tieren aufgehaben were und zu ewigen zeiten hingelegt sein solte,
also, das eines das ander treulich meinen und eines das ander
ehren und fördern solte. Aber der han gab dem füchslin diese
antwort: Es mag sein, sagt er, das ein gemeiner landfried
aufgerichtet sei und alles widerwillens stilleftand geboten; die
zeitung sind mir aber noch nicht zukommen und verkündiget.
Indes aber wil ich mich halten wie für alters her meine vorfaren mit euch füchsen und euerm geschlecht allwege sich gehalten haben.

Und sprach Doctor Martinus Luther drauf: Die heilige
Schrift sagets, man sol allen geistern nicht gleuben. Denn
hette der han dem fuchs gegleubet, so were er um sein leben
komen, sonft bleibet er bei gutem hausgemach.

---

14. [1] inen, ahd. inan, mhd. inen, ihn.
15. Aurifaber, Luthers Tischreden. 1566. Bl. 612[b].

16.
Krähe und affen.

Über tisch hab ich etliche gute fabeln und sprichworter von im [Luther] gehört, als von der kro, so die affen strafete[1], die aus eim Johanswürmlein feuer blasen wolten, und darüber iren kopf verlor. Also gehets, wenn man ander leuten, die kein verstand haben, einreden wil. Affen und pfaffen lassen sich nicht strafen, wie ichs aus langer erfarung bin gewar worden.

17.
Hahn und katze.

Item, da man eines erwehnet, der sich sehr heuchlisch und glimpflich stellet, gedacht er dies schönen sprichworts, so aus dem merlein von der alten maus und iren töchterlein gesponnen ist, welche ein rauschenden han und schleichende katze sahen und sich über dem leisetritt hart verwunderten, Hüte dich, sagt die muttermaus, fürn schleichern, die rauschen thun dir lang nichts.

18.
Der bauer und die gans.

Auf ein zeit kauft ein bergherr fremde gewerken aus und wolte den genieß gar allein haben. Wie solchs über tisch gedacht wird, spricht der herr Doctor, Eben so thet jener baur im Esopo auch, dem leget ein gans alle quartal ein gülden ei, da in[1] aber der geiz bestund[2], schurfte er die gans auf[3], da schnitt sich das erz mit abe. Also gehets, wenn man sich nicht

---

16. **Mathesius**, Historien Luthers (1565), Nürnberg 1580. 4 Bl. 100ᵃ. — [1] strafen, tadeln.
17. **Mathesius** (1565) 1580. Bl. 100ᵃ.
18. **Mathesius**, Historien Luthers (1565), Nürnberg 1580. 4⁰. Bl. 101ᵇ fg. — [1] in, ihn. — [2] bestehen, befallen. — [3] aufschurfen, aufschneiden.

wil an den gesellen genügen lassen, so Gott ordentlich bescheret,
und wenn der jeger den hunden und sperbern ir jegerrecht ver=
saget. Bauren sollen pflügen und dreschen, herrn sollen den
zins, zehenden und pacht warten und iren armen leuten schutz
halten, pfarrer sollen leren und beten, sagt Doctor Martin
Luther, so richtet ein jeder das seinige aus, und Gott spricht
sein segen darzu.

19.
Igel und fliegen.

Ein großer herr ligt am fenster und sihet einen hofschranzen
gen hof komen. O, wie ein großer dieb ist dies, spricht er zu
einem, der bei ihm stund. Leidt ir denn solche an diensten?
sagt der rat. Wie sprach der fuchs zum igel, antwort der herr,
lasset mir die satten fliegen sitzen! komen hungerige, die saugen
und saufen viel herter. Es muß ein herr viel sehen und hören,
der mit viel leuten haushalten sol. Bisweilen findet man einen,
der druckt ein hofschwam aus, der viel wasser in sich gezogen,
und henkt in an die sonne, wie Asverus seinem untreuen
Haman thete, oder mancher knüpft im sein hals selber zu, wie
Ahitophel. Denn untreu trifft doch iren eigen herrn, oder da
sichs verzeucht, so zalens endlich die erben.

20.
Krebs und schlange.

Unser Doctor schrieb auf ein zeit seinem sönlein Johanni
diese fabel für: Ein krebs wolte über land reisen; unter wegen
komt er zur schlangen, die wird sein gesert. Nun windet und
schlingt sich die schlang und gehet die quer und macht sich krum.
Der krebs, der auf viel beinen übel zu fuße war, folget seinem

----

19. **Mathesius**, **Historien Luthers** (1565). **Nürnberg** 1580. **4°. Bl.** 102ᵃ.
20. **Mathesius**, **Historien Luthers** (1565). **Nürnb.** 1580. **Bl.** 103ᵇ.

schlimmen und ungeraden wandergesellen und gehet sich ausm atem, helliget [1] und mergelt [2] sich in dieser schweren reise abe. Wies abend wird, keren sie beide unter einen strauch ein, die schlang legt sich in ring und fehet an zu schlafen und schnarchen. Der krebs ist müde und wil kein schlaf in seine augen, und thut im das schnarchen oder zützschen wehe, und wil die schlang stoßen, das sie still lige. Wie sie auffert [3] und wil sich weren, ergreift er sie mit seiner schere beim kopf und druckt hart zu, bis ir der atem ausgehet, da streckt sie sich die lange lenge aus und ligt so tot kein gerade. Ei, sagt der krebs, wenn du heut so gerad gangen werest, het ich auch besser folgen können.

Ach, wie schwer komt es einen an und blutlichen sauer wirds im, wer mit krummen, schlimmen, schlipferigen, ungeraden, zwizüngigen, falschen und giftigen leuten über land sol reisen oder in regimenten mit inen sol ratschlagen und umgehen, oder mit giftigen und falschen predigern und collegen und untreuen weib und gesinde haushalten. Darum, beschloß D. Luther diese fabel, lieber son, es ist nicht allein ein schöner schatz um einen guten nachbarn, sondern wenn eim Gott auch über land und in seinem ampte gute und gerade leut zugibt. Mit schlimmen und falschen komt man schwerlich fort und wird eim blutsauer. Denn ein ungerader und tückischer freund ist viel erger, denn ein öffentlicher zorniger feind.

21.
Klageschrift der vögel an Lutherum über seinen diener Wolfgang Siebergern.
Anno 1534.

Unsern günstigen herrn, Doctori Martino Luthern, Prediger zu Wittenberg.

Wir droßlen, amseln, finken, henflinge, stieglitzen, samt andern frommen, ehrbaren vögeln, so diesen herbst über Witten=berg reisen sollen, fügen euer liebe zu wissen, wie wir gleublich

---

20. [1] helliget, abhelligen, ermüden, hellec, müde. — [2] mergelt, abmergeln, entkräften. — [3] auffert, auffährt.
21. Luthers Sämtliche Schriften. Vierzehnter Theil. Herausg. von Johann George Walch. Halle. 1744. 4°. Sp. 1358—59.

berichtet werden, daß einer, genannt Wolfgang Sieberger, euer
diener, sich unterstanden habe einen großen freventlichen thurst
und etliche alte verdorbene netze aus großen zorn und haß über
uns theuer getauft, damit einen finkenheerd anzurichten und
nicht allein unsern lieben freunden und finken, sondern auch
uns allen die freiheit zu fliegen in der luft und auf erden
körnlein zu lesen, von GOtt uns gegeben, zu wehren vornimmet.
Darzu uns nach unserm leib und leben stellet, so wir doch gegen
ihn gar nichts verschuldet, noch solche ernstliche und geschwinde
thurst um ihn verdienet. Weil denn das alles, wie ihr selbst
könnt bedenken, uns armen freien vögeln (so zuvor weder scheune
noch heuser, noch etwas darinnen haben) eine gefährliche und
große beschwerung, ist an euch unser demüthige und freundliche
bitte, ihr wollet euren diener von solcher thurst weisen, oder wo
das nicht sein kann, doch ihn dahin halten, daß er uns des
abends zuvor streue körner auf den heerd und morgens vor
acht uhr nicht auffstehe und auf den heerd gehe, so wollen wir
unsern zug über Wittenberg hinnehmen. Wird er das nicht
thun, sondern uns also freventlich nach unserm leben stehen, so
wollen wir GOTT bitten, daß er ihme steure und er des tages
auf dem heerde frösche, heuschrecken und schnecken an unser statt
sahe und zu nacht von mäusen, flöhen, läusen, wanzen über=
zogen werde, damit er unser vergesse und den freien flug uns
nicht wehre. Warum gebraucht er solchen zorn und ernst nicht
wider die sperlinge, schwalben, elstern, dolen, raben, mäuse und
ratten? welche euch doch viel leids thun, stehlen und rauben
und auch aus den heusern korn, hafer, malz, gersten rc. ent=
tragen; welches wir nicht thun, sondern allein das kleine bröd=
lein und einzeln verfallenen körnlein suchen. Wir stellen solch
unsere sache auf rechtmäßige vernunft, ob uns von ihm nicht
mit unrecht so hart wird nachgestellet: wir hoffen aber zu GOTT,
weil unsere brüder und freunde so viel in diesem herbst vor
ihm blieben und entflohen sind, wir wollen auch seinen losen
faulen netzen, so wir gestern gesehen, entfliehen. Gegeben in
unserm himmlischen sitz unter den bäumen, unter unserm gewöhn=
lichen siegel und federn.

Sehet die vögel unter dem himmel an, sie säen nicht, sie
ernten nicht, sie sammlen nicht in die scheuren, und euer himm=
lischer vater nähret sie doch: seid ihr denn nicht viel mehr
denn sie. Matth. 6, 26.

22.

Brüheschenk.

Ich habe oft von kaiser Fridrich dem dritten hören sagen, wie den fürsten im reich sein haushalten nicht gefallen und geklagt haben, das er zu hofe habe lassen regirn den brühe= schenken[1]. Darauf habe er einmal geantwort, Ja, es ist ge= wislich ir keiner, er hat auch einen brüheschenken an seinem hofe. Man merkt aus dem und andern stücken viel, das dem selben keiser Fridrich warlich an weisheit, vernunft und macht nicht gefeilet hat, aber der mut und gedanken, die es thun solten, waren im von Gott nicht gegeben. Were er ein Ma= thiaste[2] gewesen, der hette brüheschenken mit frue und abend= schenken auf einen haufen gestoßen, und were im dennoch hin= aus gegangen. Darum weil er der wunderman nicht war, der einen neuen pelz machen kunte, muste er an dem alten bösen pelze flicken und pletzen, so viel er kunte, das ander laffen gehen und Gott laffen machen.

23.

Der knecht mit den drei amseln.

Wenn knechte und megde thun im haushalten, was sie gut dunkt, laffen aber anstehen, was man sie heißt, wollen dennoch wol gethan haben, die selben zieren ein haus fein, und ist ganz ein nützlich, holdselig gesinde, ja wie der knecht mit den dreien amslen, davon man sagt, wie sein herr in ausfendet, die verlorne ku zu suchen, und er so lange außen bleib, das sein herr im nachleuft, zu sehen wo er bleibt. Als er faſt nahe zu im komt, fragt er den knecht, Haftu die ku

---

22. Der CI. Pſalm, durch Mar. Luth. Ausgelegt. Wittemb. M.D.XXXIII. 4°. Bl. Gj. — [1] brüheschenk, der verdünnten Wein schenkt, dann über= tragen: ein schwacher, nachgiebiger Herr, treuloſes Geſinde. — [2] „Mathiaſch oder thrannisch" F. 4ᵇ.

23. Der CI. Pſalm, durch D. Mar. Luth. Ausgelegt. Wittemberg 1534. 4°. Bl. G 4ª. — C. J. Corbé, Luthers Sermon für alle chriſtliche Oberig= keit. Halle 1850. S. 25.

funden? Nein, sprach der knecht, sondern ich hab ein bessers funden. Was hastu denn funden? Der knecht sprach, Drei amseln. Wo hastu sie denn? Der knecht sprach, Eine sehe ich, die ander hör ich, die dritte jage ich. Ist das nicht ein kluger vleißiger knecht? Solt ein hausherr mit solchem gesinde nicht reich werden?

24.
Hasenstreifen.

Ich möcht auch schier sagen, wie jener prediger, da er vom hasenstreifen sagt, das der kopf were böse zu' streifen (meinet aber die fürsten und herrn) Streife dich, sprach er, der teufel. Nu, es gehet wie es gehen sol, on das auf dem rechten wege nichts bleiben wil, es wil entweder hotte oder schwode [1] hinaus, wie die kollern und tollern geule thun.

25.
Niemand.

Das ander verleumden gehet an den neheften, wie der text sagt und klagt. Denn David damit klerlich bekennet, das zu hofe solche buben gewest und in versucht haben. Was nicht da ist, darf man nicht tilgen. Aber villeicht wird er reden allein von seiner zeit und vôn seinem hofe. Itzund zu unser zeit (Gott walts) sind sie nicht mehr zu hofe, sind alle from worden. Und wo sie es weren, so weren sie es doch (ob Gott wil) nicht, wie ein geist aus einem narren sagt, Hab ichs gethan, so hab ichs, ob Gott wil, nicht gethan, ich auch nicht, du auch nicht, mein bruder auch nicht, mein schwager auch nicht, der schendliche Niemand hats gethan.

24. Der CI. Psalm, durch D. Mar. Luth. Ausgelegt. Wittemb. M.D.XXXIIII. 4. Bl. N. 4b. — [1] hotte, schwode, Fuhrmannsrufe für links und rechts.
25. Der CI. Psalm, durch D. Mar. Luth. Ausgelegt. Wittemberg M.D.XXXIIII. 4 Bl. N. 4b.

26.
Der abgott Sauf.

Es muß ein iglich land seinen eigen Teufel haben, Welsch= land seinen, Frankreich seinen, unser deutscher Teufel wird ein guter weinschlauch sein und muß Sauf heißen, daß er so dürstig und hellig[1] ist, der mit so großem saufen weins und biers nicht kan gefület werden. Und wird solcher ewiger durst und Deutschlands plage bleiben, hab ich sorge, bis an den Jüngstentag. Es haben geweret prediger mit Gottes wort, herschaften mit verbot, der abel etliche selbs unternander mit verpflichten. Es haben geweret und weren noch teglich groß greuliche schaden, schande, mord und alles unglück, so an leib und seele geschehen fur augen, die uns billich solten abschrecken. Aber der Sauf bleibt ein allmechtiger abgott bei uns Deut= schen, und thut wie das meer und die wassersucht. Das meer wird nicht vol von so viel wassern, die drein fließen, die wassersucht wird von trinken durstiger und erger. Sirach[2] spricht, der wein sei geschaffen (wie auch der hundert und vierde psalm sagt), das der mensch frölich davon werde und das leben sterke. So macht der Sauf uns toll und thöricht damit, schenket uns den tod und allerlei seuche und sunde da= mit ein. Nu, es ist hie nicht zeit noch raum, von dem seuischen abgott Sauf zu reden. Er bezalet zwar seine treue diener zu= letzt auch gar redlich, das sie es fülen.

27.
Schwalbe und sperling.

Man brachte D. M. Luther einen sperling übern tisch, da fieng er an, diese nachfolgende wort zu reden: Du Parfüser= mönch mit deiner grauen kappen, du bist der allerschedlichste

26. Der CI. Psalm, durch D. Mar. Luth. Ausgelegt. Wittemberg. M.D.XXXIIII. 4⁰. D. 4. — [1] hellig, matt, erschöpft. — [2] Sirach 32, 32 fg.
27. J. Aurifaber, Tischreden Luthers. Eisleben 1566. Fol. Bl. 361ᵇ.

vogel. Jch wolte, das einer von dieser fabel einmal eine decla=
mation schriebe, nemlich das ein Predigermönch und ein Par=
füser mit einander gewandert waren, die für ire brüder betteln
und almosen samlen wolten. Nu hat einer auf den andern
mit unnützen worten gestochert, und hat der Parfüsermönch
erst geprediget und gesaget: „Liebe bauren, gute freunde, hütet
euch für dem vogel, der schwalben; denn inwendig ist sie weiß,
aber auf dem rücken ist sie schwarz. Es ist gar ein böser
vogel, waschhaftig, nirgends zu nütz. Und wenn man diesen
vogel erzörnet, so wird er ganz unsinnig und sticht die kühe.
Und wenn dieser vogel pferchet, so werden die leute blind
davon, wie ir das im buche Tobiae leset." Wolt damit den
Predigermönch abmalen; die tragen auswendig schwarze kappen
und inwendig weiße röcke.

Als nun nachmittage der Predigermönch auf die kanzel kam
und predigte, da stach er wieder auf den Parfüsermönch und
sprach: „Jch kan zwar den vogel, die schwalbe, so groß nicht
verteidigen oder schützen; aber der graue sperling der ist vil
ein erger und schedlicher vogel, denn die schwalb; denn er raubet,
stielet und frißet alles, was er nur bekomen kan, als hafern,
gersten, weizen, rocken, epfel, birn, erbeis und kirschen. So ist
er auch ein unkeuscher und geiler vogel, und ist sein größte
kunst, das er immerdar schreit: scirp, scirp."

Damit hat ein betler den andern hindern wollen. Und
sprach D. L., es müste ein rhetoricus drüber kommen, der
diese fabel fein amplificieren und ausstreichen könte. Aber der
Parfüsermönch der müste die schwalben, den Predigermönch, noch
mit bessern farben ausstreichen. Denn die Predigermönche sind
die allerstolzesten ebenteurer und rechte Epicurer und mastschwein
gewesen, die eine sonderliche hoffart getrieben haben. Dagegen
waren die betler, die Parfüser, unter dem großen schein der
heiligkeit und demut mehr stölzer, denn alle kaiser, und haben
am allermeisten lügen erdacht.

28.
Landsknecht und stationierer.

Ein stationierer, der für gab, er könte die seelen aufm fegfeur mit seinem heiligtum und ablaß, den der heilige vater, der Bapst, dazu gegeben hatte, erretten, kam an einen ort, da gieng ein landsknecht zu im und sprach: „Herr, wenn ich gewiß wüste, das die seelen meiner eltern und freunde erlöset würden, so hab ich noch zween gülden, die wolt ich euch zwarten geben." Er aber, der stationierer, sprach: „Was ist dein vater für ein man gewest?" Der landsknecht sprach: „Es ist ein frommer man gewest." Darauf sagte der stationierer: „So ist er nicht in der helle", und fragte weiter: „Tut er denn auch wunderzeichen?" „Nein", sprach der landsknecht. Da sagte der pfaff: „So ist er im fegfeur." Und der krieger gab im ein patzen und erlösete damit seinen vater. Darnach fragte er seiner muter halben, ob die auch könte erlöset werden? Da forschete der stationierer, wie zuvor vom vater, was sie für eine frau gewest were, und schloße, das sie im fegfeur were. Da gab im der krieger aber-mal ein patzen, und also fort für die andern seine freunde, das er ziiij seelen aufm fegfeur erlöset mit ziiij patzen. Da sprach er: „Herr, bin ich gewiß, das sie nun erlöset und selig seien?" „Ja", sprach der pfaff, „ich schwöre dir einen eid, das sie selig sind." „Wolan", sagte der landsknecht, „herr, ir habt gerne gold; gebt mir die ziiij patzen wider, so will ich euch ein goldgülden dafür geben." Da im nu der stationierer dieselben gab, nam sie der landsknecht wider zu sich und sprach: „Die seelen sind nu im himel, können nicht wider eraus. Ich bedarf des geldes baß dann ir, lieber herr", und gieng also davon.

———————

29.
Ein wunderlicher fall.

Doct. Mart. Luth. erzelete anno 1546 zu Eisleben diese fabel, das ein müller hette einen esel gehabt, der were im aus

28. J. Aurifaber, Tischreden Luthers. Eisleben 1566. Fol. Bl. 345ᵃ. Vgl. Schwänke, Nr. 164, S. 202.
29. J. Aurifaber, Tischreden Luthers. Eisleben 1566. Fol. Bl. 571ᵇ. Vgl. Schwänke, Nr. 201, S. 250 fg.

dem hofe gelaufen und ans waßer komen. Nu steiget der esel
in einen kahn, so im waßer stund, und wolt daraus trinken.
Dieweil aber der kahn von dem fischer nicht angebunden war,
so schwimmet er mit dem esel darvon, und kömt der müller
um den esel und der fischer um den kahn, war also schiff und
esel verloren. Der müller klagt den fischer an, das er den kahn
nicht hab angebunden. So entschuldiget sich der fischer und
sagt, der müller solt seinen esel auf dem hof behalten haben,
und begert seinen kahn bezalt. Wer sol den andern verklagen!
Hat der esel den kahn oder der kahn den esel weggeführet!"
Darauf antwortet einer: „Beide haben gefehlt; der fischer, das
er den kahn nicht hat angebunden, und der müller, das er den
esel nicht auf seim hofe behalten. Die schuld ist auf beiden
seiten. Es ist ein zufall. Beide haben aus fahrläßigkeit gefehlt."
Darauf sagte Doctor Martinus Luther: Tales casus et
exempla illudunt summum jus juristarum. Non enim
practicandum est summum jus, sed aequitas.

30.
Seines berufs sol keiner misbrauchen.

Doct. M. L. sagte anno 1546, es were kein ampt so klein,
es sei henkens wert, und sagt darauf diese historien: Es hette
eines schultes ku in einem dorfe einmal eines andern baurn ku
übel gestoßen und beschediget. Als nun die beurin zu im
gelaufen kam und wolts im klagen, und sprach, Herr schultes
es hat eine fremde ku meine übel gestoßen und verwundet; ich
bitte, ir wollent mir helfen, das mir der schaden möchte erleget[1]
werden. Was ist der ku herr mir zu geben schüldig für den
schaden? Der schultes sprach, Liebe nachbaurin, er sol euch ein
alt schock[2] für den schaden geben. Da saget die beurin, Ja,
lieber herr schultes, es war euer ku. Da sprach der schultes,
Wars meine ku? das ist ein ander ding, und wolt der frauen
nichts für den schaden geben.

---

30. Aurifaber, Luthers Tischreden. 1566. Bl. 612. — [1] erlegen, er-
setzen, vergüten. — [2] schock, Schock Heller oder Groschen.

IV.

Drei Briefe aus Coburg.

1530.

1.
Luther an seine Tischgesellen.

Gnade und friede in Christo. Lieben herrn und freunde. Ich hab euer aller schreiben empfangen und, wie es allenthalben zustehet, vernomen. Auf das ir widerum vernemet, wie es hie zustehet, füge ich euch zu wissen, das wir, nemlich ich, M. Veit[1] und Ciriacus[2], nicht auf den reichstag gegen Augsburg ziehen. Wir sind aber sonst wol auf einen andern reichstag komen.

So ist ein rubet[3] gleich für unserm fenster hinunter, wie ein kleiner wald, da haben die bolen und kraen einen reichstag hingelegt, da ist ein solch zu und abreiten, ein solch geschrei, tag und nacht, one aufhören, als wenn sie alle trunken, vol und toll, da gedt jung und alt durch einander, das mich wundert, wie stim und odem so lang weren[4] möge. Und möcht gern wissen, ob auch solches adels und reisigen zeugs[5] auch etlich noch bei euch weren. Mich dünkt, sie seien aus aller welt hieher versamlet.

Ich hab iren keiser noch nicht gesehen. Aber sonst schweben der adel und großen hansen imer für unsern augen, nicht fast köstlich gekleidet, sondern einfeltig in einerlei farbe, alle gleich schwarz, und alle gleich grauaugig, singen alle gleich einen gesang, doch mit lieblichem unterscheid der jungen und der alten, großen und kleinen. Sie achten auch nicht der großen palast und saal, denn ir saal ist gewelbet mit dem schönen weiten himel, ir bodem ist eitel feld, getefelt mit hübschen grünen

1. Der Neunbte Teil der Bücher Lutheri. Wittemberg 1558. Fol. Bl. 406. Jena 5, 30. Altenburg 5, 20. Leipzig 20, 141. Halle 16, 2126. De Wette, 4, 7. Irmischer, 54, 143.
1. [1] Veit, Veit Dietrich. — [2] Ciriacus Kaufmann, Luthers Schwester=sohn aus Mansfeld. — [3] rubet, Anpflanzung. — [4] weren, währen, dauern. — [5] reisiger zeug, Kriegsrüstung.

zweigen. So sind die wende so weit als der welt ende. Sie fragen auch nichts nach roſſen und harniſch, ſie haben gefiberte reder, damit ſie auch den büchſen empflieben und eim zorn ent= ſitzen[1] können. Es ſind große mechtige herrn, was ſie aber beſchließen, weiß ich noch nicht.

So viel ich aber von einem dolmetſcher habe vernomen, haben ſie für einen gewaltigen zug und ſtreit wider weizen, gerſten, hafern, malz und allerlei korn und getreidig, und wird mancher ritter hie werden und große thaten thun.

Alſo ſitzen wir hie im reichstag, hören und ſehen zu mit großer luſt und liebe, wie die fürſten und herrn, ſamt andern ſtenden des reichs, ſo frölich ſingen und wolleben. Aber ſonder= liche freude haben wir, wenn wir ſehen, wie ritterlich ſie ſchwenzen, den ſchnabel wiſchen und die wer[2] ſtürzen, das ſie ſiegen und ehre einlegen wider korn und malz. Wir wünſchen inen glück und heil, das ſie allzumal an einen zaunſtecken geſpießet weren.

Ich halt aber, es ſei nichts anders denn die ſophiſten und papiſten mit iren predigen und ſchreiben, die muß ich alle auf eim haufen alſo für mir haben, auf das ich höre ire liebliche ſtimme und predigten, und ſehe, wie ſehr nützlich volk es iſt, alles zu verzeren, was auf erden iſt, und dafür gecken für die lange weil.

Heute haben wir die erſte nachtigal gehöret, denn ſie hat dem April nicht wöllen trauen. Es iſt bisher eitel köſtlich wetter geweſt, hat noch nie geregenet, one geſtern ein wenig. Bei euch wirds vieleicht anders ſein. Hiemit Gott befohlen und haltet wol haus.

Aus dem reichstag der Malztürken XXVIII. Aprilis. Anno M. D. XXX.

Martinus Luther D.

---

[1] entſitzen, entweichen. — [2] wer, Wehr.

2.
An sein liebes sönlin Henßichen Luther.

Gnad und friede in Christo. Mein liebes sönichen. Ich
sehe gern, das du wol lerneft und vleißig beteft. Thu also,
mein sönichen, und fare fort. Wenn ich heim kome, so wil
ich dir ein schön jarmarkt mitbringen. Ich weiß einen hübschen
luftigen garten, da gehen viel kinder innen, haben gülbene röcklin
an und lefen schöne epfel unter den beumen, und birnen, kirschen,
spilling [1] und pflaumen, singen, springen und sind frölich, haben
auch schöne kleine pferdlin mit gülben zeumen und silbern setteln.
Da fragt ich den man, des der garten ift, wes die kinder
weren? Da sprach er, Es sind die kinder, die gern beten, lernen
und from sind.

Da sprach ich, Lieber man, ich hab auch einen son, heißt
Henßichen Luther, möcht er nicht auch in den garten komen,
das er auch solche schöne epfel und birn essen möchte und solche
feine pferdlin reiten und mit diesen kindern spielen? Da sprach
der man, Wenn er gern betet, lernet und from ift, so sol er
auch in den garten komen; Lippus und Joft auch. Und wenn
sie all zusamen komen, so werden sie auch pfeifen, pauken, lauten
und allerlei seitenspiel haben, auch tanzen und mit kleinen arm=
brüften schießen.

Und er zeigt mir dort eine feine wiesen im garten, zum
tanzen zugericht, da hiengen eitel gülbene pfeifen, pauken und
feine silberne armbrüfte. Aber es war noch früe, das die kinder
noch nicht geffen hatten, darum kunte ich des tanzes nicht erharren,
und sprach zu dem man, Ach, lieber herr, ich wil flugs hin=
gehen und das alles meinem lieben sönlin Henßichen schreiben,
das er ja vleißig bete, wol lerne und from sei, auf das er auch
in diesen garten kome. Aber er hat eine mume, Lene, die muß
er mitbringen. Da sprach der man, Es sol ja sein. Gehe hin
und schreibe im also.

Darum liebes sönlin Henßichen, lerne und bete ja getroft
und sage es Lippus und Joften auch, das sie auch lernen und

---

2. Der Neunbte Teil der Bücher Lutheri. Wittemberg. 1558. Fol. Bl.
442ᵃ. Jena 5, 270. Altenburg 5, 403. Leipzig 22, 558. Halle 21, 328.
De Wette, 4, 41. Irmischer, 54, 156.
   2. [1] spilling, Wachspflaume, prunum cereum.

beten, so werbet ir mit einander in den garten komen. Hiemit
bis[1] dem lieben allmechtigen Gott befohlen und grüße mumen
Lenen und gib ir einen bufs[2] von meinet wegen.

Anno **M. D. XXX.**

Dein lieber Vater

Martinus Luther.

3.

An Dr. Gregorius Brück.

Dem Achtbarn hochgelarten herrn Gregorio Brück, der rechten
Doctor, churfürstlichem zu Sachsen canzler und rat, meinem
günstigen herrn und freundlichem lieben gevatter.

Gnade und friede in Christo. Achtbar, hochgelarter lieber
herr und gevatter. Ich habe nu etlich malen an meinen
gnedigsten herrn geschrieben und an die unsern, das ich wol
denke, ich hab sein zu viel gemacht, sonderlich an meinen
gnedigsten herrn, als ob ich gleich zweivelte, das Gottes trost
und hülfe mehr und sterker bei s. c. f. g.[1] weren, denn bei mir.
Ich habe es aber aus anregung der unsern gethan, der etliche
so wankelmütig und sorgfeltig[2] sind, als hette Gott unser vergessen, so er unser nicht kan vergessen, er müste zuvor sein selbs
vergessen. Es were denn, das unser sache nicht seine sache und
unser lere nicht sein wort were. Sonst, wo wir des gewis
sind und nicht zweiveln, das es seine sache und wort ist, so
ist auch gewis unser gebet erhöret und die hülfe schon beschlossen
und zugerüst, das uns geholfen werde. Das kan nicht feilen.[3]
Denn er spricht, Kan auch ein weib ires kindlins vergessen,
das sie sich nicht solt erbarmen über ires leibs frucht? Und

2. [1] bis, sei. — [2] bufs, Kuß.
3. Der Neundte Teil der Bücher Lutheri. Wittemberg 1558. Fol. Bl.
423[b] f. Jena 5, 52. Altenburg 5, 246. Leipzig 20, 182. Halle 16, 2139.
De Wette, 4, 127. Irmischer, 54, 183.
3. [1] seiner kurfürstlichen gnaden. — [2] sorgfeltig, besorgt, sorgenvoll.
— [3] feilen, fehlschlagen.

ob sie desselbigen vergesse, so wil ich doch dein nicht vergessen. Sihe, ich hab dich auf meine hende gezeichnet.

Ich habe neulich zwei wunder gesehen. Das erste, da ich zum fenster hinaus sahe, die sterne am himel und das ganze schöne gewelb Gottes, und sahe doch nirgends keine pfeiler, darauf der meister solch gewelb gesetzt hatte, noch[1] fiel der himel nicht ein, und stehet auch solch gewelb noch feste. Nu sind etliche, die suchen solche pfeiler und wolten sie gern greifen und fülen. Weil sie denn das nicht vermögen, zappeln und zittern sie, als werde der himel gewislich einfallen, aus keiner andern ursachen, denn das sie die pfeiler nicht greifen noch sehen. Wenn sie dieselbigen greifen künden, so stünde der himel feste.

Das ander. Ich sah auch große dicke wolken über uns schweben mit solcher last, das sie möchten einem großen meer zu vergleichen sein, und sahe doch keinen boden, darauf sie rugeten oder fußeten, noch keine kufen, darein sie gefasset weren. noch fielen sie dennoch auch nicht auf uns, sondern grüßeten uns mit einem sauern angesicht und flohen davon. Da sie fürüber waren, leuchtet erfür beide der boden und unser dach, der sie gehalten hatte, der regenbogen. Das war doch ein schwacher, dünner, geringer boden und dach, das es auch in den wolken verschwand und mehr ein schemen (als durch ein gemaltes glas zu scheinen pflegt) denn ein solcher gewaltiger boden anzusehen war, das einer auch des bodens halben wol so sehr verzweiveln solte, als der großen wasserlaste. Dennoch fand sichs in der that, das solcher amechtiger (anzusehen) schemen die wasserlast trug und uns beschützet. Noch sind etliche, die des wassers und der wolken dicke und schwere last mehr ansehen, achten und fürchten, denn diesen dünnen, schmalen und leichten schemen. Denn sie wolten gerne fülen die kraft solches schemens. Weil sie das nicht können, fürchten sie, die wolken werden eine ewige sindflut anrichten.

Solches muß ich mit euer Achtbarkeit freundlicher weise scherzen und doch ungescherzt schreiben. Denn ich besonder freude davon gehabt, das ich erfaren habe, wie euer Achtbarkeit für allen andern einen guten mut und getrostes herz hat in dieser unser anfechtung. Ich hatte wol gehofft, es solte zum wenigsten pax politica zu erhalten gewesen sein. Aber Gottes gedanken sind weit über unser gedanken, und ist auch recht, denn er

---

[1] noch, dennoch.

(spricht S. Paulus) erhöret und thut supra quam intelligimus
aut petimus. Denn wir wissen nicht, wie wir bitten sollen.
Rom. 8. Solt er uns nu also erhören, wie wir bitten, das
der keiser uns friede gebe, so möcht es vielleicht heißen infra,
nicht supra quam intelligimus, und solt wol der keiser und
nicht Gott die ehre kriegen. Aber nu wil er selbs uns friede schaffen, das er alleine
die ehre habe, die im auch allein gebürt. Nicht das wir hie=
mit Kei. M. verachten, sondern bitten und wünschen, das Kei.
M. nicht wider Gott und keiserliche recht fürneme. Wo sie
aber das thete (da Gott für sei) so wollen dennoch wir, als
die treuen unterthanen, nicht gleuben, das S. K. M. thue, sondern
denken, das es ander tyrannen unter dem namen Kei. M. thun,
und also K. M. namen und der tyrannen werk unterscheiden,
gleich wie wir Gottes namen und der tyrannen werk unter=
scheiden, und Gottes namen ehren und die lügen meiden. Also
sollen und können wir der tyrannen fürnemen gar nicht billichen
noch annemen, das sie unter K. M. namen treiben.

Aber solch werk, das uns Gott mit gnaden geben hat, wird
er durch seinen Geist segenen und fördern, und die weise, zeit
und raum, uns zu helfen, wol treffen, und nicht vergessen noch
verseumen. Sie habens noch nicht zur helfte bracht, die viri
sanguinum, was sie itzt anfahen, sind auch noch nicht alle
wieder heim, oder dahin sie gern weren. Unser regenbogen ist
schwach, ire wolken sind mechtig, aber in fine videbitur cuius
toni. Euer Achtbarkeit halte mir mein geschwetze zu gute und
tröste N.[1] und die andern alle. Christus sol mir unsern gne=
digsten herrn auch trösten und halten. Dem sei lob und dank
in ewigkeit. Amen. Des gnaden ich auch E. A.[2] befehle treu=
lich. Ex eremo 5. Aug. Anno M. D. XXX.

Martinus Luther D.

---

3. [1] N., spätere Drucke nennen Melanchthon. — E. A. Euer Achtbarkeit.

V.

Frau Musica.

1.

Frau Musica.

Für allen freuden auf erden
Kan niemand keine feiner werden,
Denn die ich geb mit meim singen
Und mit manchem süßen klingen.
Hie kan nicht sein ein böser mut,   5
Wo da singen gesellen gut;
Hie bleibt kein zorn, zank, haß noch neid,
Weichen muß alles herzeleid;
Geiz, sorg und was sonst hart anleit
Fert hin mit aller traurigkeit;   10
Auch ist ein jeder des wol frei,
Das solche freud kein sünde sei,
Sondern auch Gott viel baß gefelt,
Denn alle freud der ganzen welt.
Dem teufel sie sein werk zerstört   15
Und verhindert viel böser mörd.
Das zeugt David des königs that,
Der dem Saul oft geweret hat
Mit gutem süßem harfenspiel,
Das er nicht in großen. mord fiel.   20
Zum göttlichen wort und warheit
Macht sie das herz still und bereit;
Solchs hat Eliseus bekant,
Da er den geist durchs harfen fand.

1. Lob vnd preis der löblichen Kunst Musica: durch H. Johan Walter. Wittemberg 1538. 4⁰. Darin Bl. Aij fg.: Vorrhede auff alle gute Gesangbücher: D: M: L:

Die beſte zeit im jar iſt mein: 25
Da ſingen alle vögelein;
Himel und erden iſt der vol;
Viel gut geſang da lautet wol,
Voran die liebe nachtigal
Macht alles frölich überal 30
Mit irem lieblichen geſang;
Des muß ſie haben immer dank,
Vielmehr der liebe Herre Gott,
Der ſie alſo geſchaffen hat,
Zu ſein die rechte ſengerin, 35
Der Muſicen ein meiſterin;
Dem ſingt und ſpringt ſie tag und nacht,
Seines lobs ſie nichts müde macht;
Den ehrt und lobt auch mein geſang
Und ſagt im ein ewigen dank. 40

2.

Allen liebhabern der freien kunſt Muſica wünſch Ich Doctor Martinus Luther gnad und fried von Gott dem Vater und unſerm HERrn Iheſu Chriſt.

Ich wolt von herzen gerne dieſe ſchöne und köſtliche gabe Gottes, die freie kunſt der Muſica hoch loben und preiſen, ſo befinde ich, das dieſelbige alſo viel und groſſe nutze hat und alſo ein herrliche und eble kunſt iſt, das ich nicht weiß, wo ich dieſelbe zu loben anfahen oder aufhören ſol, oder auf was weiſe und form ich ſie alſo loben möge, wie ſie billich zu loben und von jederman teur und werd zu achten iſt, und werde alſo mit der reichen fülle des lobs dieſer kunſt überſchüttet, das ich ſie nicht gnugſam erheben und loben kan. Denn wer kan alles ſagen und anzeigen, was hiervon möchte geſchrieben und geſagt werden, und wenn ſchon einer alles gern ſagen und anzeigen wolte, ſo würde er doch vieler ſtück vergeſſen, und iſt in ſumma unmüglich, das man dieſe eble kunſt gnugſam loben oder erheben könne oder möge.

Erſtlichen aber, wenn man die ſache recht betrachtet, ſo befindet man, das dieſe kunſt von anfang der welt, allen und jglichen creaturen von Gott gegeben und von anfang mit allen geſchaffen, denn da iſt nichten nichts in der welt, das nicht ein ſchall und laut von ſich gebe, alſo auch, das auch die luft, welche doch an ihr ſelbs unſichtbar und unbegreiflich, darinnen am aller wenigſten Muſica, das iſt ſchönes klangs und lauts, und ganz ſtum und unlautbar zu ſein ſcheinet; jedoch, wenn ſie durch was beweget und getrieben wird, ſo gibt ſie auch ire

2. Joh. Walther, Lob vnd preis der Himliſchen Kunſt. MUSICA. 1564. 4. Bl. E 4ᵇ bis F 2ᵃ. Vgl. 8.

Mufica, iren klang von fich und die zuvor ftum war, dieselbige
fehet denn an lautbar und eine Mufica zu werden, das mans
als denn hören und begreifen kan, die zuvor nicht gehöret noch
begreiflich war, durch welches der geift wunderbarliche und groffe
geheimnis anzeiget, davon ich jtzund nit fagen wil.

Zum andern ift der tieren und fonderlich der vogel Mufica,
klang und gefang noch viel wunderbarlicher.   Wie denn der
könig David, der köftliche Muficus, welcher auf feinem pfalter
und feitenfpiel, lauter göttlichen gefang finget und fpielet, felbs
bezeuget und mit groffer verwunderung und freibigen [1] geift
von dem wunderbarlichen gefang der vogel am 104. pfalm
weiffaget und finget, da er alfo fpricht: Auf denfelben fitzen
die vogel des himels und fingen unter den zweigen.

Was fol ich aber fagen von des menfchen ftimme, gegen
welcher alle andere gefenge, klang und laut gar nicht zu rechnen
find, denn diefelbigen hat Gott mit einer folchen Mufica begnabet,
das auch in dem einigen feine überfchwengliche und unbegreif=
liche güte und weisheit nicht kan noch mag verftanden werden.
Denn es haben fich wol die philofophi und gelerten leut hart
bevliffen und bemühet diefes wunderbarlich werk und kunft der
menfchlichen ftimme zu erforfchen und begreifen, wie es zugieng,
das die luft durch eine folche kleine und geringe bewegung der
zungen und darnach auch noch durch eine geringere bewegung
der kelen oder des halfes, alfo auf mancherlei art und weife,
nach dem, wie es durch das gemüt geregieret und gelenket wird,
auch alfo kreftig und gewaltig wort, laut, gefang und klang von
fich geben könne, das fie fo fern und weit, geringes [2] herum,
von jederman unterfchieblich, nicht allein gehört, fondern auch
verftanden und vernomen wird.   Sie haben fich aber das zu
erforfchen allein unterftanden, aber doch nicht erforfchet, ja es
ift auch noch keiner nicht komen, welcher hette können fagen und
anzeigen, wovon das lachen des menfchen (denn vom weinen
wil ich nichts fagen) kome und wie es zugehe, das der menfch
lachet, des verwundern fie fich, darbei bleibts auch und könnens
nicht erforfchen.   Das aber von der unmeslichen weisheit Gottes
in diefer einigen creatur, wollen wir den, fo mehr zeit, denn
wir, haben, zu bedenken befehlen, ich habs allein kürzlich
wollen anzeigen.

---

2. [1] freibig, muthig, kühn. — [2] geringes, rings.

Nu folte ich auch von diefer eblen kunft nutz fagen, welcher alfo groß ift, daß in keiner, er fei fo beredt, als er wolle, gnugfam erzelen mag. Das einige kan ich itzt anzeigen, welchs auch die erfarung bezeuget, daß nach dem heiligen wort Gottes, nichts nicht fo billich und fo hoch zu rhümen und zu loben, als eben die Mufica, nemlich aus der urfach, daß fie aller bewegung des menfchlichen herzen (denn von den unvernünftigen tieren wil ich itzt nichts fagen) ein regiererin, ir mechtig und gewaltig ift, durch welche doch oftmals die menfchen, gleich als von irem herren, regiert und überwunden werden.

Denn nichts auf erben kreftiger ift, die traurigen frölich, die frölichen traurig, die verzagten herzenhaftig zu machen, die hoffertigen zur demut zu reizen, die hitzige und übermeffige liebe zu ftillen und dempfen, den neid und haß zu minbern, und wer kan alle bewegung des menfchlichen herzen, welche die leute regieren und entweder zu tugend ober zu lafter reizen und treiben, erzelen; diefelbige bewegung des gemüts im zaum zu halten und zu regieren, fage ich, ift nichts kreftiger, denn die Mufica. Ja der heilige Geift lobet und ehret felbs diefe eble kunft, als feines eigenen ampts werkzeug, in dem, daß er in der heiligen Schrift bezeuget, daß feine gaben, das ift, die bewegung und anreizung zu allerlei tugend und guten werken durch die Mufica den propheten gegeben werden. Wie wir denn im propheten Elifa fehen, welcher, fo er weiffagen fol, befiehlt er, das man im ein fpielman brengen[1] fol, und da der fpielman auf der feiten fpielet, kam die hand des HERRn auf in ꝛc. Widerum zeuget die Schrift, daß durch die Mufica der Satan, welcher die leute zu aller untugend und lafter treibet, vertrieben werde, wie denn im könige Saul angezeigt wird, über welchen, wenn der geift Gottes kam, fo nam David die harfen und fpielet mit feiner hand, fo erquicket fich Saul und warb beffer mit im und der böfe geift weich von im. Darum haben die heiligen veter und die propheten nicht vergebens das wort Gottes in mancherlei gefenge, feitenfpiel gebracht, davon wir denn fo mancherlei köftliche gefenge und pfalm haben, welche beide mit worten und auch mit dem gefang und klang, die herzen der menfchen bewegen. In den unvernünftigen tieren aber, feitenfpielen und andern inftrumenten, da höret man allein den gefang, laut und klang, one rede und wort. Dem menfchen

---

2. [1] brengen, bringen, vgl. Hausfpruch 18, S. 146, B. 18.

aber ift allein, vor den andern creaturen, die ftimme mit der
rede gegeben, daß er folt können und wiffen, Gott mit gefengen
und worten zugleich zu loben, nemlich mit dem hellen klingenden
predigen und rhümen von Gottes güte und gnade, darinnen
fchöne wort und lieblicher klang zugleich würde gehöret.

Wenn aber einer die menfchen gegen einander helt und
eines iglichen ftimme betrachtet, fo befindet er, wie Gott fo ein
herrlicher und mancherfeltiger fchöpfer ift, in den ftimmen der
menfchen auszuteilen, wie fo eine groffe unterfcheid, der ftimme
und fprache halben, unter den menfchen ift, wie hierinnen einer
dem andern alfo weit überlegen ift.   Denn man fagt, das man
nicht zween menfchen könne finden, welche ganz gleiche ftimme,
fprach und ausrede haben möchten und obgleich einer fich auf
des andern weife, mit hohem vleiß gibet und im gleich fein
und wie der aff alles nach thun wil.   Wo aber die natürliche
Mufica durch die kunft gefcherft und poliert wird, da fiehet und
erkennet man erft zum teil (denn genzlich kans nicht begriffen
noch verftanden werden) mit groffer verwunderung die groffe
und volkomene weißheit Gottes in feinem wunderbarlichen werk
der Mufica, in welcher vor allem, das feltzam und wol zu
verwundern ift, das einer eine fchlechte weife oder tenor (wie
es die mufici heiffen) her finget, neben welcher drei, vier oder
fünf andere ftimmen auch gefungen werden, die um folche fchlechte
weife oder tenor, gleich als mit jauchzen gerings herum her,
um folchen tenor fpielen und fpringen und mit mancherlei art
und klang, diefelbige weife wunderbarlich zieren und fchmücken
und gleich wie einen himlifchen tanzreien füren, alfo das die=
jenigen, fo folches ein wenig verftehen und daburch bewegt
werden, fich des heftig verwundern müffen und meinen, das
nichts feltfamers in der welt fei, denn ein folcher gefang mit
viel ftimmen gefchmückt.   Wer aber dazu kein luft noch liebe
hat und durch folch lieblich wunderwerk nicht beweget wird, das
muß warlich ein grober klotz fein, der nicht werd ift, das er
folch liebliche Mufica, fondern das wüfte, wilde efelgefchrei des
chorals [1], oder der hunde und feue gefang und Mufica höre.

Was fol ich aber viel fagen, es ift die fach und der nutz
diefer edlen kunft viel gröffer und reicher, denn das es alfo
in einer kürze möge erzelt werden.   Darum wil ich jederman
und fonderlich den jungen leuten diefe kunft befohlen und fie

---

2. [1] choral, Gefang auf dem Chore (der Mönche u. f. w.)

hiemit vermanet haben, das sie inen diese köstliche, nützliche und fröliche creatur Gottes teur lieb und werd sein lassen, durch welcher erkentnis und vleißige übung sie zu zeiten böse gedanken vertreiben und auch böse gesellschaft und andere untugend vermeiden können, darnach und sie sich auch gewenen, Gott den schöpfer in dieser creatur zu erkennen zu loben und preisen und diejenigen, so durch unzucht verderbet und dieser schönen natur und kunst (wie denn die unzuchtigen poeten auch mit irer natur und kunst thun) zu schendlicher, toller, unzüch= tiger liebe mißbrauchen, mit allem vleiß fliehen und vermeiden, und gewis wissen sollen, das solche der Teufel, wider die natur, also treibet, welche natur, die weil sie allein Gott den schöpfer aller creaturen, mit solcher edlen gabe sol und wil ehren und loben, so werden diese ungeratene kinder und wechselbelge durch den Satan dazu getrieben, das sie solche gabe Gott dem HERRN nemen und rauben und damit den Teufel, welcher ein feind Gottes, der natur und dieser lieblichen kunst ist, ehren und damit dienen. Hiemit wil ich euch alle, Gott dem HERRN befohlen haben.

Geben zu Wittemberg, im 1538. jare.

3.
Von der Mufica.

Der schönsten und herrlichsten gaben Gottes eine ist die mufica. Der ist der Satan sehr feind, damit man viel anfech= tunge und böse gedanken vertreibet, der Teufel erharret ir nicht.

Mufica ist der besten kunst eine, die noten machen den text lebendig, sie verjagt den geist der traurigkeit, wie man am könige Saul sihet. Etliche vom adel und scharrhansen [1] meinen, sie haben meinem gnebigsten Herrn jerlich 3000 gülden erspart an der Mufica, indes verthut man unnütz dafür 30,000 gülden. Könige, fürsten und herrn müssen die Musicam erhalten, den grossen potentaten und regenten gebürct über guten freien künsten

---

3. Aurifaber, Luthers Tischreden. Eisleben 1566. Bl. 577[b]—578[b].
[1] scharrhansen, großsprecherische Kriegsleute.

unb gefeßen zu halten, unb ba gleich einzele gemeine unb privat
leute luft bazu haben unb fie lieben, boch können fie bie nicht
erhalten.

H. Georg, ber Lanbgraf zu Heffen, unb H. Friedrich Ehur=
fürfte zu Sachfen hielten fenger unb canterei. Jßt helt fie ber
Herzog zu Beyern, K. Fernanbus, unb Keifer Karl. Daher liefet
man in ber bibel, baß bie fromen könige fenger unb fengerin
verorbnet, gehalten unb befolbet haben.

Mufica ift baß befte labfal einem betrübten menfchen,
baburch baß herze wiber zufrieb erquickt unb erfrifcht wirb, wie
ber fagt beim Virgilio, Tu calamos inflare leues, ego
dicere versus, finge bu bie noten, fo wil ich ben text fingen.

Mufica ift eine halbe Difciplin unb zuchtmeifterin, fo bie
leute gelinber unb fenftmütiger, fitfamer unb vernünftiger machet.

Die böfen fibler unb geiger bienen bazu, baß wir fehen
unb hören, wie eine feine, gute kunft bie Mufica fei, benn
weiffes kan man beffer erkennen, wenn man fchwarzes bagegen helt.

Anno xxxviij am xvij December, ba D. M. L. bie fenger zu
gafte hatte unb fchöne liebliche muteten [1] unb ftücke fungen, fprach
er mit verwunberung, weil unfer Herr Gott in biß leben, baß
boch ein lauter fchmeishaus ift, folche ebele gaben gefchütt unb
uns gegeben hat, was wirb in jenem ewigen leben gefchehen,
ba alles wirb aufs aller volkomenefte unb luftigfte werben. Hie
aber ift nur materia prima, ber anfang.

Muficam hab ich allzeit lieb gehabt. Wer biefe kunft kan,
ber ift guter art, zu allem gefchickt. Man muß Muficam von
not wegen in fchulen behalten. Ein fchulmeifter muß fingen
können, fonft fehe ich in nicht an. Man fol auch junge gefellen
zum prebigamt nicht verorbnen, fie haben fich benn zuvor in
ber fchule wol verfucht unb geübet.

Da man etliche feine, liebliche muteten bes Senffels fang,
verwunberte fich D. M. L. unb lobt fie fehr unb fprach, Eine
folche mutete vermöcht ich nicht zu machen, wenn ich mich auch
zureiffen folte, wie er benn auch wiberum nicht einen pfalm
prebigen könte, als ich. Darum finb bie gaben bes h. Geiftes
mancherlei, gleich wie auch in einem leibe mancherlei glieber
finb. Aber niemanb ift zufrieden mit feiner gaben, leßt fich
nicht genügen an bem, baß ihm Gott gegeben hat. Alle wollen
fie ber ganze leib fein, nicht gliebmaffe.

---

3. [1] muteten, Motette.

Die Musica ist eine schöne herliche gabe Gottes und nahe
der Theologiae. Ich wolt mich meiner geringen Musica nicht
um was grosses verzeihen. Die jugent sol man stets zu dieser
kunst gewehnen, denn sie macht feine und geschickte leute.

Die schöne treffliche gabe Gottes, zu reden, ist sehr seltzam[1]
in der welt, denn ob wol allen menschen sonderlich das reden
angeborn ist und viel die sprachen können, doch ist das reden
eine seltzam gabe. Doct. Gregorius Brück kan reden.

Singen.

Singen ist die beste kunst und übung. Es hat nichts zu
thun mit der welt, ist nicht fürm gericht noch in hadersachen.
Senger sind auch nicht sorgfeltig[2], sondern sind frölich und
schlagen die sorge mit singen aus und hinweg. Ich freue mich,
das Gott die bauren einer so großen gaben und trosts beraubet
hat, das sie die Musicam nicht hören, und achten des worts nicht.

Davids Musica.

Doct. M. L. sagte einmal zu einem harfenschleger, Lieber,
schlagt mir ein lieblin her, wie es David geschlagen hat. Ich
halt, wenn David itzund auferstünd von den toten, so würde er
sich sehr verwundern, wie doch die leut so hoch wern komen mit
der Musica. Sie ist nie höher komen als itzt. Wenn David
wird auf der harfen geschlagen haben, so wirds gangen sein,
als das Magnificat anima mea Dominum in 8. Tono. Denn
David hat schlecht ein Decachordum gehabt.

Von weltlichen und geistlichen gesengen.

Und sprach ferner drauf, Wie gehets doch zu, das wir in
Carnalibus so manch fein poema und so manch schön carmen
haben und in spiritualibus da haben wir so faul kalt ding
& recitabat aliquas Germanicas cantilenas, den turnier
von den vollen. Ich halt, es sei dis die ursache, wie S. Paulus
sagt, video aliam legem repugnantem in membris meis.
Es wil da nicht also fliessen, es gehet da nicht so von stat als
dort. In Ecclesiasticis commendabat praecipue illud Vita
in ligno, et dicebat, tempore Gregorij illud & similia

---

3. [1] seltzam, selten, wenigen gegeben. — [2] sorgfeltig, voll Sorgen.

esse composita, ante eius tempora non fuisse. Es sind
etwa seine schulmeister und pfarherr gewesen, die solche carmina
und poemata gemacht und darnach auch erhalten haben. Die
schulen haben das meiste bei der kirchen gethan und die
pfarherrn die sein ecclesia geweft, und dieselbigen haben gear=
beitet, es hat sich sonst niemands der jugent angenomen. Dar=
nach ists corrumpirt durch die klöfter und durch die ftift, die
sind erftlich auch schulen gewesen, sed cum creverunt opibus,
da haben sie die arbeit von sich geschoben. Die liebe Mutter
Gottes Maria hat viel schönern gesang, und mehr, gehabt, denn
ihr kind Jhesus. Einen schönen sequenz [1] finget man im Advent,
mittitur ad virginem etc. Er ift nicht zu grob, sondern
wol geraten. S. Maria ift mehr celebrirt worden in der Gram=
matica, Musica und Rhetorica, denn ihr kind Jhesus.

Die Musicam sol man nicht verachten.

Wer die Musicam verachtet (sprach D. M. L.) wie denn
alle schwermer thun, mit denen bin ich nicht zufrieden. Denn
die Musica ift ein gabe und geschenke Gottes, nicht ein menschen
geschenk. So vertreibt sie auch den teufel und machet die leut
frölich. Man vergiffet dabei alles zorns, unkeuschheit, hofart
und anderer lafter, Ich gebe nach der Theologia der Musica
den nehesten locum und höchfte ehre. Und man fihet, wie
David und alle heiligen ire gottselige gedanken in vers, reim
und gesang gebracht haben, Quia pacis tempore regnat
Musica.

---

[1] Die Sequenz beginnt: Mittit ad virginem non quemvis angelum.
(Adelphus fol. 127ᵇ fg.)

Anhang.

1.

Heinrich Muler
aus Zutphen.

Die geschicht von bruder Henrico Sutphen.

Im jar unsers Herrn tausent fünfhundert und ¿¿ij kam
Henricus gen Bremen, nicht das er wolt do predigen, denn
er wolt gen Wittemberg ziehen, als von Antorf durch die
tyrannen vertrieben um das evangelii willen. Aber er ward
gebeten von etlichen fromen Christen burgern eine predigt zu
thun, wilchs er nach christlicher liebe nicht wegerte, sundern
thet die erste predig am sontag vor Martini. Do in das
volk horte, das er das wort Gottes leret, ward er fleißig ge=
beten und gefodert von der ganzen gemeine in der selbigen
pfarre, in das wort Gottes zu predigen und also bei in zu
bleiben, welchs er ein zeit lang annam, solchs mit in zu versuchen.
Do aber die, so man die geistlichen heißt, mit namen die
thumherren samt den münichen und pfaffen, des inne worden,
wandten sie allen fleiß für, in mit dem wort Gottes zu
dempfen und zu vertreiben um ires geizes willen, als denn
die weise ist in allen landen. Derhalben sie den ersamen wei=
sen Rat ansuchten um solchen bösen ketzer zu vertreiben, denn
seine lere und predigt were wider die heilig christliche kirche.
Do ließ ein weiser Rat auf solch ansuchen fürfordern die

1. Von B. Henrico ynn | Diedmar verbrand, | sampt dem zehen = | ben
Psalmen | ausgelegt | durch | Mart. Luther. | Wittemberg. | M. D. XXV. 3 Bogen.
4°. Rückseite des Titels und letzte S. leer. (Göttingen. Autogr. Luth. S. 58.)

baumeister und öbersten der selbigen pfarre, do Henricus pre=
diget und in die klage des Capitels samt aller pfafferei für=
halten. Antworteten die baumeister der pfarre darauf, das sie
nicht anders wüsten, denn das sie einen fromen gelerten pre=
diger hetten angenomen, der sie das wort Gottes rein und
lauter leret. Wo aber das Capitel oder jemands klein oder
groß beweisen künde, das er etwas wider Gotts wort oder
junst ketzerei geleret oder geprediget hette, wolten sie in in
keinen weg leiden oder halten, sonder wolten in samt dem
Capitel helfen verwolgen. Wo aber die herren des Capitels
samt andern geistlichen nichts auf in bringen künden, das er
wider Gotts wort gelert hette, und in gedechten mit gewalt
on alle schuld zu verdringen, wüsten sie das in keinerlei weg
zu leiden. Baten derhalben mit aller untertenigkeit einen er=
samen Rat, in solchs nicht zumuten, sonder beim rechten zu
lassen. Sie weren auch geneigt, iren prediger alle zeit zum
rechten zu halten. Solch antwort ließ ein ersamer Rat durch
ire gesandten an das Capitel gelangen. Als aber die geist=
lichen das merkten, das sie mit guten worten nichts ausrichten,
begunden sie zu zürnen und zu dreuen, und von stund liefen
sie zu irem Bischof und zeigten im an, wie die von Bremen
ketzer weren worden, wolten der geistlichkeit nicht gehorsam sein,
mit viel klagen, wie zu fürchten were, die ganze stat möcht
verfüret werden.

Do schickte der Bischof zwen seiner Rete gen Bremen und
ließ anwerfen[1], das man im den münch schicken wolt. Wenn
man aber fraget, aus was ursach man in überantwortet sol=
ten, antworten sie, er predig wider die heilig kirche. Fragete
jemands, in was und welchen artikeln, wusten sie nichts zu
antworten. Unter welchen Reten war der weihbischof pre=
diger ordens, welcher allen vleiß fürwendet, den fromen Hen=
ricum zu fangen, förchtet sein handwerk würde vergehn. End=
lich ward in von eim ersamen Rat geantwort, nachdem der
prediger von in angenomen, mit keiner schrift überwunden
were und auch niemand keinen artikel anzeigen künde, in wel=
chem er unrecht prediget, wüsten sie in keinerlei weise bei iren
burgern zu wegen zu bringen, das in die burger volgen wür=
den lassen, were derhalben ihre untertenige bitte, der Bischof
wölt irer gnediger herre seine hochgelerten gen Bremen ver=

---

1 anwerfen, anwerben, ersuchen.

schaffen, mit irem prediger zu disputiren, würde er unrecht
funden, wolten sie mit zimlicher straf den prediger weg ver=
schaffen, wo aber nicht, wüsten sie in nicht zu verlaffen ꝛc.
Aber der weihbischof antwort und bat höchlich um friden willen
eines ganzen landes, man solt im den prediger überantworten
und protestiret höchlich, wie er nichts anders suchte, denn irer
seelen seligkeit, hat aber nichts mögen schaffen. Denn die von
Bremen verharreten auf irer ersten antwort.

Derhalben war der weihbischof zornig und zog von Bre=
men hinweg und wolt aus großem zorn nach mals der keßer
kinder nicht vermelen¹. Do nun der weihbischof wider zu sei=
nem herrn kam, zeigt er im solche antwort an und daneben
was er gehört hette von den pfaffen und münchen. Darnach
do teglichs neue zeitung kamen, wie der prediger teglich erger
und erger prediget wider die geistlicheit, funden sie einen an=
dern rat und fertigten ab trefliche leute, die von Bremen zu
warnen, in welchen schaden die statt des predigers halben komen
würde, denn er wider babstlicher heiligkeit und keiserlicher maiestat
gepot prediget, daneben anzeigten, wie er frauen Margreten²
gefangener were, welchs in denn großen schaden zuwenden
wurde. Brachten auch aus³ frauen Margreten dreubriefe, das
sie ihren gefangnen foderte. Hat aber alles sie nicht helfen
mögen, denn ein ersamer weiser Rat alle zeit schriftlich und
mündlich einem iglichen unverweislich⁴ antwort gab. Da er=
dacht der Bischof mit seinem haufen einen andern rat, damit
sie das wort Gottes dempften, und namen für ein Provincial=
concilium, nicht zu Bremen, als denn gewonheit ist, sondern
zur Burstede⁵, das sie raum hetten mit bruder Henrico zu han=
deln wie sie wolten, darzu wurden gefordert und gerufen alle
prelaten und gelerten des ganzen bistums, da zu handeln, was
man gleuben und halten solte.

Zu dem Concilio ward der prediger auch berufen, doch mit
dem unterscheid, man wolte mit und wider in procediern, als
mit einem keßer, so er doch unüberwunden und unverhöret
war, derhalben die öbersten samt einer ganzen gemeine iren
prediger bei in behielten, denn ir bosheit am tag war. Aber
bruder Henricus fasset seine predigt, was er leret und gleubet,

---

¹ vermelen, firmeln. — ² Margreten, Margarete von Parma, Statt=
halterin der Niederlande. — ³ ausbringen, erwirken. — ⁴ unverweis=
lich, tadellos. — ⁵ Burstede, Burtehude.

in kurze artikel und schickt sie in einem sendebrief dem Erz=
bischof und zeigt an seine unschuld samt den artikeln, und
erbot sich, wo er irret, das man in aus der schrift anzeigen
kÿnde, von solchem irrtum abzulaſſen und zu widerrufen, man
solte aber im seinen irrtum aus der heiligen schrift anzeigen,
denn er seine lere oder prebigt aus der schrift muſte zu be=
weiſen.

Aber solche erbietung samt den artikeln veracht man, denn
im kein antwort warb. Was aber das urteil war, mag man
dabei erkennen, denn alsbald darnach lieſſen sie des babſts
Leonis des zehenden samt keiſerlichen mandat zu Worms ge=
ſchriben, verkÿnden und anſchlagen. Derhalben der frome pre=
biger seine prebigt imer fortfÿret und nicht abließ, daneben
alle zeit bedinget, er wolt und were bereit iberman antwort
zu geben seiner lere und prebiget. Die papiſten aber hatten
keine ruhe und sandten teglich ire capellan in die prebigt, das
sie in fangen möchten in seinen worten. Aber Gott zeigt
seine wunder und bekeret etlich von denſelbigen, das der meiſte
haufen irer capellan, die sie hin sandten, bekant haben, das
solche lere und prebigt die warheit und von Gott sei, der
niemand widerſtehn kÿnde, denn sie ir leben lang von keinem
menſchen solche lere gehöret hetten, derhalben sie von irem
böſen abſtehn und das wort Gots nicht vervolgen, sonder glau=
ben solten, das sie selig würden. Aber ihr bosheit hatte sie
verblendet und mit Pharaone verſtocket, das sie erger wurden
irem verdienſt nach. Es hat auch bis auf diesen tag nie=
mands ein wörtlin aufbringen kÿnden von allen münchen, wie
wol sie teglich ketzerei, ketzerei ausgeſchrien und vermögens auch
noch nimmer.

Da nun Got der almechtig die zeit erſahe, daß der gut
Henricus mit seinem blut die warheit, von im geprebiget, be=
zeugen solt, sandte er in unter die mörder, die er darzu be=
reitet hatte, denn es begab sich im xxiiij jar, kleiner zal, nach
Chriſti geburt, das er gerufen warb von Nicolao Boye, pfarrer,
und andern fromen Chriſten der selbigen pfarr zu Melborf in
Diedmar, in das wort Gottes zu verkÿnden und sie aus des
Antichriſts rachen zu bringen, denn er gewaltiglich daſelbs
regierte. Welche berufung er, als von Gott annam und der=
halben in zuſagt, das er zu in komen wolt. Darnach auf
S. Catharinenabent forbert er zu sich sechs frome mitbrÿber
und burger, hielt in fÿr, wie er in Diedmar gerufen were

und zeigt in an, nach dem er nicht alleine schulbig were in
allein, sondern iderman, wers begerte, das wort Gottes zu
verkünden, gedacht er in Diedmar zu ziehen und warten, was
Gott mit im ausrichten wolt, bat der halben, sie wolten im
einen guten rat geben, wie er am füglichsten möcht dahin
komen, das die ganze gemeine nicht innen wurde und sein
reise nicht verhinderten, als auch denn geschehen were. Ant=
worten die fromen Christen drauf und baten, er wolt bei in
bleiben und ansehen, wie das Euangelion noch vast schwach in
dem volk were, sonderlich in den umlignden stetten, und die
verfolgung noch groß, und ansehen, das er von in berufen
were, das wort Gottes zu predigen. Wolten aber die Died=
marer einen prediger haben, das er einen andern daselbst hin=
schicket, denn sie wusten wol, was die Diedmarer vor ein volk
war, daneben sie im auch anzeigten, sie wüsten in nicht zu
ziehen lassen on verwilligung einer ganzen pfarr.

Der gut Henricus antwortet, wie wol er bekante, das er von
in berufen were, doch hetten sie sunst fromer gelerter leute gnug,
die in predigten. Die papisten weren auch zum teil über=
wunden, das auch nun fortan, weiber und kinder ire narrheit
sehen und richten, hett auch zwei jar in geprediget. Aber die
Diedmarer hetten keinen, derhalben er mit gutem gewissen in
solche bitte nicht abschlagen künde. Das sie aber anzogen, das
sie in nicht lassen künten sonder wissen und willen einer ganzen
gemeine, schlüsse bei ihm nichts, dieweil er sie ganz nicht ver=
lassen wolte, denn er gedechte nur ein kurze zeit in Diedmar
zu predigen, nemlich einen monat oder zween, als lang er ein
fundament selbst mündlich gelegt und darnach wider zu in
komen, were derhalben seine meinung und bete, sie wolten nach
seinem abzug der gemeine seinen beruf, welchen er nicht wider=
stehn künde, anzeigen, daneben seinen heimlichen abzug entschul=
digen, denn er müste heimlich ziehen um seiner feinde willen,
die im schaden möchten, die tag und nacht trachten, als sie selbs
wol wüsten, wie sie ihn umbringen und tödten möchten, auch
anzeigt, wie er wolt bald wider bei in sein. Mit diesen worten
stellet er sie zufriben, das sie im zu ziehen vergunneten, denn
sie verhofften das die Diedmarer möchten zu der rechten erkent=
nis komen des wort Gotts, die sonst fast vor andern volk mit
abgötterei beladen sind.

Darnach auf montag der ersten wochen im Advent zog
Henricus mitten durch das stift von Bremen in Diedmar und

kam gen Melborf, da er denn hin berufen war, da er auch
mit großen freuden von dem pfarrer samt andern fromen chriſten
empfangen warb. Als bald er dar komen war, wiewol er noch
keine prebigt gethan hatte, warb der Teufel zornig mit ſeinen
glibmaſſen und inſonberheit erregt er Auguſtinum Torneborch,
prior beS ſchwarzen kloſterS, bie man nennet Jacobiter ober
Prebiger, welcher von ſtund an lief zu ſeinem mitgeſellen
M. Johan Sniden, beS officials von Hamburg vicarien ober
commiſſarien, und hielt rat, was zu thun ſtünbe, bamit ir reich
nicht untergienge. Enblich beſchloſſen ſie, das ſie vor allen
bingen verkomen¹ müſten, das er nicht prebiget, denn wo er
würbe prebigen, das in ber gemeine man hörte, ſo würb ire
ſchalkheit an den tag komen und würden barnach nichts aus=
richten können, denn ſie muſten wol, wie es zu Bremen
zugangen war. Auf bieſen beſchluß macht ſich der prior beS
PrebigerorbenS beS morgens frü auf, denn er vor großer ſorge
die nacht nicht viel ſchlief, und kam gen der Heybe auf Sonn=
abent vor dem andern ſontag beS Abvents für bie xlviij Regen=
ten beS ganzen landS, und beklagt ſich höchlich und zeigt an,
wie der münche von Bremen komen were, das ganze land Dieb=
mar zu verkeren, als er ben von Bremen gethon het, hatte
auch zu hülfe M. Günter beS landeS gemeinen kantzler und
Peter Nannen, beibe große feinbe beS wort gottes. Dieſe zwen
hulfen dem Prior mit allem vleiß und hielten den andern xlvi
ungelerten einfeltigen für, wie ein groß lob im ganzen Nider=
land und wie großen dank ſie inſunberheit bei dem Biſchof von
Bremen verbienen würden, wo ſie bieſen ketzeriſchen mönch zum
tobe bringen würden. Do ſie das hörten die armen ungelerten
leut, ſchriben ſie balb und beſchloſſen in zu tödten, den ſie boch
nicht geſehen viel weniger gehöret noch überwunden hatten.
Enblich bracht der Prior einen brief ober gebot auf² an den
pfarherren von den xlviij Regenten, den münch zu verjagen,
ehe er prebiget bei der höchſten ſtraf nach gewonheit beS landeS.
Als bald mit eilen zoch der Prior mit dem gepot gen Melborf
und überantwort das dem fromen pfarherrn in ber nacht, denn
er verhofft, er wolt verhindern, das der Henricus nicht prebigete,
denn er wuſte wol, was im baran gelegen war. Als der pfar=
herr bieſen brief ober gebot las, verwundert es in ſehr ſolchS
gebots, nach dem es ungewonlich war, das ſich bie xlviij Regenten

---

¹ verkomen, verhüten. — ² aufbringen, wie ausbringen, erwirken.

1. Heinrich Muler aus Zutphen. 221

mit den kirchen bekümmerten, so doch das regiment nach alter
gewonheit des landes, der ganzen eingepfarten gemeine zugehöret,
denn es von eim ganzen lande beschlossen in langem gebrauch
gewesen ist, das ein igliche pfarkirch nach irem guten willen
einen pfarherrn oder prediger setzen und entsetzen gewalt hab.
Diesen brief gab der pfarherr Henrico zu erkennen und zeigt im
daneben, was des lands gebrauch und gewonheit were. Darauf
Henricus antwortet, nach dem er von einer ganzen pfarr das
wort Gottes zu predigen berufen were, wolt er derselbigen
berufung nachkomen, also lang es der ganzen gemeine wolgefiel,
denn man müste mer dem wort Gottes gehorchen, denn den
menschen. Wolt in Gott haben, das er in Diedmar sterben
solt, der himel were da also nahe, als anderswo, er müste doch
um des worts Gottes einmal sein blut vergießen. Mit solchem
mut trat er auf des sontags darnach und prediget die ersten
predig von dem spruch Pauli Röm. 1 Testis est mihi deus &.
und von dem Euangelio des selbigen tags. Als bald die predigt
aus war, ward die ganz gemeine der pfarre zusamen gefordert
und daselbs von dem vorigen Prior ein brief überantwort von
den xlviij Regenten des landes, das sie bei strafe tausent reini=
scher gülden den münch nicht predigen solten lassen und daneben
mit volmacht ire legaten zu der Heyde schickten, denn da würde
um großer ursach ein ganz land zusamen komen.
Als sie diesen brief hörten lesen, wurden sie fast zornig,
das wider alle lands gewonheit in solch gebot geschehen, so doch
ein igliche pfarkirch macht het, einen prediger zu erwelen, wen
sie wolt, und beschlussen eintrechtig, sie wolten den fromen Hen=
ricum zu einem prediger halten und beschirmen, denn sie ganz
entzündet waren von der ersten predigt, die sie gehört hatten.
Nach mittag thet Henricus die andere predigt von dem spruch
Pauli Roma. xv. Debemus nos qui potentes &. Auf
montag darauf sandten die von Meldorf ire geschickten zu der
Heyda und erboten sich zu recht für iberman des ganzen landes,
zeigten daneben, was christlicher predigt sie gehört hetten von
Henrico. Dabei schreib der pfarherr den xlviij Regenten des
landes, wie weder er noch Henricus der meinung weren, aufrure
zu machen, sondern das reine lauter wort Gottes zu leren,
berief sich, er wolt für einem iberman zu rechte stehn mit bruder
Henrich, were derhalben sein untertenige bete, sie wolten den
münchen nicht glauben geben, die um ires haß und geiz willen
die warheit gedechten zu unterdrucken, und das wort Gottes

nicht verdamten, sondern die warheit genzlich erften erforfchten und niemand unverhört verdamten.

Wers fache, das fie unrecht funden würden, weren fie bereit ihre ftraf zu leiden. Diefe erbietung famt dem gezeugnis verachten fie und gaben darauf keine antwort, fondern iberman redet, einer bis der ander das. Zum letften antwortet Peter Dethleves, als einer von den eltiften, wiewol faft große zwietracht in allen landen were des glaubens halben und fie als die ungelertften und unverftendigften die nicht richten künden, were ir ernftliche meinung, folche fache bis auf ein zukünftigs Concilium zu fchieben, welchs, als fie denn von irem landfchreiber M. Günter bericht, in kurzem gehalten werden folt, was denn ir guten nachbaren halten und gleuben würdent, das felbige gedechten fie auch anzunehmen. Were aber das wort Gottes (als man fagt) nicht klar gnugfam geleret und iemand das felbige klarer und lauter lernen künde, gedechten fie folchs nicht zu verbieten, denn fie keine aufrur in landen gedechten zu leiden. Derhalben ein ieberman folt zufriden fein und bis auf die nehften zukünftigen Oftern, die fache beruhen laffen, in mitler zeit würde fichs wol ausweifen, was recht oder unrecht were. Auf folche antwort war ein jeder zufriden und zogen die gefandten von Meldorf heim und zeigten an mit großer freuden folche antwort einer ganzen gemeine, verhofften die fache folt gut werden.

Am tag Nicolai Episcopi thet er zwo predigt, die erfte von dem Euangelio Homo quidem nobilis &. Die ander von dem fpruch Plures facti funt facerdotes &. mit folchem geift, das fichs ieberman verwundert und Gott mit vleiß bitten, in folchen prediger lang zu laffen. Am tage Conceptionis Marie thet er auch zwo predigt auf das Euangelion, Liber generationis, in welcher er anzeigt die zufagung die von Chrifto den Vetern zugefagt und was glauben fie gehabt hetten, daneben angezeigt, wie wir auch mit folchen glauben müften felig werden, on allen unfern verdienft, und das alles mit folchem geift, das iberman fich verwundert und Gott vleißig dankten, das er in folchen prediger zugefchickt hette, denn fie nun klar fehen, wie fie durch münich und pfaffen verfürt find. Baten in auch mit vleiß, er wolt die Weinnachten bei in bleiben und alle tag zwir predigen, den fie förchten fich, das er würde an einen andern ort gefordert. In mitler zeit ruhete der Prior famt M. Johann Sniden nicht. Denn do der Prior fahe, das feine

bosheit nicht künde fort gehn, zoch er mit Doctor Wilhelmo
Predigerordens zu Lunden, zu den grauen münchen, die man
Barfuser nennet oder Minores, da hülf und rat zu suchen, wie
er seinen willen vollenden möchte. Denn die selbigen münch
fast geschickt sind mit irer gleißnerei die armen elenden zu
verfüren.

Als bald schickten die grauen münche nach etlichen von den
Regenten, als mit namen Peter Nannen, Peter Schwyn und
Claus Roden und zeigten in mit großen klagen, als denn ir
gewonheit ist, wie der ketzer predige und das volk verfüre, welchs
im zum teil anhengig were. Wo sie nicht darzu sehen würden
und den ketzer umbrechten, würde Marie lob samt den heiligen
zwei klöstern zu boden gehn. Das war die schrift, da sie den
ketzer gedachten mit umbringen, als geschach. Als die armen
unverstendigen leute das höreten, wurden sie zornig und antwort
darauf Peter Schwyn, man hette dem pfarrer samt Henrico
geschriben, was sie sich halten sollen, wers von nöten, sie wolten
noch einmal schreiben. Antwort der Prior, Nein, denn ir müst
der sachen anders beikomen. Denn beginnet ir dem ketzer zu
schreiben, wird er euch antworten und würdet on zweifel auch
mit in die ketzerei komen, möcht man im nichts anhaben. Da
beschlossen sie einen rat, das man in in der nacht heimlich müste
fangen und als bald verbrennen, ehe das land innen würde
und er zu worten keme. Solcher rat gefiel in allen wol und
sonderlich den grauen münchen. Auf solchen rat wolte Peter
Nannen, als ein sunderlicher freund des Priors, den dank verdienen und zoch zu sich etliche Ammeral[1] aus andern dörfern
mit hülfe und rat M. Günters. Man solt hie billich der namen
schonen, nachdem sie aber ere gesucht haben zu erlangen, muß
man sie irer ere nicht berauben. Das sind die namen der
heubtleut.

Peter Nannen, Peter Schwyns sone, Hennick zu Lunden,
Johan Holm, Lorenz Hanneman, Ludwick Hanneman, Bastel
Johan Bren, Claus von Weslingburen, Brosi Johan zu Wocken-
hausen, Marquard Kremer zu Henstede, Lüdeke Johan zu Wessing,
Peter Groß, vogt zu Hemmingstet. Diese heubtleut samt den
andern, die sie bei sich hatten, wurden gefordert auf die pfarr
zu der Neuenkirchen und kamen in M. Günters, des schreibers,
haus zusamen und hielten rat, wie sie ihn fiengen und nicht

---

[1] **Ammeral**, Vorsteher, Bauermeister.

ju worten komen ließen. Denn das urteil schon geschlossen war,
das sie den guten Henricum brennen wolten. Beschieden sie
sich zusamen auf den andern tag nach Conceptionis gen Hem=
mingstet, ein halbe meil von Melvorf, und belegten mit vleiß
die straßen zu Melvorf, auf das sie niemand warnet, ward auch
verordnet, das auf allen dorfen, als die nacht kam und man
Ave Maria leutet, so zusamen kemen, und kamen zusamen bei
die fünf hundert bauren. Als sie nun zusamen komen waren,
ward offentlich angezeigt, aus was ursach sie gerufen weren,
denn niemand on die haubtleut wusten die ursach und was sie
thun solten. Als der gemein man das höret, wolten sie zurücke
ziehen und solche böse that nicht begeben. Aber die haubtleut
geboten in bei leib und gut, fortzuziehen, hatten auch gesoffen
daselbs drei tunnen Hamburger bier, das sie deste mütiger weren,
und kamen in der mitternacht um rij schlege mit gewapenter
hand gen Melvorf.

Die Jacobiter oder Predigermünch gaben in liecht und fackeln,
das sie ja sehen künden und der gute Henricus nicht entlaufen
künde. Hatten auch einen verreter bei sich mit namen Hennigs=
hans, welcher alle ding verraten hatte. Fielen mit gewalt in
die pfarr, zuschlugen alles, was da war, als der vollen unsinnigen
bauren gewonheit ist, kannen, kessel, kleider, becher. Was sie
aber funden von silber und gold, namen sie mit. Fielen auch
zu dem pfarrer ein mit gewalt, hiewen und stachen und schrieen,
schlah todt, schlah todt. Eins teils stießen in auf die straße
nackend in den dreck und namen in gefangen, er solte mit in
gehn. Das ander teil schrei, man solt in gehn lassen, denn
sie hetten keinen befehl in zu fangen. Darnach als sie iren
mutwillen mit dem pfarrer geübt hatten, fielen sie zu dem guten
bruder Henrich ein und namen ihn nacket aus dem bette, schlugen,
stachen wie die unsinnigen vollen bauren und bunden seine hende
fast hart auf den rucken, zogen und stießen in also lange, das
auch Peter Nannen mit barmherzigkeit bewegt, der sonst ein
giftiger feind des wort Gottes war, und sagt, das man in
gehn ließe, er würde wol volgen. Bevolhen in Balke Johan
zu leiten, der in mer schleppet, denn furte. Als sie in gen
Hemmingstet brachten, fragten sie in, wie er ins land komen
were und was er da suchte. Antwort er in freundlich mit
der warheit, das sie auch bewegt wurden und riefen, nur weg
mit im, wo wir lange in höreten, würden wir mit ihm kezer
werden.

Do begerte er, das man in auf ein pferd setzen wolt, denn
er sehr müde und matt war und seine füße im ganz wund
waren, denn er in dem kalten und eise die nacht nackent und
barfuß gegangen und geführet war. Als sie das höreten, spotten
sie und verlachten in, und sprachen, ob man dem ketzer pferde
halten soll, er müste doch wol laufen. Schlepten in also die
nacht bis zu der Heyde, da brachten sie in in eines mans haus
mit namen Ralbenes und wolten im einen stock mit eisern ketten
angehenget haben. Aber der hausvater hatte mitleiden und
wolt solchs nicht leiden. Da er iren mutwillen nicht wolt
gestatten, brachten sie den guten Henrich in eins pfaffen haus,
mit namen herr Reimer Hozeken, ein diener des Officials von
Hamburg, schlossen in in einen keller und gaben in den vollen
bauren zu verwaren, die in fortan die ganze nacht verspotteten
und verhöneten. Unter andern kam zu im herr Simon, pfarrer
von Aldenworden, und herr Christian, pfarrer von der Neuen=
kirchen, beide fast ungelerte vervolger des wort Gottes, frageten
in, aus was ursach er das heilige kleid abgelegt hette, welchen
er freuntlich aus der schrift antworte, aber sie verstundens nicht,
was er saget.

Kam auch zu im M. Günter, fraget in, ob er wolt lieber
an den Bischof von Bremen geschickt sein, oder lieber in Died=
mar seinen lohn empfangen. Antwort Henricus, hab ich was
unchristlichs geleret oder gehandelt, künden sie mich wol darum
strafen, der wille Gottes geschehe. Antwort M. Günter, höret,
lieben freunde, er wil in Diedmar sterben. Aber das volk in
gemeine warteten die ganze nacht ires saufens. Des morgens
um achte giengen sie auf dem markt zu rate, was in zu thun
stünde. Da riefen die vollen bauren, imer verbrent, zum feuer
zu, so werden wir heute von Gott und den leuten ere gewinnen,
denn je lenger wir in leben lassen, je mer er mit seiner ketzerei
verkert. Was hilft vil langs bedenken, er muß doch sterben.
Also ward der gute Henrich unverhört zum feuer verdamt.

Darnach ward ausgerufen, alle die in hetten helfen fangen,
solten mit irer were mit zum feuer hin ausziehen. Da waren
auch die grauen münch oder barfuser, sterkten die armen leute
und sprachen, itzund geht ir der sachen recht nach, und hetzten
das arme elende trunken volk. Do namen sie in und bunden
in mit hals, füße und henden, fürten in mit großem geschrei
zu dem feuer. Als dis geschach stund ein frau in irer haus=
thür und sah dieses elend und jamer und begund bitterlich zu

weinen, sagt der gute Henrich zu ir, Liebe frau weinet nicht
über mich. Als er an die statt kam, da das feuer bereit war,
saß er nider für großer schwachheit. Da kam der vogt, Schösser
Waes, durch gelt dazu erkauft, als man gleublich saget, ver=
damt den guten bruder Henrich mit diesem sentenz oder urteil
zum feuer, Dieser böswicht hat geprediget wider die mutter
Gottes und wider den Christenglauben, aus welcher ursach ich
in verurteile, von wegen meines gnedigen herren Bischofen von
Bremen, zum feuer. Antwort der gute bruder Henrich, Das
hab ich nicht gethan, doch HERR dein wille geschehe. Warf
auf seine augen in den himel und sprach, HERR vergib inen,
denn sie wissen nicht, was sie thun, dein name ist allein heilig,
himlischer vater. Da gieng hinzu ein gute christliche fraue,
Claus Jungen frau mit weibs namen, ein schwester Peter Nannen,
wonhaftig zu Meldorf, für das feuer und erbot sich, man solt
sie zur staupen schlagen, auf das ir zorn gebüßet würde, darzu
wolt sie taufent gülden geben, man solt den man nur wider
einsetzen bis auf den nehsten montag, das er von dem ganzen
lande verhöret würde und dann verbrant. Do sie das hörten,
wurden sie rasend und unsinnig und schlugen die frauen zu
der erden, traten sie mit füßen, schlugen mit aller gewalt den
guten merterer Christi, einer schlug in mit einem stoßtegen in
den hirnschedel, aber Johan Holm von der Neuenkirchen schlug
in mit einem fausthamer, die andern stachen in in seine seiten,
in den rucken, in die armen, wo sie in nur erreichen kunden
und nicht einmal, sondern als oft er begund zu reden.

Do ermanet und hetzet das volk M. Günter und rief sie
an und sprach, Frei zu, ir lieben gesellen, hie wonet Gott bei.
Darnach brachte der selbig M. Günter einen ungelerten grauen
münch zu im, das er beichten solt. Sprach aber zu im der
merterer Christi, Bruder hab ich dir auch je was zu leide gethan
oder je erzürnet? Antwort der münch, Nein. Sprach zu im
der gute bruder Henrich, Was sol ich dir denn beichten? das
du mir vergeben soltest. Da schemte sich der graue münch und
trat zuruck. Das feuer aber wolt nicht brennen, wie oft sie es
anzündeten. Nichts weniger übten sie iren mutwillen an im
und schlugen in mit helbarten und spießen. Das verzog sich
wol zwo stunde lang, in welcher zeit er in seinem hemb nackend
für den bauren stund mit aufgehaben augen in den himel.
Zuletzt kriegen sie eine große leiter, auf welche sie in fast hart
bunden, auf das sie in in das feuer würfen. Da hub der gute

merterer Christi an, seinen glauben zu sprechen. Schlug aber einer her mit einer fauft in sein maul und sprach zu im, er solt erst brennen, darnach möcht er lesen, was er wolt. Do trat einer mit eim fuß auf seine bruft und band in also hart an einen sprüssen an seinen hals, das im maul und nase blute auf das er erstiken solte, denn er sah, das er von so viel wunden nicht sterben kunde.

Darnach richten sie in auf mit der leiter, da setzt einer die hellebarten an die leitern, die selbige helfen aufzurichten, denn das land keinen scharfrichter hat, da gleit der hellebart von der leitern ab und durchstach den heiligen merterer mitten durch, warfen also den guten man mit der leitern auf das holz, aber die leiter sprang zu der seiten ab. Da lief zu Johan Holm und nam den fausthamer und schlug ihn auf seine bruft, also lang, das er starb, das er sich darnach nicht regete. Brieten in also auf den kolen, denn das holz wolt nicht brennen.

Das ist kürzlich die ware histörien von dem leiden des heiligen merterers Henrici von Sudphen.

2.

Leonhard Keiser.

Lenhard Keiser ist von reblicher berümter freundschaft
geborn zu Rabb vier meil von Passau im landgericht Scherding
in Beyern und hat seiner person ein erbars züchtiges leben
gefürt, als ein sonderlicher frumer priester, bei jederman darum
lieb und wert gehalten.   Als er aber zu Wazenkirchen Vicarius
war bei sieben jaren (daselbst denn Doctor Perger thumher zu
Passau pfarher) und er durch die gnad Gotts unterricht, dem
volk die warheit des euangelii anzeigt, ward im sein pfarher,
obgenanter Doctor Perger, ungünstig, als keme seine pfarr
durch in in abnemen an gelt rc.   Endlich ist er für den bischof
zu Passau angetragen[1], auch geladen und ins gefengnis des
Officials zu Passau komen, bis an den dritten tag drinnen
behalten und im aufgelegt, er solle nimer solcher lere als luthe=
risch oder euangelisch anhengig sein, nach laut eines langen
orginal, so die pfaffen gestellet haben zu Regensburg.

Nach solchem ist er widerum gen Wazenkirchen komen und
an dem stand der pfarr nicht lenger blieben, dann bei einem
halben jar rc.

Als in aber sein gewissen schwerlich trückte, hat er sich auf=
gemacht und weck gezogen gen Wittemberg und anders, wo er

_____

2. Von Er | Lenhard keiser | hnn Beyern vmb des Euan = | gelij willen
verbrandt Eine | selige geschicht. | Mart. Luther. | Wittemberg. | M. D. XXVIII.
Am Schlusse: Gedruckt zu wittemberg | durch Hans Lufft. 6 Bogen. 4°. Rück=
seite des Titels u. letztes Blatt leer. (Göttingen. Autogr. Luth. S. 58.)
Hier nur Luthers Antheil an der Schrift, die von A 4ᵇ bis F jᵃ von Michael
Stiefel verfaßt ist und die Acten und die Hinrichtungsgeschichte enthält. Vgl.
Luthers Bücher. Wittemb. 1558. 9, 243, wo Luthers Brief an Stiefel (8. Oct.
1527) abgedruckt ist. — ¹ antragen, beschuldigen, anklagen.

dann erinnerung göttlicher ler halber befünde 2c und ausblieben bei zweien jaren.

Darnach, da ihm ein brief kam von seinen brüdern und freunden, wie sein vater in todes nöten, und ob er seinen vater im leben wölle sehen, soll er heraus komen. Solchs er sich aus lieb seines vaters und brüdern underständen und heraus= gezogen gen Rabb, hatt er seinen vater lebendig gefunden bei zweien stunden, darnach ist er zu Rabb blieben bei seiner mutter und brüdern, und in ist auch ein schwachheit ankomen, derhalben er da blieben bei fünf wochen, in solchem ist er durch den pfarrer daselb zu Rabb dargeben[1] und der pfarrer hat sein zukunft[2] dem abt von Süben und bischofe zu Passau durch schreiben und personen angezeigt.

Nach solchem ist schrift vom dem fürsten von Passau an den richter zu Rabb komen, wie er sol her Lenharten gefenglich annemen lassen. Solch schrift hat der richter her Lenharten selbs lassen lesen, darauf hat der richter in gefenglich angenomen. Da ist er behalten worden nach irer hofmarch[3] gebrauch an den dritten tag, darnach geantwort[4] für die hofmarch in das land= gericht Scherding an dem x tag Merz xxvij jar und gefürt gen Scherding. An dem andern morgen, als an dem xi tag Merz, gen Passau auf dem wasser gefürt, darnach gefenglich gehalten auf dem Oberhaus oder geschloß und etlich mal exa= minirt, im beisein Doctor Ramelspach, prediger zu Passau, und Officials pfarher zu Sanct Pawel und thumher, Doctor Rosin thumher, und Doctor Fröschel thumher 2c. Aber im mit lieb noch leib von solchen der schrift nicht mögen bringen, auch der fürst persönlich mit im geredt, aber sein antwort allweg gewesen, nach göttlicher schrift wölle er sich weisen lassen, aber sonst mit nicht, auch mit erbietung, man sol auf sein und seiner freunde kostung[5] zu etlichen stedten des reichs, als Nürnberg, Augspurg, Ulm und der gleichen schicken und daselbst das vermeint sein verbrechen darstellen, ob er aber unrecht befunden, wölle er des an[6] alle genad entgelten, wo er aber nicht fellig, noch mit heiliger schrift überwunden, sol er billich nicht ferner beschweret werden. Wie sie in aber befragt und examinirt haben und was sein antwort ist gewesen, wollen wir am besten aus seiner

---

[1] dargeben, angeben, verrathen. — [2] zukunft, Ankunft. — [3] hof= march, Bezirk eines niedern Gerichts. — [4] antworten, ausliefern. — [5] kostung, Kosten. — [6] an, ohne.

eigen handschrift vernemen, welche mir zukomen ist und lautet
also. (Hier weggelassen.)

Bisher hab ich diese legende und geschicht lassen gehen, on
mein wort, wie ich sie denn aus vielen redlichen schriften und
sonderlich aus Er[1] Lenhards eigen handschriften habe erlanget,
auf das nicht jemand sagen könne, wir hetten lugenteidinge[2]
an tag geben. Denn es ist mir ja mein eigen handschrift, so
ich zu im ins gefengnis geschickt, samt seiner handschrift wider
zukomen gebrochen und gelesen, das bis mein zeugnis gewis
und warhaftig gnug ist. Derhalben ich gar freundlich bitte
alle frume christen, wolten Got danken und loben durch Jesum
Christum, der uns solchen trost gibt, durch diesen seinen lieben
diener und merterer Lenhard. Ach Herr Gott, das ich so würdig
were gewesen oder noch sein möchte, solchs bekentnis und tods.
Was bin ich? was thu ich? das ich desgleichen nicht lengest
(wie wol zehen mal mehr fur der welt verdienet) auch zu leiden
bin wirdig worden. Wolan, mein Gott, sols so sein, so sei es
also, dein wil geschehe.

Aber euch tyrannen und wütigen Papisten wölt ich treulich
warnen und bitten, das ir doch euch wöltet, euch selbs zu gut,
fürsehen und ob ir ja nicht gleuben woltet mit uns, das ir doch
euch nicht in unschuldig blut so jemerlich verteufet[3]. Jr sehet
und höret, das dennoch Gott nur ein teil auch itzt angreift
(die ich nicht wil nennen). Der bapst, eur abgott, fehret schier
mit halbem karn[4] und hat das gemein gebet verloren, sehet zu,
Gott warnet euch mancherleiglich, und rufet euch zur buße.
Und wenn ir gleich hoch wütet, so ist unser lere doch ja das
Euangelion, wie ir selbs wisset, das wir Christum, den heiland,
predigen, dazu die weltliche oberkeit also preisen und sie wider
zu irem recht und eren bringen, als sie zuvor nicht gewest ist.
Denn ir wisset selbs, das bisher weltliche oberkeit von den
Papisten schier mit füßen getreten ist. Was wütet ir doch denn?
Warum vergießet ir unschuldig blut on alle ursache und not,
so wir euch doch mit unser lere zur selen, leib und gut aufs
aller höhest und vleißigst dienen?

Wölt ir ja zörnig sein und unglauben weren, lieber[5] thuts.
Jr habt den Türken, da solt ir euch billicher an versuchen,

---

[1] Er, Herr. — [2] lugenteidinge, leichtfertige Lügen, wie narrentei-
dung, Narrenspossen, gebildet. — [3] verteufen, vertiefen. — [4] mit halben karn fahren, mit leckem Schifflein, nicht sicher sein. — [5] lieber, nun
wolan!

wenn ihr ja willens weret, unglauben zu steuren, wie wol ich
niemand zu kriegen hetzen wil. Aber wenn man ja kriegen
wolt und das messer so lose steckt, oder die haut juckt, so were
ichs zufrieden, das man sich an die macht, da man ere und
preis erstreiten und die manheit und hartnisch beweisen konde
und nicht an die elenden unschuldigen, so unter uns mit aller
stille und friden leben, dazu uns aufs höheft dienen, sonderlich
mit leren. Es sind heßliche, feindselige thiere, die sich selbs
unternander würgen, wie die wölfe thun, wenn sie hochzeit und
brautlauft¹ haben, aber viel feindseliger ists, wo ein gelied
das anber frisset und verderbet, wie wir itzt leiber thun.

Und wenn ir benn gleich verstockt sein wolt, werbet ir doch
nichts gewinnen, denn beste grösser verdamnis. Es ist Gottes
wort, das wird wol bleiben, wie Jesaias und Petrus sagen,
und wir werden auch bleiben alle die baran hangen und gleuben,
ob wir wol in des muffen zu scheitern gehen und in des tobes
schlaf gehen. Und zwar ir selbs kunds nicht leuken², das also
in der Schrift stehe, wie wir leren, on das nicht also stehet in
euren decreten und menschen leren. Was können wir aber
bazu? unser Schrift ist vom himel bestettiget, eur decret hat
noch keine wunder gethan, ist auch noch nicht bestettigt vom
himel. Ach, Her Got, es ist ein ungleich streiten, wenn die
alten töpfe wollen mit den felsen streiten, denn es gerate, wie
es wolle, so gehets über die töpfen, fallen sie an die felsen,
so stoßen sie sich und zubrechen, fallen aber die felsen auf sie,
so zuschmettern und zumalmen sie die töpfen, das warlich den
töpfen zu raten were, sie blieben töpfe, wie sie sind, in der
küchen und unterstünden sich nicht auszuzihen zu selbe und wider
die felsen und berge zu streiten.

Christus sprichts auch selber, Wer auf biesen stein fellet,
ber wird zubrechen, auf welchen aber er fellet, ben wird er zumalmen, als solt er sagen, ir seid ein irdisch³ und gebrechlich
gefeße, wie ein topfen oder krug, aber lieber reibt euch nicht
an mich, laft mich den fels sein und seid mit mir unverworren,
wo nicht, sage ich euch fürwar, ich bin ein stein und werde
mich nicht bafür fürchten, bas die töpfen große beuche haben
und aufgeblasen sind, als wolten sie mich schrecken mit irem
zorn und breuen. Je großer beuche sie haben und weiter sie

---

¹ brautlauft (nicht brautlauf, wie spätere Drucke haben), identisch mit
brautlauf, Hochzeit. — ² leuken, leugnen. — ³ irdisch, irdenes.

aufgeblasen sind, je leichter sie zu brechen und besser zu treffen
sind. Desselbigen gleichen acht ich nicht, das sie oben weite
meuler und löcher haben, viel wider mich schreien und lestern
können, als künd sie niemand stopfen, denn eben damit sind
sie auch am allergeringsten verwaret und leichtlich zuschmettert,
das weder bauch noch loch da bleibet, sondern wie Jesaias
sagt, kaumet[1] eine scherben überbleibt, da man eine kolen in
tragen mag.

Denn so hats der ander psalm auch verkündigt, Du wirst
sie zuschmettern wie eins töpfers geseße. Da hütt euch für,
lieben herrn, lieben freunde, lieben feinde, denn es ist ernst
für Gott und wir gönnen euch nichts arges, sondern wolten
gern, das ir euch erkennetet und zu recht kemet, denn uns an
eurm verdamnis kein lust noch freude ist, das weiß Gott, wolten
lieber das ir mit uns selig wordet und von herzen gerne ver=
geben alle das blutvergißen, so ir an uns übet, denn ir hindert
damit unser sache nichts, sondern fobbert sie nur beste mehr,
euch selbs zu großem greulichen verderben. Verseumet euch selber
nicht und last uns nicht umsonst euch friede und vergebung
anbieten und für euch bitten. Es wird fürwar allzu schwer
gerochen werden in der pein, welche (ach Herr Gott) kein
ende hat.

Da ich zu Worms war für dem keiser, gab ich dem bischof
zu Trier diesen rat, man solte die sachen Gott lassen, weil sie
die seele betreffe und niemand an leib und gut zu nahe werc.
Were sie aus menschen, so würde sie bald untergehen, were sie
aus Gott, so künte sie niemand dempfen. Welchen rat auch
Gamaliel den Juden gab, und ist solcher rat nicht mein, sondern
des heiligen geistes, welcher denselbigen also durch S. Lucas
bestettigt hat Acto. v. Aber es wolt nicht klingen. Wolan,
wie es auch hernach geklappet hat und noch klappe, da frage
man das ganze deutsche land um. Sehet euch für, lieben herrn,
es gilt hinfurt euch, uns hats bisher gegolten. Gott gebe euch
recht zu erkennen, was ir thut und was er lieber wollt von
euch gethan haben. AMEN.

---

[1] kaumet, kaum.

3.
Luther's Tod.

Am ṛṛiij. tag Januarii ist aus erforderung der Edelen und Wolgebornen Graven und Herrn zu Mansfeld der Ehrwirdige Herr D. Martinus Luther von Wittemberg ausgezogen und die erste nacht zu Bitterfeld gelegen.

Und ist aber die erforderung D. Doctoris Martini von wolgedachten Graven aus der ursachen geschehen, daß sich zwischen ihren gnaden viel und große irrungen und gebrechen etzliche zeit her erhalten, daraus der Herschaft Mansfeld allerlei weiterung zu befahren gewesen, derhalben die Graven samtlich D. Doctorem Martinum, als der aus ihrer gnaden herschaft, nemlich von Eisleben bürtig, gebeten, sich mit der unterhandlung zu beladen und zu fleißigen, so viel möglich die sachen zu vertragen und zu vergleichen. Wiewol aber D. Doctor Martinus sich in solche weltliche hendel einzulassen nicht gepflegt, sonder seines berufs je und alwegen mit predigen, lesen, schreiben und andern, wie meniglich bewust, höchstes fleiß gewartet, so hat er doch seines vaterlands halben, damit daßselbige zu einigkeit gebracht, weiterung vorkomen und die Graven mit einander freundlich möchten versünet und vertragen werden, diese reise nicht wegern, noch abschlagen wollen, ob es ihme wol solcher zeit zu reisen und sich mit diesen dingen zu beladen, ganz ungelegen, auch beschwerlich und wider seinen gebrauch gewesen. Ist derwegen den tag wie obstehet von

---

3. Vom Christlichen abschied aus diesem tödlichen leben des Ehrwirdigen Herrn D. Martini Lutheri, bericht, durch D. Justum Jonam, M. Michaelem Celium, vnd ander die dabey gewesen, kurtz zusamen gezogen. Gedruckt zu Wittemberg durch Georgen Rhaw. Anno M. D. XLVI. 4°. (Göttingen. Autogr. Luth.)

Wittemberg in dem namen des Allmechtigen nach Eisleben ge=
reiset.

Den xxiiij. tag Januarii ist er um eilf uhr vormittag zu
Hall einkomen und bei D. Jonas zu herberg gelegen.

Den xxv., xxvj. xxvij. Januarii ist er zu Hall blieben,
verhindert durchs wasser und hat den xxvj. tag, welcher war
der Dienstag nach Conversionis Pauli, allda in unser Lieben
Frauen Kirchen geprebigt aus den Actis Apostolorum, von
Pauli bekerung.

Auf den Donnerstag, welcher war der xxviij. Januarii ist
er von Hall aus über das wasser, samt seinen dreien sönen
und D. Jonas, warlich etwas mit gefar aufm kahn, über
das wasser gefaren, das er auch selbest sprach zu Doctor
Jonas, Lieber D. Jonas, wer das dem teufel nicht ein fein
wolgefallen, wenn ich D. Martinus mit dreien sönen und euch,
in dem wasser ersöff — und folgends nach Eisleben gereiset.

Und nach dem .er auf der grenz mit hundert und drei=
zehn pferden angenomen fur Eisleben kam, wurd er fast
schwach im wagen, also das man sich auch seines lebens be=
faret. Doch als man ihn in der herberge mit warmen
tüchern gerieben, aß und trank er den abend und war zu=
frieden, klagt sich nicht mehr, aber zuvor auf dem wagen, wie
ihn die krankheit anstieß, saget er, das thut mir der teufel
alweg, wenn ich etwas großes vorhab und ausrichten sol, das er
mich zuvor also versucht und mit einer solchen tentation angreift.

Von dem xxix tag Januarii an, bis auf den xvij tag
Februarii inclusive, ist er zu Eisleben gewesen in der hand=
lung und neben der handelung vier predigt gethan, ein mal
offentlichen vom priester (so an dem altar die Communion ge=
halten) die Absolution empfangen und zwier communicirt und
bey der andern Communion, nemlich sontags am tage Valen=
tini, hat er zween priester nach apostolischem brauch selb orbi=
nirt und geweihet.

Es sind auch von dem xxviij. Januarii an bis auf den
xvij. Februarii gar viel feiner tröstlicher rede von ihm gehört,
da er oft seines alters, und das er sich daheim, wenn er gen
Wittenberg wider komen würde, zur ruge legen, gedacht hat,
auch viel wichtiger tröstlicher sprüche der Schrift über tisch in
beisein der Graven und unser ander, die wir mit ihm zu tisch
saßen, ausgelegt, welche zu seiner zeit sollen in einem sonder=
lichen verzeichnis ausgehen.

Und sonderlich alle abend die xxj tage durch ist er aus
der großen stuben vom tisch in sein stüblein gangen um acht
uhr, oder oft dafur, auch die abend alle ein gut weil im fen=
ster gestanden und sein gebet zu Gott so ernstlich und emsig
gethan, das wir, D. Jonas, M. Celius, Ambrosius sein die=
ner, Johannes Aurifaber Vinariensis (nachdem wir still waren)
oft etlich wort gehöret, uns verwundert. Darnach hat er sich
aus dem fenster umgewand, frolich (als hette er aber eine last
abgelegt) und gemeiniglich noch ein halb viertelstund mit uns
geredt, alsdenn zu bett gangen.

Auf den mittwochen aber den xvij. Februarii haben die
Herren und Graven V. G. H. selb gebeten, und wir alle, er
wolt vor mittag nicht in die großen stuben zu der handelung
gehen, sondern rugen. Da hat er in seinem stüblein auf
einem ledern bettlein gelegen, auch im stüblin umgangen und
gebett, nichts deste weniger aber abends und morgends daniden
in der großen stuben auf seinem stul sich an tisch gesetzt und
dasselbige abendmal zuvor (als er den morgen kurz vor drei
uhr, selig in Gott verschieden ist) hat er vil wichtige wort und
rede vom tod und künftigem ewigen leben geredt, unter andern
gesagt, Ach lieber Gott, xx jar ist ein geringe zeit, noch macht
die kleine zeit die welt wüst, wenn man und weib nicht nach
Gottes geschöpf und ordnung zusamen kemen, wie gar ists
eitel creatio, Gott samlet ihm seine Christlich Kirch ein gros
teil aus den kleinen kindern, dann ich gleube, wann ein kind
von einem jar stirbt, das allezeit tausent, oder zweytausent
jerige Kinder mit ihm sterben, aber wenn ich D. Martinus
dreysechziger sterb, so halt ich nicht, das ihr sechzig oder hun=
dert durch die welt mit mir sterben, denn die welt wird itzund
nicht alt. Wolan, wir alten müssen darum so lang leben,
das wir dem Teufel in hindern sehen, soviel bosheit, untreu,
elend der welt erfaren, auf das wir zeugen sein, das der teufel
so ein boser geist gewesen. Menschlich geschlecht ist, wie ein
schafstal der schlachtschaf.

Auch gedachte der Herr Doctor, denselben letzten abend
über tisch, diser fragen, nemlich, ob wir in jener seligen, künf=
tigen ewigen versamlung und kirchen auch einander kennen
würden und da wir fleißig baten des berichts, da sprach er,
wie thet Adam, er het Evam sein lebtag nie gesehen, lag da
und schlief, als er aber aufwachte, da saget er nicht, wo
komstu her? was bistu? sondern, Das fleisch ist von meinem

fleisch und das bein von meinen beinen genomen. Woher wust er das, das dis weib aus keinem stein gesprungen were? Daher geschach es, das er des heiligen Geistes vol und im warhaftigen erkentnis Gottes war. Zu dem erkentnis und bild werden wir in jenem leben widerum in Christo erneuert, das wir vater, muter und uns unternander kennen werden, von angesicht besser dann wie Adam und Eva.

Nicht lang nach disen worten ist er aufgestanden und in sein stüblin gangen und sind ihm seine zween kleine söne Martinus, Paulus, M. Celius bald nachgefolget, hat er seiner gewonheit nach im stüblin in das fenster gelegt zu beten, ist M. Celius wider herab gangen und ist Joannes Aurifaber Vinariensis hinauf komen, hat der Doctor gesagt, Mir wird aber weh und bange wie zuvor um die brust. Da hat Johannes gesagt, Ich hab gesehen, da ich der jungen Herrn Praeceptor war, wenn ihnen um die brust oder sonst übel ward, das ihnen die Grevin einhorn gegeben hat, wolt ihrs haben, wil ich es holen. Hat der Doctor ja gesagt. Indem ist Johannes, ehe er zur Grevin gangen, eilend heruntergelaufen und ruft D. Jonas und M. Celio, die über zwei Vaterunser lang, nicht daniden gewesen und schnel hinaufgelaufen.

Als wir hinauf kamen, hat er sich aber hart geklaget um die brust. Da wir von stund an (seinem gebrauch nach, wie er daheim gepfleget) mit warmen tüchern ihn wol gerieben, das er empfand und sprach, ihme were besser. Kam Grav Albrecht selber gelaufen mit M. Johan, brachten das einhorn und sprach der Grav, Wie gehets o lieber Herr Doctor? Darauf der Doctor sprach, Es hat kein not, gnediger Herr, es begint sich zu bessern. Da hat ihn Grav Albrecht selb das einhorn geschabet und nachdem der Doctor besserung fület, ist er wider von ihm gangen, seiner rete einen, Conrad von Wolfframsdorff neben uns D. Jona, M. Celio, Johan, Ambrosio bei ihm gelassen. Da hat man aufs Doctors begeren, das geschabt einhorn in einem löffel mit wein zwir ihm eingegeben, da Conrad von Wolfframsdorff zuvor selbst ein löffel vol (damit der Doctor beste weniger scheu hett) genomen.

Da leget er sich ungefehrlich um ix uhr aufs rugebetlin und sprach, Wenn ich ein halbs stündlein könt schlumern, hofft ich, es sollt alles besser werden. Da hat er anderthalbe stund bis auf x uhr sanft und natürlich geschlafen, sind wir D. Jonas und M. Michael Celius, samt seinem diener Ambrosio und seinen zweien kleinen sönen Martino und Paulo bei ihm blieben.

Als er aber gleich in puncto ɾ uhr aufwacht, sprach er, Sihe sitzt ihr noch, möcht ihr euch nicht zu bet legen? Antworteten wir, Nein Herr Doctor, itzt sollen wir wachen und auf euch warten. Mit dem begert er auf und stund auch vom rugebetlin auf und gieng in die kamer hart an der stuben, die mit für aller luft verwaret und wiewol er da nichts klaget, doch da er über die schwellen der kamer gieng, sprach er, walts Gott ich gehe zu bet. In manus tuas commendo spiritum meum, redemisti me Domine Deus veritatis.

Als er nu zu bett gieng, welches wol zubereit mit warmen bretten und küssen, legt er sich ein, gab uns allen die hand und gute nacht und sprach, D. Jona und M. Celi und ihr andern, betet fur unsern Herrn Gott und sein Evangelium, das ihm wolgehe, denn das Concilium zu Trent und der leidige bapst zürnen hart mit ihm. Da ist die nacht bei ihm in der kamer blieben D. Jonas, seine zwen söne Martinus, Paulus, sein diener Ambrosius und ander diener.

Diese ɾɾi tag hat man alle nacht liechte in der kamer gehalten, dieselbige nacht aber auch das stüblin lassen warm halten. Da hat er wol geschlafen mit natürlichem schnauben, bis der zeiger eins geschlagen, ist er erwacht und seinen diener Ambrosium gerufen ihme die stuben einzuheizen. Als aber dieselbige die ganze nacht warm gehalten und Ambrosius, der diener wider kam, fragt ihn D. Jonas, ob er wider schwacheit empfünde, sprach er, Ah Herre Gott, wie ist mir so wehe, ah lieber Doctor Jonas, ich werde hie zu Eisleben (da ich geborn und getauft bin) bleiben. Darauf D. Jonas und Ambrosius, der diener, geantwortet, Ah reverende Pater, Gott, unser himlischer vater wird helfen durch Christum, den ihr geprediget habt. Da ist er one hülfe, oder handleiten durch die kamer in das stüblin gangen auch im schritt über die schwellen gesprochen in massen, wie er zu bett gangen, diese wort: In manus tuas commendo spiritum meum, redemisti me Domine Deus veritatis. Auch einmal oder zwir im stüblin hin und wider gangen, leget sich darnach auf das ruge betlin und klagt es drückt ihn um die brust sehr hart, aber doch schonete es noch des herzen.

Da hat man ihn wie er begert und zu Wittemberg im brauch gehabt mit warmen tüchern gerieben und ihm küssen unb pful gewermet, benn er fprach es hülf ihn wol, bas. man ihn warm hielt.

Vor bifem allen unb ba ber Doctor nu fich aufs ruge= bettlin gelegt, kam M. Celius aus feiner kamer, hart an ber unfern gelaufen unb balb nach ihm Johannes Aurifaber, ba hat man ganz eilenb ben wirt, Johan Albrecht, ben ſtabſchreiber, unb fein weib aufgewect bergleichen bie zwen medicos in ber ſtabt, welche alle (nachbem fie nahe woneten) in einer viertel= ſtunb gelaufen kamen.

Erſtlich ber wirt mit feinem weibe, barnach M. Simon Wilb, ein Arzt unb D. Ludwig ein medicus, balb barauf Grav Albrecht mit feinem gemahl, welche Grevin allerlei würz unb labfal mit bracht unb on unterlaß mit allerlei ſterken ihn zu erquicken fich befleißigt. Aber in bem allen fagt ber Herr Doctor, Lieber Gott mir iſt fehr weh unb angſt, ich far ba= hin, ich werbe nu wol zu Eisleben bleiben. Da tröſtet ihn D. Jonas unb M. Celius unb fprachen, Reverenbe Pater, rufet euren lieben Herrn Jeſum Chriſtum an, unfern hohen prieſter, ben einigen mitler. Ihr habet einen großen guten ſchweiß gelaſſen, Gott wirb gnabe verleihen, bas es wirb beſſer werben. Da antwortet er unb fprach, Ja es iſt ein kalt tober= ſchweis, ich werbe meinen geiſt aufgeben, benn bie krankheit mehret fich. Darauf fieng er an unb fprach:

O mein himliſcher vater, ein Gott unb vater unfers Herrn Jeſu Chriſti, bu Gott alles troſtes, ich banke bir, bas bu mir beinen lieben ſon Jeſum Chriſtum offenbart haſt, an ben ich gleube, ben ich geprebigt unb bekant habe, ben ich ge= liebet unb gelobet habe, welchen ber leibige Bapſt unb alle gottloſen ſchenben verfolgen unb leſtern. Ich bitte bich mein Herr Jeſu Chriſte las bir mein ſeelichen bevohlen fein O him= liſcher Vater, ob ich ſchon bieſen leib laſſen unb aus bieſem leben hin weg geriſſen werben mus, fo weis ich boch gewis, bas ich bei bir ewig bleiben unb aus beinen henben mich nie= manb reißen kan.

Weiter fprach er auch, Sic DEUS dilexit mundum, vt unigenitum filium suum daret, vt omnis, qui credit in eum non pereat sed habeat vitam aeternam. Unb bie wort aus bem lrviij. Pſalm, DEUS noster DEUS saluos faciendi & DOMINUS est DOMINUS educendi ex morte. Das iſt beutſch: wir haben einen Gott bes Heils unb ein HERRN Herrn, ber mitten aus bem tobe uns füret.

In dem versucht der Magister noch ein ser köstliche arznei,
die er zur not allzeit in seiner taschen hatte, des der Doctor
ein löffel vol einnam, aber er sprach abermal, Ich fahr dahin,
meinen geist werd ich aufgeben.   Sprach derhalb dreimal sehr
eilend aufeinander, Pater in manus tuas commendo spiritum meum, redemisti me DEVS veritatis.   Als er nu
seinen geist in die hende Gottes des himlischen Vaters befohlen
hatte, fieng er an still zu sein.   Man rüttelt aber, rieb, kület
und rief ihme, aber that die augen zu, antwort nicht, da
streich Grav Albrechts gemahl und die erzte ihm den puls
mit allerley sterckwassern, welche ihm die Doctorin geschickt und
er selbst pfleget zu gebrauchen.

In dem er aber so still ward, rief ihm D. Jonas und
M. Celius stark ein, Reverende Pater, wollet ihr auf Christum und die lehre, wie ihr die geprediget, bestendig sterben?
sprach er, das man es deutlich hören kund, Ja.   Mit dem
wand er sich auf die rechte seiten und fieng an zu schlafen,
fast eine viertelstunde, das man auch der besserung hoffet. Aber
die erzte und wir sagten alle, dem schlaf wäre nicht zu vertrauen, leuchteten ihm mit liechten fleißig unter das angesicht.

In dem kam Grav Hans Heinrich von Schwarzenburg, samt
seinem gemahl auch darzu.   Nach dem bald erbleicht der Doctor sehr unter dem angesicht, wurden ihm füße und nase kalt,
thet ein tief doch senft obemholen, mit welchem er seinen
geist aufgab, mit stille und großer gedult, das er nicht mehr
ein finger noch bein reget und kont niemand merken (das
zeugen wir fur Gott auf unser Gewissen) einige unruge,
quelung des leibes oder schmerzen des todes, sondern entschlief
friedlich und sanft im Herrn, wie Simeon singet.

Das wol der spruch Joannis am viij. an ihm war
ward, Warlich sag ich euch, wer mein wort helt, wird den
tod nimmer sehen ewiglich, welcher spruch Johan viij die
letzte handschrift ist, so er auch den leute zu gedechtnis in
Bibel geschrieben und dieselbige seine handschrift gen Elrich
Hans Gasman, den honsteinischen Rentmeister zukomen, vorn
in einer Hauspostill, welchen spruch der liebste herzliche Vater
also ausgelegt.

(Den tod nimmermehr sehen.)

Wie ungleublich ist doch das gered, und wider die offent-
liche und tegliche erfarung.   Dennoch ist es die warheit, wenn
ein mensch mit ernst Gottes wort im herzen betrachtet, ihm

gleubet und darüber einschleft oder stirbet, so sinket und fehret
er dahin, ehe er sich des todes versihet oder gewar wird, und
ist gewis selig im wort, das er also gegleubet und betrachtet
von hinnen gefaren.   Unter dis war geschrieben Martinus
Luther Doctor 1546. geschehen am vij tag Februarii.

Als er nun im Herrn verschieden und Grav Albrecht, sein
Gemahl der von Schwarzenburg 2c. samt uns erschraken, immer
noch schrien, man solt mit reiben und laben nicht ablassen,
thet man alles was menschlich und müglich war, aber es
ward der leib immer kelter und tödtlicher.   Und nachdem der
todte leib also auf dem rugebettlin bis in drey viertel stund
gelegen, machet man darneben von vielen federbetten, drey
unterbett und tücher oben, hart bei dem rugebett darein man
ihn hub, der hoffnung (wie wir alle wünscheten und beteten)
ob Gott noch wolt gnade geben.

Da kamen ehe es tag ward, um vier uhr der durchleuch-
tige, hochgeborne Fürst und Herr, Herr Wolf, Fürst zu An-
halt, die edlen wolgebornen Graven und Herrn Philippus,
Johans Jörg gebrüder, Grav Volradt, Grav Hans, Grav
Wolff, auch gebrüder, Graven und herren zu Mansfeld und
andere herren und vom adel.

Auf dem bette ließ man den leib ligen von vieren an bis
nach neunen, das ist fünf ganzer stunden, da viel ehrlicher
bürger kamen und den toden leib mit heißen thr3nen und
weinen ansahen.   Darnach kleidet man ihnen in ein weißen neu
schwebisch kittel, legt die leich in die kamer auf ein bett und
strohe bis so lang ein ziener sarck gegossen und er darein gelegt ward.   Da haben ihn in den sarck sehen ligen viel vom
adel, die ihn das mehrerteil gekand, man und weib etliche
hundert und ein sehr gros anzal volks.

Den xviij Februarii hat man die leich in der herberg,
Doctor Trachstedts hause, stehen lassen.

Den xix Februarii, um zwei uhr nach mittag, hat man
ihn nach christlichem gebrauch, mit grosser ehrwirdigkeit und
geistlichen gesengen in die hauptpfarrkirchen zu S. Andres getragen, da ihn Fürsten, Graven und Herrn, darunter auch
Grav Gebhart mit seinen zweien sönen, Grav Jörgen und
Christoffel, gewesen, samt ihren frauenzimmern und einer sehr
großen treflichen anzal volks beleitet und nachgefolget.

Da hat Doctor Jonas bald, als die leich in den kohr gesetzt, eine predigt gethan, welche excipirt ist, erstlich von der

perſon und gaben D. Martini. 2. von der auferſtehung und
ewigem leben, warnung der widerſacher das der tod würde
kraft hinder ſich haben wider des ſatans reich, über den locum
1 Theſſa iiij. Da hat man die nacht über die leich in der
kirchen ſtehen und mit zehen bürgern bewachen laſſen.

Als aber auf erfoderung unſers G. H. des Churfürſten
von Sachſen die leich ſolte gen Wittenberg gebracht werden
(welche die Graven und Herren zu Mansfeld auch ſehr gern
bei ſich in ihrer herſchaft behalten, aber doch zu gefallen dem
Churfürſten haben folgen laſſen) hat man auf den xx tag
Februarii, welcher war Sonnabent nach Valentini zu frü aber-
eins eine predigt gethan, die durch M. Michael Celium geſchehen auf den ſpruch Eſaie lvj, justus perit & nemo con-
siderat.

Und folgends zwiſchen zwelfen und einem ſchlage hat man
ihn widerum mit aller ehrwirdigkeit und chriſtlichen gebreuchen
und geſengen aus der ſtad Eisleben gefurt, da abermals die
obgedachte Fürſten, Graven und Herrn und darneben Grav
Gebhart mit zweien ſönen, Grav Jörgen und Grav Chriſtoffel,
auch Graven und Herren zu Mansfeld, ſamt Grav Gebharts
gemahl und ihrem frauenzimmer (wie dann dieſelbigen zuvor
bei dem kirchgang auch geweſen) und ein große anzal volks
andechtig nachgefolget und bis fürs euſſerſte thor, mit vielen
threnen und weinen die leich beleitet haben. Alſo iſt man
mit ihm dieſen abend bis gen Hall komen.

Zu Eisleben, ehe dieſe kirchenceremonien alle gebraucht,
haben zwen maler alſo das todte angeſicht abconterfeit, einer
von Eisleben, dieweil er noch im ſtüblin auf dem bett gelegen, der ander meiſter Lucas Fortennagel von Hall, da er
ſchon ein nacht im ſarck gelegen.

Als man ihn nun aus Eisleben füret, hat man auf dem
wege von Eisleben faſt auf allen dörfern geleutet und das
volk, aus den dörfern zugelaufen, man, weib und kinder und
zeichen eines ernſtlichen mitleiden gegeben.

Seind alſo nach fünf uhr für Hall komen, und da man
etwas der ſtad genahet da ſind auch heraus weit über den
ſteinweg bürger und bürgerin entgegen komen und da man in
die ſtadthor mit der leich komen ſind die beiden pfarrher (nachdem der ſuperattendent D. Jonas der leich nach fur) S. Ulrich
und Mauritii und alle diener des Euangelii, auch ein erbar
rat zu Hall ſamt einer großen anzal aller ratsperſonen, auch

Luther. 16

die ganze schul, schulmeister mit all seinen knaben mit gewon=
licher leich ceremonien und gesengen entgegen gangen, auch ein
gros mechtig volk, darunter vil ehrlicher bürger, vil matronen,
jungfrauen, kinder am eussersten thor entgegen komen mit sol=
chem lauten wehklagen und weinen, das wir es dahinden in
den letzten hindersten wagen gehört. Und als man bei S. Moritz
in die gassen den alten mark hinauf gezogen ist, wie auch auf
der brücken und im thor ein solch gros gedreng um den wagen
der leich und andere gewesen, das man oft hat müssen in
gassen und auf dem mark stillhalten und man sehr spat, fast
halb sieben in die kirchen Unser-lieben Frauen zu Hall,
komen ist.

Die kirch aber zu unser lieben Frawen ist allenthalben
sehr vol volks gewesen, da sie den psalm, Aus tiefer not, mit
kleglichen gebrochen stimmen, mehr herausgeweint denn gesungen
haben, und wo es nicht so gar spät gewesen hett man eine
predigt gethan, und man hat also eilend die leich in die
sacristen tragen lassen und die nacht mit etlichen bürgern be=
wachen.

Des folgenden morgens um sechs schlege ward die leiche
wider aus Halle mit geleute, welche zuvor auch in allen kirchen
geschehen, und ehrlicher christlicher beleitung bis fur das thor
abermal wie auf den abend zuvor bracht mit beleitung eines
ganzen erbarn rabts aller prediger und der schulen daselbst.

Von Hall ist die leich gefahren auf den sontag den xxi
Februarii gen Bitterfeld dahin auf den mittag bracht, da auf
der grenz und auch im stedtlin die verordenten unsers gnebig=
sten Herrn, des Churfürsten zu Sachsen der heubtman zu
Wittenberg Erasmus Spiegel zu Dieben, Gangloff von Hei=
lingen zu Brehne, Dietrich von Taubenheim die zwen Graven
und uns, so die leich geleitet, angenomen und den abend bis
gen Kemberg bracht haben, da man denn beide zu Bitterfeld
und Kemberg mit gewönlichen christlichen Ceremonien die leich
ehrlich angenomen und beleitet.

Des montags den xxij Februarii haben die edeln und
wolgebornen Graven und Herrn, Grav Hans und Grav Hans
Hoier, Graven und herrn zu Mansfeld (wie sie denn aus
Eisleben ohngefehrlich mit xlo gerüsten pferden geritten) fur
Wittemberg an. das Elsterthor die leich bracht da sind bald
am thor (wie das zuvor aus churfürstlichem befehl verordnet)
versamlet gestanden, Rector, Magistri und Doctores und die

ganze löbliche Universität, samt einem erbarn rat und ganzer gemeine und bürgerschaft da sind die diener des Euangelii und schul mit gewonlichen christlichen gesengen und ceremonien der leich vorgegangen am Elsterthor an die ganze lenge der stad bis an die schloskirchen.

Vor der leich sind geritten die obgemelten verordneten U. G. H. des Churfürsten zu Sachsen und obgemelte zween junge Graven und Herrn zu Mansfeld ongefehrlich in die lro pferde und nechst nach dem wagen, darauf die leich gefaren, ist sein ehelich gemahl die frau Doctorin, Catharina Lutherin, samt etlichen matronen, uff einem weglin hinach gefurt, darnach sind seine drei söne Johannes, Martinus, Paulus Lutheri, Jacob Luther bürger zu Mansfeld sein bruder, Jörg und Ciliax Kauffman, seiner schwester söne, auch bürger zu Mansfeld und andere der freundschaft, gefolget.

Darnach Magnificus D. Rector der löblichen Universitet mit etlichen jungen Fürsten, Graven, Freiherrn, so in der Universitet Wittemberg studii halben sich enthalten. Darnach ist der leich gefolget D. Gregorius Brück, D. Philippus Melanchthon, D. Justus Jonas, D. Pomeranus, D. Caspar Creutziger, D. Jeronymus und andere elteste Doctores der Universitet Wittemberg, darauf alle Doctores, Magistri und ein erbar rat, samt den ratspersonen, darnach der ganz große hauffe und herrliche mennige der Studenten und darnach burgerschaft, dergleichen viel burgerin, matronen, frauen, jungfrauen viel ehrlicher kinder, jung und alt alles mit lautem weinen und wehklagen. In allen gassen, auch auf dem ganzen mark ist das gedreng so gros und solch menge des volks gewesen, das sichs billich in der eil zu verwundern, und viel bekand, das sie dergleich zu Wittemberg nicht gesehen.

Als man die leich in die schloskirchen bracht, hat man dieselbigen gegen dem predigstul nider gesetzt. Da hat man erst christliche funebres cantiones gesungen, darnach ist der ehrwürdige Herr D. D. Pomeranus aufgetreten und do vor ettlich tausent menschen gar ein christliche tröstliche predig gethan, welche auch wird an tag gegeben werden.

Nach der predigt D. Pomerani hat der herr Philippus Melanchthon aus sonderlichen herzlichen mitleiden und die kirchen zu trösten, ein schöne funebrem orationem gethan, welche albereit im Druck ist ausgangen und hernach auch deutsch wird ausgehen.

Nachdem die oratio geendet haben die leich hingetragen
etzliche gelerte Magiſtri darzu verordent, welche die leich in das
grab gelaſſen und alſo zur ruge gelegt.

Und iſt alſo das theuer organum und werkzeug des heiligen
Geiſtes, der leib des ehrwirdigen D. Martini, alda im ſchlos
zu Wittemberg, nicht fern vom Predigſtuhl (da er am leben
manniche gewaltige chriſtliche predigten fur den Chur und Fürſten zu Sachſen und der ganzen kirchen gethan) in die erden
gelegt und wie Paulus j Corinth. xv. ſpricht: Geſeet in
ſchwachheit, das er aufgehe an jenem tage in ewiger her-
lichkeit.

Zu einem ſolchen chriſtlichen abſchied aus dieſem elenden
leben und zu derſelben ewigen ſeligkeit helfe uns allen der
ewige himliſche Vater, ſo gemelten D. Martinum zu dem großen
werk berufen hat, und unſer herr Jeſus Chriſtus, welchen er
treulich geprebigt und bekant, und der heilige Geiſt, der ihm
wider Bapſt und alle pforten der hellen ſolche ſonderliche freidig-
keit, großen mut und herz, durch ſeine göttliche kraft in vielen
hohen kempfen gegeben hat.

Wir D. Juſtus Jonas und M. Michael Celius und Johannes Auriſaber Binarienſis obgenant, wie wir bei des löblichen Vaters ſeligen ende geweſen ſind, von anfang bis auf
ſeinen letzten odem, zeugen dis fur Gott und auf unſer eigen
lezte hinfart und gewiſſen, das wir dieſes nicht anders gehört,
geſehen, ſamt den Fürſten, Graven, Herrn und allen die dazu
komen, und das wir es nicht anders erzelet, dann wie es allenthalben ergangen und geſchehen. Gott, der vater unſers Herrn
Jeſu Chriſti, verleihe uns allen ſeine gnade.

AMEN.

Druck von F. A. Brockhaus in Leipzig.